WOLFSRUDEL

WOLFSRUDEL

U-BOOT-KRIEG 1939-1945

PHILIP KAPLAN UND JACK CURRIE

Seit 1789
Verlag E.S. Mittler & Sohn GmbH
Hamburg · Berlin · Bonn

Squadron Leader Jack Currie, DFC, konnte die Veröffentlichung dieses Buches nicht mehr miterleben. Jack war geistreich, stark, großzügig und durch und durch professionell ... ein Gentleman.
Ich bin stolz, ihn gekannt zu haben. Dieses Buch ist für Dich, Freund.
PK

Die Deutsche Bibliothek – CIP Einheitsaufnahme

Wolfsrudel : U-Boot-Krieg 1939–1945 / Philip Kaplan; Jack Currie.–

Hamburg; Berlin; Bonn : Mittler, 1997
ISBN 3-8132-0540-1

ISBN 3 8132 0540 1; Warengruppe 21

Übersetzung: Christianne Nölting
Titel der Originalausgabe: Wolfpack
Großbritannien 1997
Dieses Buch wurde produziert von Aurum Press Limited,
25 Bedford Avenue, London WCIB 3AT

Printed in Singapore by Imago

INHALT

MT Bb
7039
uß. Kraft
oße Fahrt
alhe Fahrt
Langs. Fahrt
Kleine Fahrt
Voraus
Dieselmotoren
Achtung
Stopp
E-Maschinen
Beide Maschinen
10 weniger
Tauchen
Zurück
Äuß. Kraft
Halbe Fahrt
Langs. Fahrt
Kleine Fahrt

VIERUNDVIERZIG SCHWITZENDE SEEMÄNNER

IM GRUNDE ist das Meer ein unfreundliches Element. Es enthält große Mengen Chlor und Bestandteile wie Magnesium, Kalium, Fluoride und Strontium. Einige dieser Stoffe sind giftig, aber andere dienen der Gesundheit sogar. Die Dichte des Wassers beeinflußt, wie sich Schiffe – und ganz besonders U-Boote – im Wasser verhalten. Sie verändert sich entsprechend der Wassertemperatur von Zeit zu Zeit und von Ort zu Ort. In ähnlicher Weise beeinflußt die Luft die Leistung eines Flugzeugs. Das Meer ist also immanent unstabil. Es verändert sich ständig in seiner Natur und seinen Bewegungen. An einem Tag ist es ruhig und still, und das Sonnenlicht spiegelt sich auf der Wasseroberfläche wie in einem Swimmingpool. Am nächsten Tag kann es schon turbulent sein und unter tiefhängenden Wolken gewaltig stürmen. An manchen Tagen kann man schauen, so weit das Auge reicht, und an anderen Tagen kann man gerade bis zum nächsten großen grünen Brecher sehen, der sich vor dem Bug auftürmt. Jeder Seemann und jeder Flieger, der an seinem Leben hängt, lernt, die Elemente, in denen er sich bewegt, mit Respekt zu behandeln. Für einen U-Boot-Fahrer gilt das ganz besonders. Er lebt in einer engen Röhre und kommt so den tieferen und dunkleren Geheimnissen des Meeres näher und erfährt so seine Ehrfurcht einflößende Kraft. Im Zweiten Weltkrieg war die Vorstellung weit verbreitet, daß alle U-Boot-Fahrer Freiwillige wären; ähnlich wie bei den Kampffliegern, Fallschirmjägern und Pionieren. Die Realität sah anders aus. Viele der jungen Deutschen wurden mit Hilfe einer uralten Auswahlmethode angeheuert, nämlich dem Befehl: »Ich brauche drei Freiwillige – dich, dich und dich.« Aber egal, auf welche Weise ein sogenannter »Freiwilliger« zur U-Boot-Waffe gekommen war, es wurde ihm doch schnell klar, daß er ein Mitglied in einem Bund von Brüdern geworden war, einem Corps d'élite, und er war stolz darauf. Vergleichbar mit den Mitgliedern anderer fest zusammenhaltender Eliteeinheiten, bestand ein enges Kameradschaftsverhältnis zwischen den U-Boot-Fahrern. Das Gefühl, eine Einheit und unabhängig zu sein, war bei ihnen stärker, als bei anderen Seeleuten. Sie lebten zusammengepfercht, durften keine Klaustrophobie haben, und ihre Umgebung war unhygienisch und stank. Aber dieselben Ziele und Gefahren verbanden sie, egal, wie unsinnig diese auch waren.

Ein weiterer Irrglaube wurde vom Propagandaministerium genährt. Während die eigenen U-Boot-Fahrer als edle Abenteurer galten, waren die des Feindes rücksichtslose Mörder, die unter Wasser auf der Lauer lagen, um hilflose Seemänner abzuschlachten. Auch hier bestand wieder eine Parallele zu den Fliegern, die je nach Sichtweise entweder »Terrorflieger« und »Mörder zur Luft« waren oder eben »tapfere Bomberjungen«. Dabei gab es U-Boot-Männer, die vor allem aus Sicht des Seemannes die Zerstörung eines schönen und seetauglichen Schiffes verabscheuten und andere, die sich darüber freuten. Genauso gab es Crewmitglieder auf den Bombern, die die Verwüstung einer herrlichen Stadt bedauerten, und andere, die keinerlei Skrupel hatten. Aber im Krieg gab es selten Platz für Skrupel oder Bedauern. Sowohl die U-Boot-Fahrer als auch die Fliegerbesatzungen hatten die Aufgaben zu erledigen, für die sie ausgebildet waren. Das erwartete auf der einen Seite des Kanals Admiral Dönitz und das »Herrenvolk« und auf der anderen Seite RAF-Marschall Harris und das britische Volk. Die Grundausbildung war für die Rekruten der U-Boot-Waffe und alle anderen deutschen Soldaten mühselig und streng. In den ersten drei Monaten sahen und hörten sie wenig von Seemannschaft oder U-Booten. Das kam erst später in einem speziellen Training. Bis dahin gab es Unterricht mit körperlichem Training, indem sie außerdem zu ordentlichen Soldaten zurechtgestutzt wurden. Er war mit Tests gespickt, um all diejenigen auszusondern, die den Entbehrungen und Gefahren eines U-Boot-Krieges wahrscheinlich nicht gewachsen waren. Diejenigen, die die Übungen durchhielten, waren die Sorte Männer, die sich nicht weiter darum kümmerten, warum und wohin sie ausfuhren, wenn sie den Hafen verließen. Klaustrophobie war ihnen fremd, und sie konnten bis zu drei Monaten am Stück dicht gedrängt mit vierzig anderen Männern auskommen. Sie hielten eine vierstündige Außenwache aus, während der sie auf der Brücke angegurtet waren, damit sie nicht von Bord gespült wurden. Dabei peitschte ihnen der eisige Wind ins Gesicht, und das Meersalz verkrustete ihre Augen. So lernten sie hautnah, was Seemänner meinen, wenn sie sagen, daß Wasser sehr hart sein kann. John Waters schrieb in seinem Buch »Bloody Winter«: »Der Nordatlantik ist der Ort,

Wir leben alle in einer Gosse, aber einige von uns sehen die Sterne.
– Oskar Wilde

links: Der Maschinentelegraf von U-505, einem Typ-IXC-Boot in der Dauerausstellung des »Museum of Science and Industry« in Chicago.
oben: Die Rettungsweste eines U-Boot-Fahrers.

Wohlstand schafft Freunde;
wahre Freundschaft beweist
sich in der Not.
– unbekannt

an dem die Seeleute ihre Reifeprüfung in Sachen Wetter machen, und der Lehrplan ist hart.« Die Männer, die sich am besten für das Leben auf einem U-Boot eigneten, konnten in einem Bett schlafen, dem noch die Wärme und der Geruch des Vorgängers anhaftete, und sie konnten in tiefe Träume fallen, während Ventile zischten, die Lenzpumpen sonderbar vor sich hingurgelten und die Kolben hämmerten. Das einzige, was sie aus dem Schlaf holen konnte, war das Geräusch von Wasserbomben oder der Alarmglocke. Sie waren von der Sorte, die aus dem Bett taumelten und sofort nach vorn stürzten, wenn der Kommandant das Alarmtauchen befahl. Sie waren jederzeit kampfbereit (und das nicht nur deswegen, weil sie mehr Platz im Mannschaftsraum hatten, wenn die Bugtorpedos abgefeuert waren). Sie konnten stundenlang regungslos und ruhig verharren, wenn die Wasserbomben um sie herum dröhnten und das Boot herumwirbelten. Sie machten sich auch keine Sorgen, wenn ihre Muskeln sich aufgrund der mangelnden Bewegung zurückbildeten.

Sie mußten von der Sorte Mann sein, der sich nichts dabei denkt, wenn er vor dem Essen den Schimmel von seiner Frühstückswurst kratzen muß und den letzten Saftrest aus einer vergammelten Zitrone saugt, damit er so ein Minimum an Vitamin C bekommt. Diese Männer warteteten in Reih und Glied mit berstender Blase vor dem einsamen Örtchen auf den gegenwärtigen Benutzer, der entweder eindeutig eingeschlafen oder vielleicht sogar gestorben war. Sie mußten in der Lage sein, Ausbrüche von Ausschlägen, Furunkeln und Läuse zu ertragen, die zum Leben auf dem U-Boot dazugehörten ...

Ihre erste Bekanntschaft mit dem Boot, auf dem sie dienen und vielleicht auch sterben sollten, war im Idealfall die Schiffswerft, auf dem es gebaut worden war. Dort, in Wilhelmshaven, Kiel, Bremen oder Hamburg, sahen sie, wie es konstruiert war und wie sie ihren Weg durch seine engen Labyrinthe finden konnten. Sie lernten auch, wofür die Griffe, Handräder und Knöpfe waren, und sie lernten ihre Kameraden, Offiziere und ihren Kommandanten kennen, der fortan ihr Leben formen und ihr Schicksal in seiner Hand halten würde. Wenn das Boot fertiggestellt, ausgerüstet und gestrichen war, gaben die Schiffsbauer ein kleines Fest für die Besatzung, die es dann für die Probefahrt übernahm. Auf solchen Törns machten sie in der Ostsee Probetauchgänge, um zu testen, ob die Tiefenruder funktionierten, und um zu überprüfen, ob die Trimzellen, Tauchbunker und der Druckkörper die Stärke des Wasserdrucks in der Tiefe aushielten. Sie schossen Übungstorpedos und übten das Nachladen. Außerdem erprobten sie die Diesel- und Elektromotoren, die Bewaffnung, die Funkgeräte und das Horchgerät. Im Laufe der Zeit lernten die U-Boot-Soldaten sich und ihre Offiziere kennen und merkten, daß jeder als Individuum für sich, nun ein Teil eines Ganzen war – eine Einheit, die in den Krieg zog. Diese erste Phase war der Prüfstein, der ihnen half, zu denen zu werden, die sie sein mußten. Das waren sie nicht zuerst aus Vaterlandsliebe oder aus Liebe zur Familie, sondern aus Loyalität zu den Männern, mit denen sie gemeinsam ausgebildet wurden, gegessen haben und zur See gefahren sind und mit denen sie nun ihr Leben teilten.

Gib uns die Kraft, dem zu begegnen, was auf uns zukommt, / daß wir in Gefahr tapfer sind, Kummer bewältigen, / maßvoll bleiben in Wut und bei allen Wendungen des Glücks bis hin zu den Toren des Todes, loyal und einander liebend.
– Robert Louis Stevenson

Wenn einem Mann eine Verletzung zugefügt werden muß, sollte diese so schwer sein, daß man seine Rache nicht fürchten muß.
– frei nach *Der Prinz* von Machiavelli

links außen: Offizierslehrgang in der Ostsee, die Männer wurden fünf Monate ausgebildet, bevor sie einer Flottille zugewiesen wurden.
links: Bei der Arbeit an den Tiefenrudern und Tiefenmeßgeräten von U-65, einem Typ-IXB-Boot vor Brest im September 1940.
nächste Seite: Auf überspültem Deck macht die Crew ihr Geschütz feuerbereit.

So stark das Zusammengehörigkeitsgefühl der Mannschaft auch war, gab es trotzdem immer einige Unterschiede zwischen den einzelnen Gruppierungen an Bord, die nicht unbedingt auf Hierarchie und Rang beruhten. Es gab zum Beispiel die klare Trennung zwischen Deck und Maschinenraum, das heißt zwischen den zähen und wettergegerbten Männern der Seewache und den stark riechenden und blassen Heizern und Maschinisten tief unten im Boot. Es gab auch Unterteilungen zwischen den Männern aus dem Diesel- und dem Elektromaschinenraum, zwischen den Leuten in der Zentrale, den Funkern und den Torpedomechanikern. Dabei bestand eine eigene interne Loyalität, die von Maaten und Oberfeldwebeln durchaus akzeptiert wurde. Der Kommandant des Bootes, der »Herr Kaleu« oder »der Alte« genannt wurde, stand immer allein. Er traf die Entscheidungen, die entweder Erfolg oder Mißerfolg, vielleicht auch Leben oder Tod bedeuteten. Für das Boot war es von ungeheurer Wichtigkeit, daß er ein enges Verhältnis zum Leitenden Ingenieur hatte und beide sich wortlos verstanden.

Zwölf Kampfeinsätze wurden von einem U-Boot-Soldaten erwartet, bevor er an der Heimatfront eingesetzt werden konnte. Diese Zahl war genauso unrealistisch, wie die fünfundzwanzig bis dreißig Einsätze, die die alliierten Kampfflugzeugbesatzungen fliegen mußten. Bei dieser hohen Zahl von Kampfeinsätzen gab es wenig Chance zu überleben.

Aber zu der Zeit dachten daran nur wenige Männer. Der Eid, den sie bei ihrem Eintritt in die Marine abgelegt haben, band sie an ihre Pflicht. Dazu sagten die britischen Soldaten: »If you can't take a joke, you shouldn't have joined.« (Wenn du keinen Spaß verstehst, hättest du dich nicht melden sollen.)

Ehre und Auszeichnungen, die allgemein mit erfolgreichen Kriegseinsätzen verdient werden konnten, boten immer genug Anreiz für die kämpfenden Männer, die Gefahren und Strenge zu akzeptieren, die ihr Leben mit sich brachte. In dieser Hinsicht kamen die Marinesoldaten der U-Boote sicherlich nicht zu kurz. Das U-Boots-Kriegsabzeichen, das ein U-Boot in einem Lorbeerkranz, das Hakenkreuz und den deutschen Reichsadler zeigte, wurde nach drei Feindfahrten verliehen. Das Eiserne Kreuz Erster und Zweiter Klasse wurde großzügig verliehen. Das Deutsche Kreuz war seltener und von höherem

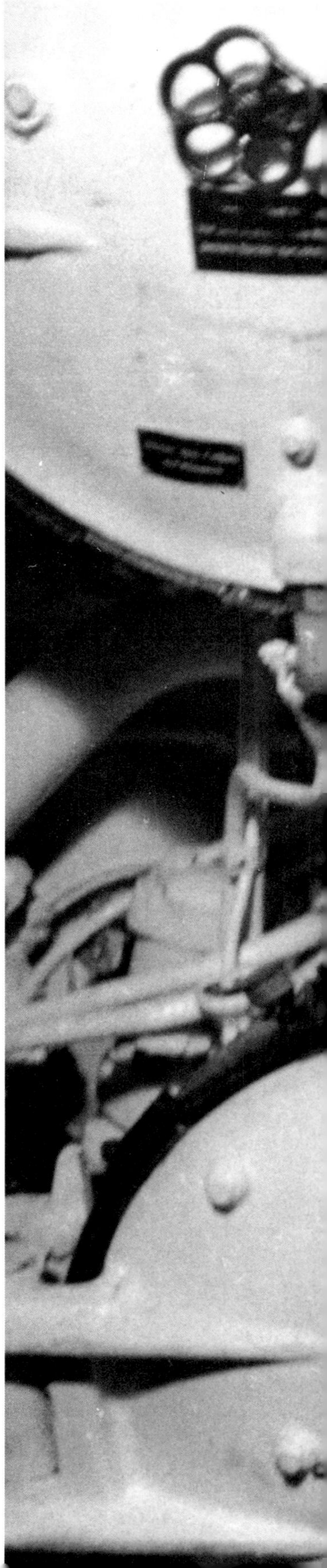

vorherige Seite: Besatzungsmitglieder zwischen Kartoffeln, Broten, Schinken, Würsten und anderem Proviant, der für eine Patrouille verstaut wurde. Nach mehreren Wochen auf See schimmelte das Brot, und die Laibe wurden von der Crew »weiße Hasen« genannt.
oben: Der Koch von U-373, April 1942.
oben rechts: eine Mahlzeit auf U-103, Mai 1942.
rechts: Arbeit an den Dieseln von U-65, einem Typ-IXB-Boot nahe Brest, September 1940.
rechts außen: Ein Torpedomixer wäscht sich zwischen den Torpedorohren im Bugtorpedoraum von U-103, Mai 1942.

IV
III

unten: Die U-Boot-Bunker in Bordeaux, 1996. Der Komplex umfaßt 15 geschützte Liegeplätze, davon drei Trockendocks. Es war der letzte der riesigen Bunker, die in Frankreich gebaut wurden.

Prestige. Obwohl die U-Boot-Offiziere quantitativ weniger als fünf Prozent der gesamten Flottenstärke ausmachten, gingen an sie fast die Hälfte aller Ritterkreuze, die innerhalb der gesamten Kriegsmarine verliehen wurden. Das Ritterkreuz war eine besondere Auszeichnung, die normalerweise für Kommandanten bestimmt war, die 100 000 Tonnen alliierter Schiffe versenkt hatten. Diejenigen, die eine Tonnage von 150 000 erreichten, bekamen diese Auszeichnung mit Eichenlaub. Einigen wenigen Assen, die das übertrafen, wurden die dazugehörigen Schwerter verliehen. Die ultimative Auszeichnung (Diamanten oder Brillanten) wurde nur zweimal vergeben, und zwar einmal an Kapitänleutnant Albrecht Brandi und einmal (verdientermaßen) an Kapitän zur See Wolfgang Lüth. Trotz aller Anreize, wie bessere Bezahlung, die besten Rationen, Orden und Ehre, war Kriegführung im U-Boot nicht jedermanns Sache. Denn das bedeutete auch, für viele schlimme Stunden tief unten im Atlantik zu liegen, nach Luft zu japsen, gemeinsam

vor Angst zu zittern, zu schwitzen wie ein Schwein, zu hören, wie Sonartöne in immer schnellerer Abfolge auf den Schiffskörper treffen und wie dieses Geräusch verklingt, wenn der feindliche Zerstörer fast genau über dem U-Boot ist und jeder weiß, daß dessen Wasserbomben dem Boot gerade entgegenfallen. Dieser ganze Horror war oftmals größer als Nerven und innere Stärke aushielten. Genauso ging es den alliierten Fliegern, die bei bitterer Kälte hoch über Deutschland von Flakgeschützen getroffen wurden, von den Suchscheinwerfern geblendet waren und von feindlichen Flugzeugen verfolgt wurden. Solche Momente können es gewesen sein, in denen Flieger und U-Boot-Fahrer feststellten, daß dieses Leben nichts für sie war. Die RAF beschrieb diesen Zustand mit »LMF« oder »Lack of moral fibre« (fehlende Moral). Die USAAF nannte ihn weniger barsch »combat fatigue« (Kampfmüdigkeit). Sowohl in den Bombern als auch in den U-Booten gab es dagegen nur ein Mittel. Der Soldat mußte so schnell wie möglich von seinen Pflichten entbunden und versetzt werden, bevor er die gesamte Mannschaft mitriß. Trotz alledem ertrug die große Mehrheit die Gefahren, den Schmutz und dieses Leben in der Enge immer und immer wieder. Während ihrer Einsätze griffen sie ihre Feinde an, die sie selten zu sehen bekamen, oder wurden selbst angegriffen. Dabei waren sie überzeugt davon, daß sie alles nur für Deutschland taten. Getröstet wurden sie von dem neuesten Schnappschuß ihrer Familie und Freundinnen. Ermutigt hat sie das Wissen, daß »der Kaleu« ihnen vertraute und daß ihre Kameraden sich auf sie verließen. Dabei waren sie voller Überzeugung, daß dieser Krieg nicht so endete wie der, in dem ihre Väter gekämpft hatten, sondern mit einem wunderbaren Sieg für Deutschland. Dieser Sieg war aber, wie eine Fata Morgana in der Wüste, immer nahe und doch unerreichbar und schien im Verlauf der Jahre in immer weitere Ferne zu rücken. Die Verluste wurden größer, und mehr und mehr Besatzungen mußten angefordert werden. Da Tausende von Soldaten an der russischen Front starben, blieb Dönitz keine große Auswahl an jungen Männern für die U-Boot-Waffe. Wenn er die Wahl gehabt hätte, hätte er am liebsten qualifizierte Handwerker, Metallarbeiter und Maschinisten für sich ausgesucht, weil diese Männer in der Lage waren, ein U-Boot funktionstüchtig zu halten. Sie konnten auf

Wir Deutschen werden
nie einen zweiten Goethe
hervorbringen, aber vielleicht
bringen wir einen neuen
Cäsar hervor.
– Oswald Spengler, 1925

Links oben: Am Navigationstisch von U-552 im April 1942.
links: Werbeplakat der deutschen Marine.

See Reparaturen durchführen. Aber genau diese Männer wurden in der Rüstungsindustrie gebraucht und waren schwer zu finden. Einige der neuen Rekruten waren für den Dienst auf U-Booten nicht geeignet. Sie kamen meist milchgesichtig direkt aus der Hitlerjugend und konnten sich kaum vorstellen, was es bedeutete, von der Gnade der Elemente um sich herum abhängig zu sein. Sie hatten keinerlei Ahnung, wie sie sich in einem lebensbedrohenden Kampf verhalten sollten. Es war auch keine Hilfe für sie, daß sie ab 1944 von Kommandanten ausgebildet oder geführt wurden, die von Überwasserschiffen der Kriegsmarine kamen, während diejenigen, die eigentlich die nächste Generation von U-Boot-Kommandanten hätten sein sollen – nämlich die, die unter den ersten Assen als Erster und Zweiter Wach-Offizier gedient hatten –, auf dem Meersesgrund lagen. Dazu kam, daß immer mehr rangniedrigere Offiziere strenge Parteigenossen waren. Sie hätten nie erlaubt, daß die Besatzung ihre Lieblingsmusik auf dem Bordplattenspieler hörte. Denn das war Jazz, und der war nicht arisch, sondern noch schlimmer: Es war amerikanische Musik. Die Lektionen, die diese Offiziere auf ruhigen Patrouillefahrten erteilten, beinhalteten oft Themen wie »Der Weg des Nationalsozialismus in die Zukunft«. Das war nicht eben hilfreich, wenn sich das nächste alliierte Kriegsschiff oder Flugzeug näherte. Die Rekruten brauchten nicht lange, um herauszufinden, in welch einer gefährlichen Situation sie sich befanden. Besiegte Soldaten konnten sich ergeben oder den Rückzug antreten. Flieger hatten Fallschirme und Seeleute auf normalen Schiffen hatten Rettungsboote. Aber das Rettungsfloß eines U-Bootes faßte weniger als die Hälfte der Besatzung, und die persönlichen Tauchretter waren draußen auf dem Atlantik genauso hilfreich wie das Kennen des Weges des Nationalsozialismus in die Zukunft. Wenn Soldaten mit Kugeln, Bomben oder blankem Stahl angegriffen wurden, dann glaubte jeder einzelne von ihnen sofort optimistisch, daß ein Schutzengel ihn irgendwie beschützt, obwohl alle um ihn herum vielleicht getötet werden. Seit mit Pfeil und Bogen gekämpft wird, hat dieser Glaube fast alle kämpfenden Männer ermutigt – mit Ausnahme derer, die als U-Boot-Soldaten in den Krieg zogen. Sie wußten, daß das Schicksal des einzelnen das Schicksal aller ist, wenn das Boot zerstört wird.

Es kostet mich weder Mühe noch Reue / wenn ich zufällig auf einen Wurm trete. / »Na ja, mein Kleiner«, sage ich dann, / »eines Tages werden sich deine Artgenossen an mir gütlich tun.«
– frei aus *Thought for a Sunshiny Morning*
von Dorothy Parker

... die Zeiten auf See – beengt in schimmelbefallenen, vom Diesel hämmernden, sauerstoffarmen, urinstinkenden, mit Exkrementen beladenen, mit verrotteten Lebensmitteln, salzverkrusteten Stahlmuscheln; jubelnd Torpedos abfeuernd, frustriert nach Konvois suchend oder Wasserbomben in stoischer Angst einstecken – diese Perioden waren bemerkenswert, ohne Rücksicht darauf, wer die Torpedos oder Wasserbomben abbekam, ihre Seite oder unsere.
– Edward L. Beach, Captain US (Ret.), aus seinem Vorwort in der englischen Ausgabe von *Die eisernen Särge*, von Herbert A. Werner

links: U-103-Besatzung auf Freiwache im Sommer 1942.

DIE RÖHRE

Die See ist eine Frau,
die See ist ein Wunder /
ihr anderer Name ist
Schicksal!
– frei nach *Virgilia*
von Edwin Markham

Das einzige, was mir während des Krieges wirklich Angst bereitete, war die Gefahr, die von den U-Booten ausging. Schon vor der Luftschlacht dachte ich, daß eine Invasion fehlschlagen würde. Nach dem Sieg im Luftkrieg stand es für uns gut. Wir konnten den schrecklichen Feind unter Bedingungen, die gut für uns und schlecht für ihn waren, versenken und töten. Es war die Art Schlacht, die man, unter den grausamen Bedingungen des Krieges, mit Gleichmut hätte schlagen sollen. Aber nun waren unsere Versorgungslinien sogar auf den weiten Ozeanen und besonders in den Zufahrten zu unseren Inseln gefährdet. Ich war sehr viel besorgter um diese Schlacht als um den glorreichen Luftkrieg, der »Luftschlacht um England« genannt wird.
– frei nach *The Second World War: Their Finest Hour* von Winston Churchill

DIE U-BOOTE der Kaiserlichen Marine im Ersten Weltkrieg und Adolf Hitlers im Zweiten Weltkrieg, werden immer die Fahrzeuge sein, an die man sich am besten erinnert, wenn es um das Thema Seekriegsführung geht. Sie sahen von Anfang an gefährlich aus, und diese Erscheinung trog nicht. Seit September 1914 hatten sie einen todbringenden Ruf, der die britische Bevölkerung stärker entsetzte, als jeder Zeppelinbombenangriff auf London. Damals wurden drei große Kreuzer der Royal Navy – zu der Zeit die größte Marine der Welt – torpediert und mit militärischer Meisterleistung versenkt. Dieser Ruf verstärkte sich in den folgenden Jahren, als der große U-Boot-Feldzug gegen die britische Handelsflotte die Briten an den Rand des Hungers trieb.

Die erste bekannte Aufzeichnung über ein funktionierendes U-Boot (oder korrekter: ein Tauchboot) stammt aus dem Jahr 1620; aus der Zeit der ansonsten eher mittelmäßigen Herrschaft von König James I. von England. Wenn einem zeitgenössischen Bericht Glauben geschenkt werden kann, dann wurde der Monarch von dem niederländischen Erfinder Cornelis van Drebel dazu überredet, in einem Gefährt, das von Hand gerudert wurde, auf und kurz unter dem trüben Wasser der Themse mitzufahren. Zur ersten offensiven Handlung kam es im Jahr 1801. David Bushnel hatte ein eiförmiges hölzernes Einmannboot konstruiert, das TURTLE genannt wurde. Dieses Boot unternahm während des amerikanischen Unabhängigkeitskrieges einen erfolglosen Angriff auf die HMS EAGLE im Hafen von New York. Ähnlich erfolglos war der Versuch, dieses Gefährt an Kaiser Napoleon I. zu verkaufen, der gerade einen großen Feldzug zur See unternahm – eine Art Kriegsführung, die er nicht besser beherrschte als später ein anderer europäischer Diktator nach ihm: Adolf Hitler.

Es dauerte bis zum Jahr 1864, als im Verlauf des amerikanischen Bürgerkrieges das ungefähr neun Meter lange Tauchboot der Konföderierten, die H. L. HUNLEY (nach dem Namen des Erbauers), mit ihrer acht Mann Besatzung zum Einsatz kam. Dieses per Hand angekurbelte Tauchboot versenkte die 1200-Tonnen-Schaluppe HOUSATONIC der Nordstaaten vor der Küste von South Carolina. Zugegebenermaßen wurde ihr Torpedo oberhalb der Wasseroberfläche abgefeuert, und sie sank nur wenige Minuten später. Aber sie hatte sich ihrem Ziel unter Wasser genähert und somit zum ersten Mal gezeigt, wozu ein Unterseeboot fähig ist.

Elf Jahre später, im Jahr 1875, konstruierte ein Mann, der das perfekte Abbild eines Stutzers des 19. Jahrhunderts war, ein Gefährt, welches das Vorbild aller U-Boote der folgenden Jahre werden sollte. John P. Holland aus New Jersey trug einen Walroßbart, ein rahmenloses Brillengestell, eine Melone, einen hohen Stehkragen und einen schwarzen Frack. Seine HOLLAND I hatte drei Mann Besatzung und wurde von einer Dampfmaschine angetrieben, wenn sie aufgetaucht fuhr, und mit elektrischen Batterien, wenn sie abgetaucht war. Sie wurde mit einem herkömmlichen Ruder gesteuert, und ihr Tiefgang wurde mit Hilfe von wassergefüllten Ballasttanks reguliert. Etwas später wurden seitliche Tiefenruder montiert, die ungefähr dem Höhenruder am Bug eines Flugzeuges vergleichbar sind. Sie kontrollierten die Längsstabilität des Bootes.

Die HOLLAND II wurde 1881 entwickelt. Sie war auch unter dem Namen FENIAN RAM bekannt, nach der irischen Revolutionspartei, die den Erfinder, einen irischen Emigranten, unterstützte. Das Boot war 9,5 Meter lang und hatte eine Verdrängung von 19 Tonnen. Sie wurde von einem frühen Modell einer Verbrennungsmaschine angetrieben und war mit einer 9-Zoll-Kanone bewaffnet, mit der man einen 6-Zoll-Torpedo unter Wasser abschießen konnte. Eigenartigerweise akzeptierte die US Navy die HOLLAND II nahezu zwanzig Jahre nicht. Währenddessen wurden fünf HOLLAND-II-U-Boote von der britischen Firma Vickers für die Royal Navy gebaut. Sie waren die ersten Boote, die ernsthaft als Waffen anzusehen waren, und sie wurden zu einer »D«-Klasse und schließlich zu einer »E«-Klasse Unterseeboote weiterentwickelt. Diese Boote hatten Dieselmotoren, Zwillingsschrauben, Satteltanks, Funk und Kanonen. Es waren hervorragende und vergleichsweise zuverlässige Fahrzeuge. Um 1914 hatte die Royal Navy mit 74 Einheiten die größte U-Boot-Flotte der Welt, die gleich zu Beginn des Ersten Weltkrieges eingesetzt wurde.

In der Zwischenzeit hatten die Deutschen weniger Fortschritte erzielt. Später sollte behauptet werden, daß der Deutsche Wilhelm Bauer der wahre Erfinder der U-Boote war. Aber zu der Zeit, als seine Pläne entstanden, unterstützten ihn weder Marine noch der Staat. Sein erstes Versuchsmodell aus dem Jahr 1851 versagte, und außerdem war er ein Soldat von

Zwischen den Manuskripten im Britischen Museum gibt es ein kurioses Bild von einer Art »untergetauchtem Faß«, in dem ein gekrönter Monarch sitzt. Das Faß scheint durchsichtig zu sein und zusammen mit dem König, von dem angenommen wird, daß es sich um Alexander den Großen handelt, ist ein junger Hahn und ein Tier, das eine Katze sein könnte, abgebildet. Von der Decke des Tauchfasses hängen drei Öllampen. Darüber ist ein Boot, in dem sich mehrere Menschen befinden. Unter ihnen eine Königin, die anscheinend ein Seil in der Hand hält, das mit dem Inneren des Fasses verbunden ist.
– nach *The Rommance of The Submarine*
von G. Gibbard Jackson

unten: Ein Typ-IIB-U-Boot, U-23.
vorige Seite: Ausschnitt aus *U-Boot-Treffen im Atlantic*, von Gris Freidel.

niedrigem Rang, was ihn den Admirälen des Kaisers nur wenig empfahl. Bauer war gezwungen, anderweitig Förderer zu finden. Erst über fünfzig Jahre später gelang es dem spanischen Ingenieur Raimondo d'Equevilley, der die Konstruktion von Unterseebooten in Frankreich studiert hatte, den deutschen Großindustriellen Friedrich Krupp davon zu überzeugen, einen Prototyp zu bauen, dem mehr als 2000 deutsche U-Boote folgen sollten. Weder d'Equevilley noch Krupp hatten eine leichte Aufgabe: Der Gründer und Oberbefehlshaber der Kaiserlichen Marine, Großadmiral von Tirpitz, war der Meinung, daß Tauchboote vielleicht nützlich für die Küstenverteidigung sein könnten, aber für mehr auch nicht. Er fand es viel wichtiger, eine Hochseeflotte aufzubauen. Es dauerte bis zum Dezember 1906, bis die ersten richtigen Unterseeboote, die U I, bei der Krupp-Germania-Werft in Auftrag gegeben wurden. Wenig später wurde die Flotte dann doch mit mehr U-Booten verstärkt. Die deutschen Ingenieure hatten den Vorteil, daß sie die Erfahrungen aus den früheren Experimenten anderer nutzen konnten. Sie mußten keine Versuche mehr mit Dampf- und Benzinmaschinen machen, sondern konnten direkt zu Schwerölantrieben (oder Paraffin) übergehen. Das Resultat war, daß die deutschen U-Boote denen der Royal Navy um nichts nachstanden oder sogar besser waren als deren neueste Typen. Sogar ihre Sehrohre waren von überlegener Qualität. In dieser Technologie führten bis dahin die Briten.

Gegen Ende des Ersten Weltkrieges bauten alle kriegführenden Nationen größere, stärkere und besser bewaffnete U-Boote. Die Deutschen hatten sogar geplant, den Krieg bis an die Küste von Amerika auszudehnen. Das sollte mit einer Flotte von U-Booten geschehen, von denen jeder einzelne eine Besatzung von sechsundvierzig Mann, eine Verdrängung von 1500 Tonnen hatte und mit 150-mm-Kanonen und sechs 20-Zoll-Torpedos ausgerüstet war. Die Geschwindigkeit sollte bei Überwasserfahrt 17,5 Knoten und bei Unterwasserfahrt 8,1 Knoten betragen. Durch den Sieg der Alliierten im November 1918 verschob sich dieses Vorhaben um 24 Jahre. Der Vertrag von Versailles verbot es Deutschland, U-Boote zu bauen, kaufen oder leihen. Die Briten, die am meisten unter den U-Boot-Angriffen gelitten hatten, verlangten sogar eine weltweite Abschaffung. Als dieser Vorschlag abgelehnt wurde, fuhren sie fort, die »E«-Klasse-Modelle ihrer Flotte, die sie im Krieg eingesetzt hatten, zur »M«- und »R«-Klasse der dreißiger Jahre weiterzuentwickeln.

Inzwischen wurden die Abwehrmaßnahmen gegen U-Boote verbessert. Auf diesem Gebiet gelang den Briten 1917 mit dem Bau eines Sonargerätes ein großer Durchbruch. Es wurde »asdic« genannt, nach dem »Allied Submarine Detection Investigation Committee«, unter dessen Leitung es entwickelt wurde. Asdic entsendete einen engen Strahl von Schallwellen (die sich über große Distan-

zen durch Wasser bewegen, und das viermal so schnell wie durch die Luft), die das Meer um das eigene Schiff herum absuchten. Die Schallwellen erzeugten ein Echo von jedem Objekt auf ihrer Bahn. Dessen Entfernung konnte durch das Zeitintervall zwischen dem Aussenden des Impulses und der Rückkehr zum Empfänger bestimmt werden. Dieses Gerät gaben die Briten auch an ihre französischen Verbündeten weiter. Mit Hilfe des Asdics konnte die Entfernung und die Fahrtrichtung der abgetauchten U-Boote über eine Distanz von ungefähr drei Meilen festgestellt werden, aber es lieferte nur ungenaue Hinweise über dessen Tiefe. Asdic war teilweise nur beschränkt einsetzbar. Ein Problem war, daß der Schallwellenstrahl in einem Winkel ausgesendet wurde. Dadurch war der Asdic auf nahen Distanzen unbrauchbar. Zum zweiten mußte der Mann, der das Gerät bediente, genügend Erfahrung haben, um das Echo eines feindlichen U-Bootes von denen unterscheiden zu können, die von einem Wrack, Fischen, Plankton, rauher See oder sogar von Wasserschichten mit verschiedenen Temperaturen erzeugt wurden.

Im Jahr 1934, ein Jahr nach Adolf Hitlers Machtergreifung, wurde der Bau von U-Booten in Deutschland heimlich fortgesetzt, und im Mai 1935 verstieß das Naziregime ganz offen gegen den Vertrag von Versailles. Die vorherrschende Stimmung bei den Siegermächten des Ersten Weltkrieges war eher beschwichtigend, und in einigen Kreisen war man der Meinung, daß gewisse Punkte des Vertrages vielleicht auch unverhältnismäßig hart waren. Die Folge war, daß es Deutschland nach Abschluß des deutsch-englischen Flottenvertrages, der am 18. Juni in London unterzeichnet wurde, wieder erlaubt war, die Kriegsmarine neu aufzubauen. Sie durfte nur 35 Prozent der Flottenstärke der Royal Navy erreichen, und die Anzahl der U-Boote durfte 45 Prozent nicht überschreiten. Dieses Verhältnis wurde später auf 100 Prozent erhöht. Im Jahr 1935 hatte Hitlers Marine sechs U-Boote in Fahrt, und weitere sollten folgen. Inzwischen wuchs der Schatten des Hakenkreuzes stetig über Deutschlands Grenzen hinaus und zog über die Saar, das Rheinland, Österreich und das Sudetenland. Auch Polen wurde bedroht, und die Verfolgung der deutschen Juden begann. Es war ein brutales und selbstzerstörerisches Programm, das dem Dritten Reich wegen des folgenden Exodus vieler Intellektueller und Wissenschaftler schwer schadete. Im Laufe der Jahre veränderte sich die Grundstruktur der U-Boote kaum. Sie waren lang und röhrenförmig und wurden aus Stahl gefertigt. Die äußere Hülle enthielt die Tauchzellen und die

Die See – diese Wahrheit muß eingestanden werden – ist nicht großzügig. Keine der menschlichen Tugenden – Mut, Härte, Ausdauer, Treue – konnte je der gewaltigen, unbezähmbaren Kraft des Meeres widerstehen.
– frei nach *The Mirror of the Sea* von Joseph Conrad

Die vorherrschenden Gerüche und das nie endende Schlingern machte die Männer in der engen Röhre schwindelig und benommen. Nur das tägliche Übungstauchen brachte zeitweise Erleichterung von dem ewigen Schaukeln.
– aus *Die eisernen Särge* von Herbert A. Werner

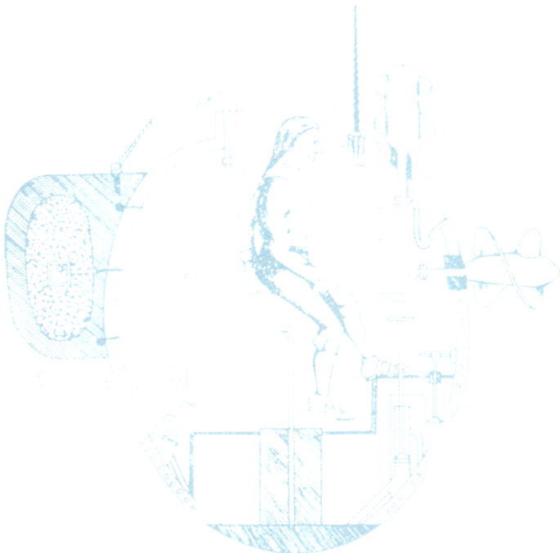

Satteltanks für Treibstoff. Im Inneren des aus dreiviertel Zoll starkem Stahl gefertigten Druckkörpers befanden sich die Maschinen, die Batterien, die Zentrale, die Torpedos, die Mannschaftsräume und die Arbeitsbereiche. Die Tauchzellen konnten entweder durch Druckluft geleert werden, um das Boot auftauchen zu lassen, oder man konnte sie zum Tauchen und zur Tiefenregulierung mit Meerwasser fluten. Nach Verbrauch des Dieselkraftstoffes konnte Meerwasser durch den Boden der Tanks eingelassen werden, um einerseits den natürlichen Auftrieb zu vermindern, wenn das Boot getaucht war, und andererseits, um die außenliegenden Tanks davor zu bewahren, aufgrund des hohen Wasserdrucks zu bersten, wenn das Boot auf große Tiefe ging. Es wurde mit einem konventionellen Ruder am Heck gesteuert, und die Trimmung des Bootes wurde mit den an Bug und Heck montierten Tiefenrudern kontrolliert. Die Zentrale befand sich mittschiffs und hatte eine Luke, die den Zugang zu Kommandoturm und Brücke ermöglichte. Der Dieselmotorenraum befand sich hinter der Kombüse. Er war eine einzige Ansammlung von Ventilen, Schaltern, Hebeln, Handrädern, Schläuchen, Kurbeln und Meßgeräten, die alle in künstlichem Licht kalt schimmerten, erfüllt vom Lärm der Dieselmotoren und dem Rattern der Ventilstößel. Die relativ leisen Elektromotoren waren im Heck eingebaut. Bei sparsamem Betrieb konnte das Boot unter Wasser ohne Probleme mit nur einer Batterieladung zwölf Stunden fahren. Dann mußte das Boot, vor der Einführung der Schnorchelanlage, auftauchen, damit die Batterien mit Hilfe der Dieselmotoren wieder aufgeladen werden konnten. Die wichtigsten Waffen waren Torpedos, von denen jeder einzelne eineinhalb Tonnen wog. Sie wurden durch Torpedorohre in Bug und Heck abgefeuert. Zusätzlich oder anstatt der Torpedos konnten Minen mitgeführt werden, die auf dieselbe Weise abgeschossen wurden. Auf dem Achterdeck waren zur Luftabwehr paarweise Oerlikon-Maschinengewehre angebracht, und die größeren ozeangängigen Boote waren zusätzlich mit 88-Millimeter-Kanonen bewaffnet, die sich vor dem Kommandoturm befanden. Sie waren zwar sehr gefährlich, aber als Kriegsschiffe hatten die U-Boote auch einige wesentliche Schwachpunkte. Die kleine Oberfläche der Ruder und die dicht beieinanderliegenden Schrauben bewirkten einen großen Wendekreis. Außerdem waren sie vergleichsweise langsam und konnten sich nur eingeschränkt verteidigen. Ein U-Boot war bei Gegenangriffen leicht verwundbar, und der Aktionsradius war im abgetauchten Zustand sehr begrenzt. Bei einer Tiefe von mehr als vierzehn Metern – so lang war das Sehrohr – war das Boot total »blind«, und die Position eines feindlichen Schiffes konnte nur mit Horchgeräten bestimmt werden.

Ein weiterer Nachteil war die geringe Sichtweite von der U-Boot-Brücke. Sie war sehr viel eingeschränkter als die eines Kriegs- oder sogar eines Handelsschiffes. Im Verlauf der Jahre wurden einige bemerkenswerte Versuche zur Verbesserung gemacht. Beispielsweise laschte man einen Bootsstuhl an die Spitze des ausfahrbaren Sehrohrs und setzte dort den Ausguck hinein. Eine andere Entwicklung war die sogenannte Bachstelze. Das war eine hubschrauberähnliche Konstruktion, die mit einem Kabel am Boot befestigt wurde. Der Ausguck flog also vom Boot gezogen hoch oben in der Luft. Verständlicherweise riß sich kein Besatzungsmitglied um diese Aufgabe.

Die starke Seite der U-Boote war ihre hervorragende Seetauglichkeit. Ihre schmale Silhouette von vorn machte sie schwer anpeilbar. Außerdem konnten sie den Feind überraschen, und das ist ein wichtiges Grundprinzip in der Kriegführung. Sie waren anderen Kriegsschiffen schon allein dadurch überlegen, weil sie sich unter Wasser verstecken konnten. Dieser Vorteil wurde aber bis zu einem gewissen Grade durch das Extragewicht der Elektromotoren und der 50-Tonnen-Batterien für die Unterwasserfahrt wieder ausgeglichen. Seit 1937 arbeitete der deut-

oben: David Bushnells TURTLE.
darunter: John Hollands erstes Tauchboot.
unten: Hollands Prototyp von 1900.
unten rechts: Erfinder und Konstrukteur John P. Holland.

O Gott, steh uns zur Seite:
Unterstütze wenigstens
unsere Feinde nicht und
überlaß mir den Rest.
– frei nach Prinz Leopold
von Anhalt-Dessau

links: Plakat aus dem Jahre 1917 von Hans Rudi Erdt.

... niemand soll denken, daß Amerika entkommen kann, daß Amerika Gnade bekommt und daß diese westliche Hemisphäre nicht angegriffen wird.
– Rede von Franklin D. Roosevelt, Chicago 1937

sche Ingenieur Professor Helmuth Walther an einer Methode, mit der Dampf aus erhitztem Wasserstoffperoxid und Öl für einen Turbinenmotor erzeugt werden sollte. Aber obwohl Dönitz auf ein eiligst durchgeführtes Konstruktionsprogramm drängte, sollte es noch Jahre dauern, bis der Walther-Motor in Produktion ging. Bis zum Ende des Krieges waren nur vier mit diesem Motor ausgestattete Boote in Dienst gestellt worden. Ansonsten wurden immer zwei Antriebssysteme eingesetzt.

Obwohl U-Boote für den Unterwassereinsatz gedacht waren, fuhren und kämpften sie die ersten fünfzig Jahre meistens an der Wasseroberfläche. Bis in die vierziger Jahre tauchten sie selten tiefer als eine Bootslänge. In dieser Zeit waren Sonargeräte und Wasserbomben keinesfalls so wirkungsvoll, wie sie es in den folgenden Jahren werden sollten. Zu der Zeit gab es auch weder Schiffs- noch Luftradar. Erst nach deren Einführung waren die U-Boote gezwungen, tiefer und länger zu tauchen. Im Verlauf des Krieges ging der Vorsprung in der Entwicklung von Angriffs- und Verteidigungstechnologien wie ein Tennisball hin und her. Erst die Entwicklung des Schnorchels ermöglichte die Nutzung der Dieselmotoren unter Wasser. Nur der Mastkopf konnte noch mit bloßem Auge oder Radar ausgemacht werden. Der Schnorchel war eine niederländische Erfindung. Er war ursprünglich ein einfacher Windfang, der das abgetauchte Gefährt mit Frischluft versorgte. Ein so ausgerüstetes Boot eroberten die

Deutschen bei ihrer Invasion der Niederlande. Sie erkannten sofort, welches Kriegspotential dieses Gerät hatte. Ein Ventilatorrohr wurde nachgerüstet und konnte dann die Motoren mit Luft versorgen. Außerdem wurde ein längeres Rohr für die Abgase hinzugefügt. Diese Rohre wurden zunächst mit einer Winsch und später hydraulisch ausgefahren oder eingezogen.

Theoretisch konnte ein U-Boot nach der Entwicklung des Schnorchels Einsätze fahren ohne aufzutauchen (ein U-Boot schaffte den Rekord von 66 Tagen unter Wasser). In der Praxis zeigten sich jedoch etliche Probleme. Die Schnorchel verursachten eine Spur, die über viele Meilen gesehen werden konnte, und das war ein taktischer Rückschritt. Außerdem blockierte der Wasserdruck bei schwerem Seegang oft den Auspuff. Dadurch sammelte sich Kohlenmonoxyd im Maschinenraum an, und das konnte die Heizer außer Gefecht setzen. Wenn Wasser das Ventilationsrohr bedeckte, wurde es von einem Sicherheitsventil geschlossen, und die Dieselmotoren verbrauchten die für die Besatzung lebenswichtige Luft aus dem Boot.

Die Widerstandskräfte wirken sich auf Flugzeuge und U-Boote gleich aus. Auf einem U-Boot setzen sie sich aus der Oberflächenreibung, proportional zur Oberfläche des Schiffskörpers, und dem Formwiderstand zusammen. Letzterer wird durch alle vorstehenden Gerätschaften, wie Klampen, Lüftungsrohre, Positionslichter, Anschlagpunkte für Sicherheitsleinen, Mündungsklappen der Torpedorohre, Auspuffanlage,

links: U-Boot-Bau auf der Germania Werft Kiel im Jahr 1940.
unten: Ausrüstung neuer U-Boote auf der Krupp Germania Schiffswerft. Zum Ende des Krieges hatte Krupp 168 der insgesamt 1099 deutschen U-Boote gebaut.

Am 10. Februar (1942) boten wir der amerikanischen Marine ungebeten 24 unserer besten U-Boot-Abwehrtrawler und zehn Korvetten mit ausgebideten Crews an. Sie wurden gerne von unseren Verbündeten angenommen und erreichten New York im frühen März. Es war wenig genug, aber alles, was wir entbehren konnten. »Alles, was sie gab, war alles, was sie geben konnte.«
– aus *The Second World War: The Hinge of Fate* von Winston Churchill

oben: Ein Teil des Blohm-und-Voss-Werftgeländes 1995 in Hamburg. B&V war eine von mehreren U-Boot-Werften.
rechts: Eine Werft in Bremen am Ende des Zweiten Weltkrieges.

Lukendeckel, Antennen und Flutklappen der Tauchzellen, verursacht.

U-Boote neigen stärker zum Rollen als Überwasserschiffe, und die Gewichtsverteilung von Treibstoff, Waffen, Vorräten und Proviant war für die Trimmung entscheidend. Grundgewichte im Kiel sicherten einen tiefliegenden Schwerpunkt. Es ist nicht bekannt, daß jemals ein U-Boot gekentert ist; weder durch Einfluß der Naturgewalten noch im Kampf.

Einer der größten U-Boot-Jäger der Royal Navy, Captain Donald MacIntyre, richtete einmal den Bug seines Schiffes gegen U-223 und erhöhte die Geschwindigkeit. Das gerammte U-Boot überschlug sich, richtete sich von allein wieder auf und erreichte zwölf Tage später leicht beschädigt Saint-Nazaire.

An der Wasseroberfläche hatten U-Boote eine gute Längsstabilität, neigten aber stark zum Rollen. Unter Wasser war es genau umgekehrt. Um die Trimmung (das bedeutet, das Schiff auf ebenen Kiel bringen) aufrechtzuerhalten, wurde die Füllung der Trimmzellen und die Bewegungen der Besatzung streng überwacht. Der Leitende Ingenieur ließ sich sogar täglich die Menge und Position der Vorräte vom Koch melden. Je langsamer ein Fahrrad gefahren wird, desto schwerer ist es, die Balance zu halten. Bei einem U-Boot ist das genauso. Das Boot ohne Fahrt auszupendeln und auf ebenen Kiel zu bringen, war am schwersten. Wenn der Kommandant diese Lage perfekt erreichte, konnte man einen Bleistift in jede Richtung auf den Kartentisch legen, ohne daß er wegrollte.

Genauso wie Kampfflugzeuge um Bomben, Kanonen und Treibstofftanks herumgebaut wurden, baute man auch U-Boote um Torpedos, Motoren, Dieseltanks und Batterien. Der Raum, der übrigblieb, war für die Besatzung, deren persönliche Habseligkeiten und Proviant. Platz war immer heiß begehrt. Offiziere und Besatzung nutzten jeden Zentimeter zum Arbeiten und Schlafen. Was noch übrig war, wurde als Stauraum für Lebensmittel genutzt, die sorgfältig nach Haltbarkeit sortiert waren. Frische Nahrungsmittel mußten zuerst verbraucht werden. Danach kamen Konservendosen und die getrockneten Lebensmittel an die Reihe. Riesige geräucherte Schinken und Wurstketten – auf denen der Schimmel täglich wuchs – hingen von allen Decken herab. Dosen und verpackte Waren wurden in die Spinde gestopft, die eigentlich für persönliche Besitztümer vorgesehen waren. Männer, die Eier mochten, mußten sich nie zurückhalten. Davon gab es immer genug. Sie wurden entweder roh, gekocht, gebraten oder als Rührei zur, vor und nach jeder Mahlzeit gegessen. Die U-Boot-Fahrer bekamen jedoch in der Regel größere und bessere Rationen – wenn auch bei weniger Komfort – als andere Angehörige der deutschen Wehrmacht im Zweiten Weltkrieg.

Auf Feindfahrt wurde die Umgebung schnell widerlich und gesundheitsschädigend. Alles war feucht, voller Kondenswasser, es stank nach Diesel, Kombüsengeruch, menschlichen Ausdünstungen und Schweiß. Die Besatzung schlief an Schotten und Bordwand gedrängt in hochklappbaren Kojen. Im Torpedoraum gab es nur für die Hälfte der Besatzung einen Schlafplatz. Die Männer mit beginnender Freiwache fanden immer eine vom Vorbenutzer noch warme Koje vor. Süßwasser wurde zum Trinken und Kochen benötigt. Körperpflege mußte zurückstehen.

DER LÖWE

GROSSMADMIRAL Karl Dönitz ist und war wahrscheinlich der Mann, der in der Weltgeschichte am ehesten mit Kriegsführung unter Wasser in Verbindung gebracht wird. Wann immer über das Thema »U-Boote« diskutiert wird, denkt man sofort an Dönitz – die große, schlanke, schmalschultrige Figur, in tadelloser Uniform, mit einem bleichen, glattrasierten Gesicht, stechenden Augen und spärlichen blonden Haaren, die streng über den Kopf zurückgekämmt waren. Er wurde am 16. Dezember 1891 in einem Vorort von Berlin geboren und war der einzige Sohn einer bürgerlichen, preußischen Familie. Mit achtzehn Jahren trat er in die Kaiserliche Marine ein. Wie sein Vater war er ein überzeugter Patriot und erwarb schnell die Eigenschaften, die von einem deutschen Offizier erwartet wurden: absolute Loyalität, ein strenges Pflichtbewußtsein und die Liebe zu seinem Beruf. Seine Vorgesetzten bemerkten schnell sein Potential und beförderten ihn folglich zum Marineoffizier.

In den ersten zwei Jahren des Ersten Weltkriegs diente Dönitz als Luftbeobachter bei den Marinefliegern. Er wechselte 1916 zu den U-Booten und bekam 1918 sein erstes Kommando. Als er am 4. Oktober getaucht vor der Küste von Sizilien lag, mußte UB-68 nach einer ernsten Havarie auftauchen und geriet unbeabsichtigt mitten in einen britischen Konvoi. Dessen Geleitschutz versenkte das Boot sofort. Er kam in Kriegsgefangenschaft, von der er die meiste Zeit in einem abgelegenen schottischen Lager verbrachte. Nach zehn Monaten wurde Dönitz wegen Geisteskrankheit entlassen. Es ist nicht klar, ob er simulierte oder nicht. Trotz seines Mißgeschicks im Mittelmeer war er immer noch davon überzeugt, daß der Einsatz von U-Booten im Krieg richtig war, und er war sicher, daß er am besten wüßte, wie sie einzusetzten sind, wenn sich irgendwann eine neue Chance ergeben sollte. Er träumte von einem Rudel von U-Booten, die alle unter seinem Kommando operierten. Damit hatte Dönitz' »Liebesaffäre« mit dem »Wolfsrudel« begonnen.

In den zwanziger Jahren erschien das aussichtslos, denn der Vertrag von Versailles verbot den Deutschen den Bau und den Besitz von U-Booten. Nachdem Dönitz seine normalen Pflichten als Marineoffizier wiederaufgenommen hatte, mußte er sich damit zufrieden geben, jedem , aber auch jedem, der es hören mochte, seine U-Boot-Arie zu predigen – egal ob in der Kriegsmarine oder sonstwo. Sein leidenschaftlicher Einsatz trug Früchte. Als 1935 der deutsch-englische Flottenvertrag die Wiederaufnahme des deutschen U-Boot-Baus zuließ (wenn auch mit einigen Einschränkungen), schickte Großadmiral Dr.h.c. Erich Raeder als erstes nach dem überraschten, aber begeisterten Kapitän zur See Dönitz, der gerade den Kreuzer EMDEN kommandierte. Raeder übertrug ihm die Aufgabe, die deutsche U-Boot-Waffe wiederaufzubauen. Das war sicherlich die richtige Wahl, und wenn Hitler und Raeder genauso auf seine strategische Voraussicht vertraut hätten, wie auf seine Fähigkeiten, ist es möglich, daß der Zweite Weltkrieg noch sehr viel verlustreicher für die Alliierten geworden wäre als er es ohnehin schon war. Er hätte wahrscheinlich länger gedauert, und der Sieg der Alliierten wäre vielleicht noch in Frage gestellt gewesen.

Dönitz selbst hatte keinerlei Zweifel und fing an, seine Rudeltaktik auszuarbeiten. Er glaubte, daß bei zukünftigen Konflikten Deutschlands Hauptziel die britischen transatlantischen Nachschublinien sein müßten und daß nur seine U-Boote in der Lage waren, einen Guerre de course – den Krieg gegen Handelsschiffe – zu führen. Er wußte aus bitterer Erfahrung, daß die Briten gelernt hatten, der Gefahr, die von einzelnen raubtierartig angreifenden U-Booten ausging, entgegenzutreten, indem sie Konvois mit Geleitschutz versahen. Seine Wolfsrudel sollten diese Eskorten meiden und den eigentlichen Konvoi zerstören. Dafür wollte er im Falle eines Krieges 300 schnelle, mittelgroße, gut manövrierbare Boote unter seinem Kommando haben. Nach seinen Vorstellungen sollten davon 100 auf der hohen See stationiert sein, weitere 100 sollten auf dem Weg dorthin oder auf dem Weg nach Hause sein, während die restlichen 100 Boote im Stützpunkt neu versorgt wurden. Der U-Boot-Typ VII entsprach mit seinen ca. 750 Tonnen diesen Anforderungen. Es hatte fünf Torpedorohre und konnte im westlichen Küstenvorfeld und im Mittelatlantik eingesetzt werden. Dönitz riet ab, große U-Boot-Kreuzer oder kleine 250-Tonner zu bauen, die nur in der Nord- und Ostsee wirkungsvoll eingesetzt werden konnten. Sie waren für ihn herausgeworfenes Geld und vergebene Mühe. Aber Hitler bereitete sich zu der Zeit nicht auf einen Krieg vor. Seine politischen Berater und vielleicht sein Horoskop sagten ihm, daß weder die Briten noch die Franzosen kämpfen würden, bevor nicht ihr globaler Reichtum bedroht wäre. Für eine Weile wollte er Britannia noch die Regentschaft über die Meere überlassen. Sein Ziel war, erst 1945 eine U-Boot-Flotte nach den Vorstellungen von Dönitz zu haben. Dönitzs' Einstellung zu den neuen deutschen Machthabern war gespalten. Vor allem war er mit Leib und Seele Marineoffizier. Aber wenn die Nazis die Demütigungen durch den Versailler Vertrag rächen und es den Briten mit gleicher Münze heimzahlen könnten – denselben verdammten Briten, die ihn so beschämt und gefangengenommen hatten – und wenn er seinem Vaterland Ruhm und Ehre bringen könnte, dann würde er ihren Weg mitgehen.

Im Jahre 1938 flog der britische Premierminister Neville Chamberlain mit einem Stück Papier von München nach Hause, auf dem sich Hitlers Unterschrift befand. Chamberlain war sich sicher, daß er »den Frieden zu unserer Zeit« gesichert hätte. Zeitgleich gab Dönitz seinen Offizieren den Befehl, kriegsbereit zu sein. Dönitz entsandte fünfundzwanzig seiner jungen Kommandanten auf eine »Flottenübung«. Sie sollten durch die Gewässer von den Shetlandinseln bis hin zur französischen Küste patrouillieren, um ein Gefühl dafür zu bekommen, was in Zukunft auf sie zukommen sollte. Drei Tage später rief er sie in sein geheimes Hauptquartier an der Ostseeküste. Er sagte, daß es das nächste Mal ernst werden könnte, sie sich aber nicht in die Hosen machen sollten, bevor die Fahrt losgeht. Als es dann wirklich losging, verlangte Raeder von Dönitz, der mittlerweile zum Befehlshaber der U-Boote (oder kurz: BdU) befördert worden war, daß er eine Blockade vor allen englischen Häfen aufbauen sollte. Das versuchte Dönitz anfangs auch. Aber bald überzeugte er seinen Vorgesetzten davon, daß U-Boote, die sich im britischen Küstengebiet befanden, durch Flugzeuge, die ihre Stützpunkte an Land hatten, extrem verwundbar waren. Statt dessen wollte er seine U-Boote in den Atlantik verlegen, um dort, wo die Flugzeuge sie nicht erreichen konnten, die britischen Lebensadern abzuschneiden.

Dönitzs' bunte Mischung umfaßte 56 U-Boote (die Briten verfügten über 57 Einheiten). Davon waren 46 funktionstüchtig, aber weniger als 25 waren ozeantaugliche Gefährte. Seine 300 Konvoi-Killer waren nur ein Traum. In den ersten Monaten des Jahres 1940 waren selten mehr als sechs gleichzeitig im Einsatz. Die Kommandanten und Besatzungsmitglieder versuchten den Mann, den sie den »Löwen« nannten, nicht zu enttäuschen, und zwischen Januar und Ende April versenkten sie Handelsschiffe von über 300 000 Tonnen. Aber in dieser Zeit gingen dreizehn U-Boote verloren, und andere Boote wurden zur Ausbildung eingesetzt. Die deutschen Werften waren nicht in der Lage, für Ersatz zu sorgen.

Die Niederlage Frankreichs verschaffte Dönitz 1940 den Zugang zu den Häfen am Englischen Kanal und in der Biscaya. Dadurch wurde die Fahrzeit zu den atlantischen Schlachtfeldern nahezu halbiert. Die Auswirkungen waren sofort spürbar. Von Juni bis Oktober 1940, der Zeitraum, der später als »die glückliche Zeit« bekannt wurde, versenkten Dönitzs' Wölfe 274 Handelsschiffe mit einer Tonnage von 1 395 000. Die Kriegsmarine verlor hingegen nur sechs Boote. Die britischen Schiffsverluste waren zwar nicht so katastrophal, wie die in den dunklen Tagen des Jahres 1917. Aber sie übertrafen dennoch die Zahl der Schiffe, die als Ersatz zur Verfügung standen.

In der Zwischenzeit wurden in Deutschland Orden in Hülle und Fülle verliehen, und Dönitzs' Kommandanten wurden mit Ruhmeshymnen begrüßt, wenn sie in ihre Heimathäfen zurückkehrten, während für diese wenigen Glücklichen Ersatz unterwegs war. In den Jahren 1941 und 1942 begann die deutsche Rüstungsindustrie, getrieben durch den Einsatz und die neuen Methoden von Reichsminister Albert Speer, der vorgefertigte Bauteile in verschiedenen Fabriken produzieren ließ, endlich schneller die von Dönitz geforderten Typen zu liefern: 91 konnten zu Beginn des Jahres 1942 eingesetzt werden. Diese Zahl erhöhte sich bis zum Ende des Jahres auf 212 und auf 240 im April 1943. Die Tatsache, daß viele 1941 gebaute Boote Nummern über 500 erhielten, könnte ein Bluff gewesen sein – ein frühes Beispiel für psychologische Kriegsführung. Es könnte auch sein, daß ein Vertrag storniert wurde und die damit verbundenen Baunummern ebenfalls en bloc verschwanden.

432 Schiffe mit einer Gesamttonnage von über zwei Millionen wurden 1941 von Dönitzs' Männern versenkt, während Flugzeuge, Überwasserschiffe und

Dönitz ... war ein sauer dreinblickender Charakter und sah Calvin Coolidge ähnlich. Wie Coolidge hatte Dönitz einen feinen Sinn für Humor. Besucher sahen einmal, daß er eine Meereslandschaft in Öl in seinem Hauptquartier hängen hatte. Darauf war außer Schaumkronen nichts zu sehen. Auf die Frage, was das Bild zeige, antwortete er: »Die Flotte im Jahr 1955.« Wenn sie dann sagten: »Aber ich sehe keine Schiffe«, war seine Antwort: »Da sind Hunderte von U-Booten, die getaucht in Formation fahren.«
– aus *Twenty Million Tons Under The Sea*
von Konteradmiral Daniel V. Gallery, USN

Ein gutes Gespräch ist so anregend wie schwarzer Kaffee, und man kann hinterher genauso schlecht einschlafen.
– aus *Gift from The Sea* von Anne Morrow Lindbergh

links: Großadmiral Dönitz

oben: Die Uniform von Großadmiral Dönitz im U-Boot-Archiv in Altenbruch.
darunter: Der Stander von Großadmiral Dönitz im Museum des Hereford Regiments.
rechts: Gemälde von G. S. Allfree, ein torpediertes Dampfschiff vor Longships, Grafschaft Devon.

Minenfelder die Zahl auf 1299 Schiffe und 4 328 558 Tonnen erhöht haben. Dönitz war mit dem Anteil, den die U-Boote daran hatten, zufrieden. Hitler verdarb ihm die Freude durch das Verbot, etwas gegen die Amerikaner zu unternehmen, die den Briten alle erdenkliche Hilfe zuteil werden ließen. Während des Sommers gab es einige Vorfälle im Atlantik, die die amerikanische Neutralität als Lüge entlarvten. Die Situation spitzte sich am 1. September zu, als der Oberbefehlshaber der US-Navy, Admiral Ernest J. King, seinen Kriegsschiffen den Befehl gab, sich den Briten und Kanadiern innerhalb der amerikanischen Sicherheitszone anzuschließen und ihren Konvoi zu begleiten. Drei Tage später wurde der US-Navy-Zerstörer GREER auf dem Weg nach Island von einem RAF-Flugzeug vor einem sich in der Nähe befindlichen U-Boot gewarnt. Nach einer dreistündigen Jagd durch den Zerstörer kam es zu einem kurzen und ergebnislosen Schußwechsel – der Zerstörer warf Wasserbomben und das U-Boot-Torpedos ab. Laut Dönitz war die GREER in die Offensive gegangen, und U-652 war gezwungen, sich zu wehren. Roosevelt dagegen teilte seinem Volk mit, daß der U-Boot-Kommandant sich der Piraterie schuldig gemacht hätte und U-Boote genau wie Klapperschlangen ausgerottet werden müßten. Amerika hatte seine Unschuld verloren.

Dönitz ergriff im Frühjahr 1941 die Chance, seinen bis dahin zurückgehaltenen Zorn freien Lauf zu lassen. Denn die Amerikaner waren mehr geworden als nur Freunde der Briten, die nicht in den Kampf einbezogen waren. Sie waren Verbündete geworden.

Seine besten Kommandanten hielten sich gerade im Mittelmeer oder im Südatlantik auf und seine U-Boote waren überall verstreut. Aber er versammelte fünf Boote des Typs IX, die eine große Reichweite hatten und in der Lage waren, zwei Wochen in ihren Operationsgebieten zu bleiben. Dazu kamen weitere sechzehn Boote des Typs VII, die auf See aufgetankt werden konnten. Für deren Kommandanten, die zu den weniger gefeierten »Kaleus« gehörten, ergab sich die Gelegenheit, in den Kreis der Asse aufzusteigen. In der ersten Januarwoche im Jahr 1942 waren sie auf dem Weg, den Amerikanern eine Niederlage zuzufügen. Darüber schrieb Ladislas Farago, der selbst Offizier beim Geheimdienst der US Navy war, in seinem Geschichtswerk »The Tenth Fleet«, daß sie,

»verglichen mit den Geschehnissen in Pearl Harbor, nur ein kleiner Klaps war«.

Dönitz nannte es die »Operation Paukenschlag«. Damit vermittelte er, nicht ohne ein gewisses Maß von schwarzem Humor, daß er den Transatlantikkrieg mit einem Knall beginnen wollte. Der »Paukenschlag« hallte durch ganz Amerika, während die U-Boote inmitten des Küstenverkehrs an der Ostküste eingesetzt waren. Der Admiral erklärte, daß Badende und manchmal ganze Küstenstädte Zeugen von dem Kriegsdrama wurden, dessen sichtbare Höhepunkte der Flammenschein brennender Tanker waren.

Dönitz wird frohlockt haben. Im Juni 1942 waren die U-Boote entlang der gesamten Küste zwischen dem Hafen von New York und der Meerenge von Florida und der Karibik verteilt. Sie versenkten über 300 Fahrzeuge der Alliierten, inklusive vieler Tanker, die sich im Bereich der amerikanischen Küste befanden, und 90 weitere in Seegebieten, in denen die US-Streitkräfte für die Überwachung verantwortlich waren. Oftmals mußten Dönitz' Männer nicht zum Nachtanken, sondern zum Fassen von Munition und Torpedos zu ihren Stützpunkten zurückkehren. Der US-Armeegeneral George C. Marshall bemerkte: »Ich befürchte, daß ein oder zwei weitere solcher Monate unsere Transportmittel so dezimieren, daß wir nicht mehr in der Lage sein werden, genügend Männer und Flugzeuge transportieren zu können, um sie an den entscheidenden Brennpunkten dem Feind entgegenzuwerfen.« Die Kriegsmarine versenkte insgesamt 7 790 697 Tonnen; davon hatte die U-Boot-Flotte einen Anteil von 6 226 215. Sie hatten also eine weitere glückliche Zeit. Churchill schrieb später: »Der U-Boot-Angriff von 1942 war unser schlimmstes Übel.« In Wahrheit waren die Konvois auf dem Atlantik praktisch unbelästigt gewesen, während Dönitz sich auf die »Operation Paukenschlag« konzentrierte. Sie konnten ohne aufwendige Ausweichmanöver auf dem kürzesten Weg über den Nordatlantik nach Großbritannien gelangen. Aber die ersten Monate des Jahres 1942 brachten den Alliierten viele Rückschläge. Rommels Afrikakorps war über Libyen hinweggefegt und bedrohte den Nil. Die deutschen Panzerdivisionen hatten Leningrad eingekesselt und bewegten sich immer weiter gen Osten. Singapur, Großbritanniens Außenposten in Malaya, war mit schweren Verlusten und vielen, die in unmenschlicher Gefangenschaft waren, gefallen. Japanische Bomber hatten zwei britische Kriegsschiffe versenkt: das Flaggschiff des Flottillen-Kommandanten, die PRINCE OF WALES, und den Kreuzer REPULSE. Zudem verteidigten die US-Streitkräfte in Bataan ihre letzte Stellung auf den Philippinen.

Dönitz hatte in der Zwischenzeit in einem kleinen Château in Kernével sein Hauptquartier mit Blick auf den Hafen von Lorient bezogen. Er kontrollierte seine U-Boot-Fahrer über Funk und erwartete ständig Positionsmeldungen und Wetterberichte von seinen Kommandanten. Auf den Planquadraten einer riesigen Wandkarte markierten Fähnchenstecker die Positionen der einzelnen Boote. Von hier dirigierte er Angriffe auf gesichtete Konvois und wartete ungeduldig auf Rückmeldungen über versenkte Schiffe und deren ungefähre Tonnage. Ohne Unterlaß wurden Nachrichten übermittelt, die oft abgehört und von den Engländern im Laufe der Zeit dechiffriert wurden. Selbst wenn Dönitz das klar gewesen wäre, ist es zweifelhaft, ob er dem Reiz, die Schlacht aus der Entfernung von Tausenden von Kilometern zu überwachen, hätte entsagen können. Der »Löwe« brüllte von Lorient aus, und das »Wolfsrudel« tötete. Ständig befahl er beharrliche Verfolgung und erbarmungslosen Angriff, Angriff, Angriff.

Korvettenkapitän Reinhard Suhren empfand diese Ermahnungen nicht nur als unnötig, sondern auch als beleidigend. In einem Routinebericht nach der Rückkehr von einem Einsatz hatte er die Kühnheit, das auch zu sagen. Der Admiral war für einen Augenblick erstaunt, faßte sich aber wieder und packte Suhren im Genick. Wie ein wütender Lehrer mit einem Schuljungen umgeht, beugte er ihn vornüber und gab ihm einen knallenden Schlag auf das Hinterteil.

Dönitz war fest davon überzeugt, daß ein monatlicher Durchschnitt von 800 000 Tonnen versenkter Schiffe die Briten in die Knie zwingen würde. In der Tat hatte im Jahr 1942 die reale Rate von 650 000 Tonnen im Monat eine verheerende Wirkung. Die Alliierten konnten widerstehen, weil die Amerikaner nicht nur stark genug waren und genug Ressourcen hatten, um der Katastrophe des »Paukenschlages« zu trotzen, sondern auch noch ihren Beitrag zum Krieg auf und über dem Atlantik massiv zu vervielfachen. Admiral King vergaß für diesen Zeitraum seine innere Abneigung gegen die Briten generell und die Royal Navy insbesondere und kooperierte mit ihnen im Kampf auf dem Ozean. Aber er hielt seine Fehde mit General »Hap« Arnold von der US-Luftwaffe unerbittlich aufrecht. Wie schädlich dieser Zwist für den Verlauf des Krieges auch gewesen sein mag, er wurde durch die fehlende Harmonie zwischen Dönitz und dem Luftwaffenoberbefehlshaber Reichsmarschall Hermann Göring auf der anderen Seite des Atlantiks ausgeglichen. King sollte einen großen Beitrag zur U-Boot-Abwehr leisten, indem er die »Tenth Fleet« der US Navy aufbaute und selbst befehligte. Das Besondere an ihr war, daß sie keine eigenen Schiffe hatte. Statt dessen konnte sie aus anderen Flotten die benötigten Fahrzeuge anfordern und hatte Zugang zu den besten amerikanischen Experten für Forschung und Planung. Die unter dem Namen »TORCH« erfolgreich an den Küsten Algeriens und Marokkos durchgeführte Landung im November 1942 kam für die deutsche Marine völlig überraschend. »Der deutsche Geheimdienst unter Admiral Wilhelm Canaris hat komplett versagt«, sollte sich Dönitz später in seinen Memoiren beklagen, »genauso wie das U-Boot-Kommando vom Geheimdienst während des gesamten Krieges nicht eine verwertbare Information über den Feind erhielt.« Diese Kritik war nicht ganz fair: Dönitz hätte von dem riesigen Spionagenetz der Abwehr Unterstützung bekommen. Aber er hatte keine gute Meinung über Canaris erworben, der auch ein U-Boot-Fahrer war, als sich ihre Wege in den dreiziger Jahren kreuzten –, und er hatte keinen Grund gesehen, diese Meinung später zu revidieren. Daher zog Dönitz es vor, sich auf den Funkbeobachtungsdienst, der auch B-Dienst genannt wurde, zu verlassen. Durch ihn wurde er mit abgehörten, dechiffrierten Nachrichten der Royal Navy versorgt.

Dönitz war ein energischer und charismatischer Mann, und er kümmerte sich um seine Leute. Wenn das deutsche Radio in Sendungen, die auch auf See gehört werden konnten, meldete, daß die Heimatstadt eines U-Boot-Soldaten bombardiert worden war, dann folgte oft vom Admiral eine beruhigende Nachricht über das Wohlergehen der Familie. Wenn es nötig war, konnte er auch hart sein und eine Besatzung, die für die Tropen ausgerüstet vor den Azoren patrouillierte, bedenkenlos auf der Stelle in

England erwartet, daß jeder Mann seine Pflicht tut.
– Admiral Nelson

Worauf Vizeadmiral Collingwood auf der ROYAL SOVEREIGN murmelte: »Was will Nelson uns sagen? Wir wissen alle, was wir zu tun haben.«
– National Maritime Museum, Greenwich

Zu Friedenszeiten sollten wir anhäufen, was wir im Krieg brauchen.
– Syrus

Eine eingesperrte Katze wird zum Löwen.
– Italienisches Sprichwort

Links: Dönitz als junger Wachoffizier auf U-39 im Jahr 1917.

OCEAN STEAMSHIPS.

CUNARD

EUROPE VIA LIVERPOOL

LUSITANIA

Fastest and Largest Steamer
now in Atlantic Service Sails
SATURDAY, MAY 1, 10 A. M.

Transylvania, Fri., May 7, 5 P.M.
Orduna, - - Tues., May 18, 10 A.M.
Tuscania, - - Fri., May 21, 5 P.M.
LUSITANIA, Sat., May 29, 10 A.M.
Transylvania, Fri., June 4, 5 P.M.

Gibraltar–Genoa–Naples–Piraeus
S.S. Carpathia, Thur., May 13, Noon

NOTICE!

TRAVELLERS intending to embark on the Atlantic voyage are reminded that a state of war exists between Germany and her allies and Great Britain and her allies; that the zone of war includes the waters adjacent to the British Isles; that, in accordance with formal notice given by the Imperial German Government, vessels flying the flag of Great Britain, or of any of her allies, are liable to destruction in those waters and that travellers sailing in the war zone on ships of Great Britain or her allies do so at their own risk.

IMPERIAL GERMAN EMBASSY

WASHINGTON, D. C., APRIL 22, 1915.

R. M. S "LUSITANIA" SATURDAY, JUNE 27, 1914

Menu

Hors d'œuvres—Variés
Canapé—Levasseur Tartelettes—Moscovite
Chicken Okra Crême Algerienne
Sea Bass—Egyptienne Fried Filet of Flounder
Grenadins á la Florentine Biscantins—St. Germain
Sirloin & Ribs of Beef
Haunch of Mutton—Boulangére Turkey—Mephisto
York Ham & Spinach—Sherry Sauce
Green Peas Rice Fried Egg Plant
Boiled, Mashed & Persillées Potatoes
Asperges—Sauce Divine
Salade de Saison
Pouding Normande
Gâteau Vanille Petits Fours Rhubarb Tart
Gelée au Madere
Lemon & Coffee Ices
Dessert Café

TO ORDER FROM THE GRILL (15 Minutes)
Sirloin Steaks Spring Chicken Mutton Chops

den eisigen Nordatlantik kommandieren. Er spielte aber auch ein doppeltes Spiel und hatte keinerlei Skrupel, seine Verluste dem deutschen Volk und seinen Besatzungen zu verheimlichen oder auch Nachrichten seiner Kommandanten über versenkte Tonnage zu veröffentlichen, von denen er wissen mußte, daß sie übertrieben waren. Vielleicht wollte er aber auch den schlechten Nachrichten von der nordafrikanischen und russischen Front und den bombardierten Städten an der Ruhr keine weiteren Hiobsbotschaften hinzufügen.

Eigenartigerweise dauerte es bis zur Konferenz in Casablanca, im Jahr 1943, bis Churchill und Roosevelt der U-Boot-Bekämpfung oberste Priorität einräumten. Auch Hitler richtete sein Augenmerk stärker auf den Seekrieg. Er war ernsthaft über die Leistung der LÜTZOW und der HIPPER verärgert, als diese beiden großen Kriegsschiffe am letzten Tag des Jahres 1942 vor Norwegen gegen einen russischen Konvoi vorgingen. Dabei wurden sie von fünf Zerstörern der Royal Navy aufgehalten und schließlich von zwei Kreuzern vertrieben, ohne ein einziges Schiff versenkt zu haben. Er schrieb die Schiffe als nutzlos für die weitere Kriegführung ab und verfügte Raeders Versetzung und Degradierung. Nach fünfzehn Jahren als Großadmiral wurde er auf den weniger ruhmreichen Posten des Admiralinspekteurs der Kriegsmarine versetzt. Daraufhin trat der Großadmiral zurück, und Dönitz wurde am 30. Januar, zu seiner eigenen Überraschung, zu seinem Nachfolger ernannt. Diese Beförderung war für die U-Boot-Waffe eine große Prestigesteigerung, aber die älteren Kommandanten bedauerten es, als sie der »Löwe« verließ, um zu den Schreibtisch-Offizieren zu gehen – von denen einige die See wirklich nur vom Schreibtisch aus kannten. Offiziell behielt Dönitz das Oberkommando über die U-Boote, aber das direkte Kommando über die Operationen erhielt sein treu ergebener Stabschef, Konteradmiral Eberhardt Godt, der genau wie Dönitz die Boote per Funk leitete, aber nie dessen glückliche Hand besaß.

Für die großen Kriegsschiffe fanden Hitler und Dönitz einen Kompromiß. Die großen Schlachtschiffe TIRPITZ und SCHARNHORST, zusammen mit den Schlachtkreuzern DEUTSCHLAND, GRAF SPEE und ADMIRAL SCHEER, den sogenannten »Westentaschenschlachtschiffen« und Schweren Kreuzern, wurden im Einsatz

Mitte: Eine Menükarte vom Passagierschiff LUSITANIA der Reederei Cunard, das am 7. Mai 1915 von den Torpedos des U-20 unter dem Kommando von Walther Schwieger versenkt wurde.

behalten, während die älteren Schiffe ausgemustert und ihre Besatzungen zur U-Boot-Waffe versetzt wurden, was zu deren Verstärkung auch dringend nötig war. Siebzehn neue U-Boote wurden monatlich in Dienst gestellt, und Dönitz drängte Speer zu noch höherer Produktion. Der Kampf tobte unterdessen weiter, und beide Kriegsparteien erlitten schwere Verluste. Im April 1943 waren über 400 U-Boote im Einsatz, und der Sieg war für Hitler greifbar nahe. Dann machte der »Löwe« seinen wahrscheinlich einzigen taktischen Fehler – und es sollte ein großer Fehler werden. Er befahl, daß alle U-Boote den Weg von und zu ihren Einsatzgebieten über Wasser bewältigen sollten. Luftangriffe mußten über Wasser abgewehrt werden. Zu der Zeit schien dieses die richtige Entscheidung gewesen zu sein. Die Boote machten schnellere Fahrt, und die Augen der Deckwache waren wohl zuverlässiger als der Metox-Detektor, der das neueste allierte Luftradar nicht erkennen konnte. Aber mittlerweile gelang es den »Liberators«, »Sunderlands« und »Catalinas« der alliierten Marineflieger, weiter über den Atlantik vorzudringen. Flugzeugträger, die durch die Kapitulation des Afrikacorps am 12. Mai von der nordafrikanischen Küste abgezogen werden konnten, begleiteten alliierte Konvois. Von da an war der Himmel voller feindlicher Flugzeuge. In den folgenden drei Monaten wurden zwar 57 alliierte Flugzeuge abgeschossen, aber auf deutscher Seite gingen 28 U-Boote verloren und weitere wurden schwer beschädigt. Auch wenn es nicht auf den ersten Blick offensichtlich wurde: Die »glückliche Zeit« war vorbei. Von nun an richtete sich das Kriegsglück im Atlantik gegen die Deutschen. Das wurde im Mai offensichtlich, als 41 U-Boote mitsamt ihren Besatzungen versenkt wurden. Unter ihnen war Peter Dönitz, der jüngste Sohn des Admirals. 38 Boote gingen im Atlantik verloren. Sechs davon wurden von Schiffen versenkt, die unter dem Kommando der sich schnell entwickelnden amerikanischen »Tenth Fleet« standen. Das Gefecht mit dem Konvoi ONS5 im April 1943 kann im nachhinein als entscheidender Wendepunkt angesehen werden. Zwölf alliierte Handelsschiffe gingen verloren, aber auf der Gegenseite sanken sieben U-Boote (und andere wurden schwer beschädigt). Sie gehörten zur größten Streitkraft, die Dönitz aufbringen konnte. Diese Verlustrate konnte nicht durchgehalten werden, und Admiral Godt, der sein Hauptquartier in eine Berliner Hotelsuite verlegt hatte, um in der Nähe von Dönitz zu sein, dachte ernsthaft daran, alle U-Boote zurück in ihre Heimathäfen zu beordern. Das hätte aber das offene Eingeständnis einer Niederlage bedeutet, und außerdem gab es in den Biscaya-Bunkern nur 110 Liegeplätze für die Boote. Ein strategischer Rückzug schien angebracht zu sein, und am 24. Mai 1943 wurde das »Wolfsrudel« in die sichereren Gewässer südwestlich der Azoren verlegt.

Nun gab es für die deutsche Presse keine Erfolgsmeldungen mehr aus dem fernen Atlantik, keine Bilder von Helden, die mit flatternden Erfolgswimpeln in den Hafen einfuhren. Die U-Boot-Waffe hatte nun die Tradition der Royal Navy, eine »stille Streitmacht« zu sein, übernommen. Der »Völkische Beobachter«, das offizielle Organ der Nationalsozialistischen Partei, beschwerte sich wehleidig, daß Deutschland gegen »amerikanische Generäle, britische Erzbischöfe und sowjetische Juden, die Arm in Arm gingen«, kämpfte.

Dönitz wußte, daß große technische Weiterentwicklungen kurz vor ihrem Durchbruch standen – der Schnorchel, neue und bessere Ortungsgeräte, elektronische Verschlüsselung der Funksprüche, drahtgelenkte Torpedos und eine neue Generation von schnellen U-Booten mit großer Reichweite, wie auch Typ XXI. Wenn sie verfügbar wären, würde er in den Atlantik zurückkehren und den Kampf wiederaufnehmen. Inzwischen appellierte Dönitz an den Führer, aber er wurde kurz abgefertigt. Der vorsichtige Vorschlag des Admirals, daß die U-Boot-Waffe vielleicht für die Landung von Sturmtruppen an der Küste Nordafrikas oder für die Sprengung der Haupthäfen Ägyptens eingesetzt werden könnte, wurden wütend zurückgewiesen. »Der Atlantik«, fauchte der wütende Hitler, »ist Deutschlands erste Verteidigungslinie im Westen.« Ruhiger setzte er fort: »Wir binden große feindliche Kräfte mit unseren U-Booten, auch wenn wir ihnen keine großen Verluste mehr zufügen. Ich kann es mir nicht länger leisten, diese Kräfte freizusetzen, indem ich die U-Boot-Einsätze einstelle.«

Die U-Boote fuhren zurück in den Atlantik. Nun waren sie genauso oft Jäger wie Gejagte. Als die erwarteten deutschen technischen Fortschritte endlich soweit waren, hatten die Alliierten bereits Gegenmaßmahmen entwickelt. Der Krieg im Atlantik war keineswegs vorbei. Aber mit jedem Tag, der verging, und mit jedem Konvoi, der einen britischen Hafen erreichte, wurde es offensichtlicher, daß Deutschland den Krieg verlor.

Die ruhmreichen Tage waren vorbei, genauso wie die, an denen Dönitz seine Kommandanten begrüßte, wenn sie von einer Fahrt zurückkamen. Statt dessen wurde ihnen befohlen, an sein Hauptquartier Bericht zu erstatten (er verlegte das Hauptquartier im Verlauf des Krieges). Seit den frühen Tagen in Wilhelmshaven war er auf den Maréchal Manoury Boulevard in Paris gezogen, während das Hauptquartier in Kernéval vorbereitet wurde, gab dann als Großadmiral im Januar 1943 ein kurzes Intermezzo in Paris und bezog schließlich das Hauptquartier »Koralle« bei Bernau, im Nordosten von Berlin. Als im April 1945 die Russen näherrückten, zog er in den Westen von Holstein, nördlich von Hamburg, und zuletzt nach Flensburg an die dänische Grenze. Es gab kein Händeschütteln mehr am Pier, keine warmen Umarmungen, kein Anstecken von Orden und keine Bankette. Trotzdem wurde der »Löwe« von den U-Boot-Fahrern immer noch idealisiert, auch wenn man ihn selten zu Gesicht bekam. Gegen Ende April 1945 regierte das Chaos in den höheren Rängen des Dritten Reiches. Hitler glaubte nicht ohne Grund, daß Göring einen Staatsstreich plante. Er enthob ihn seines Amtes und entfernte ihn aus seiner Nachfolge, wahrscheinlich hätte er ihn sogar erschießen lassen, wenn er ihn gefunden hätte. Im Bunker der Reichskanzlei, in dem er bald durch eigene Hand sterben sollte, verfügte Hitler, daß Dönitz sein Nachfolger werden sollte, und der »Löwe« übernahm das Amt nach dessen Tod. Die Pflicht gegenüber dem Vaterland hatte ihn zeitlebens motiviert, genauso wie einstmals Nelson, den größten Seehelden Englands. Prompt bot Heinrich Himmler seine Dienste als Stellvertreter an. Dönitz lehnte ihn genau wie Ribbentrop, der sich für den Posten als Außenminister bewarb, ab. Statt dessen verfügte Dönitz die Festnahme von Joseph Goebbels und Martin Bormann für den Fall, daß sie gesehen werden sollten. Einer nach dem anderen aus dem Schreckensregime wurde entmachtet. »Der letzte Führer«, wie britische Journalisten ihn beschrieben, hatte die Macht ergriffen.

Es gab noch ein kurzes Aufbäumen, als Dönitz darauf bestand, daß der Kampf gegen die westlichen

So sieht ein Löwe auf den armen Teufel herab. So stolziert er, beleidigend für die Beute, und so kommt er, um ihn zu zerreißen.
– frei aus Henry VI, Teil III, von William Shakespeare

Alliierten fortgesetzt werden mußte, solange diese, wie er meinte, seinen Widerstand (gegen die vorrückenden sowjetischen Truppen) behinderten. Aber am 8. Mai 1945 konnte Winston Churchill folgende Worte an das britische Volk richten: »Heute morgen um 2.41 Uhr unterzeichneten im Hauptquartier von General Eisenhower der Repräsentant des deutschen Oberkommandos, General Jodl, und das deutsche Staatsoberhaupt, Großadmiral Dönitz, die bedingungslose Kapitulation aller deutschen Streitkräfte zu Land, See und in der Luft in Europa gegenüber den Westalliierten und gleichzeitig gegenüber dem Sowietischen Oberkommando.«

Nach dem Krieg stand Dönitz vor dem durch die vier Siegermächte einberufenen internationalen Militärtribunal in Nürnberg. Dort sollte er wegen Kriegsverbrechen, Verschwörung und Verbrechen gegen den Frieden zur Verantwortung gezogen werden. All diese Anschuldigungen wies Dönitz hartnäckig zurück. Er gab zu, daß seine U-Boote 1939 kampfbereit waren. Aber er hat wissen wollen, wann es je ein Verbrechen gewesen ist, daß ein Soldat seine Truppen in Friedenszeiten auf den Krieg vorbereitet. Dieses wäre seine Pflicht gegenüber dem Reich und dem deutschen Volk gewesen. Von der Existenz und den Greueltaten in den Konzentrationslagern wollte er erst in den letzten Tagen des Krieges erfahren haben. Das Tribunal zeigte sich davon nicht überzeugt. Dönitz wurde zu zehn Jahren Gefängnis verurteilt – eine harte Strafe, die aber viel milder als die seiner Mitangeklagten war. Speer bekam zwanzig Jahre, Hess lebenslänglich und alle anderen, die keinen Selbstmord verübten, wurden zum Tode verurteilt und exekutiert.

Zweifellos wäre auch Sir Arthur Harris, der Oberbefehlshaber der britischen Bomber – seine Feinde fürchteten und verabscheuten ihn, während ihn seine Crews bewunderten –, im Falle einer Anklage durch ein ähnliches, von siegreichen Deutschen einberufenes Tribunal zum Tode verurteilt worden.

Dönitz wurde 1956 aus dem Spandauer Gefängnis entlassen und ließ sich nieder, um seine Memoiren zu schreiben. Er starb im Dezember 1980 und war nie ganz davon überzeugt, daß die Briten den Geheimcode im April 1941 geknackt hatten und während der letzten vier Kriegsjahre genausogut wie er wußten, wo seine U-Boote waren. Dönitz mochte seine jungen U-Boot-Kommandanten. Er war stolz auf sie und nahm sie in Schutz. Er hatte sie persönlich ausgewählt, während ihrer Ausbildung gefördert und begleitet. Für ihn waren sie immer die Tapfersten der Tapferen. Über die deutschen U-Boot-Fahrer schrieb er einmal sinngemäß, daß er von deren einzigartigem Kameradschaftsgeist fasziniert war, entstanden aus der Bestimmung, dem gemeinsamen Schicksal und den Entbehrungen, die eine U-Boot-Besatzung gemeinsam ertragen mußte. Das Wohlergehen des einzelnen lag in den Händen aller, und jeder Mann war ein unentbehrlicher Teil des Ganzen. Dönitz war sich sicher, daß jeder U-Boot-Fahrer, der das Leuchten der offenen See und die Aufgabe, die ihm anvertraut wurde, in seinem Herzen gespürt hatte, sich reich wie ein König fühlen mußte und er seinen Platz mit keinem Mann getauscht hätte.

An einer anderen Stelle seines Buches findet sich die Vermutung, daß es Ähnlichkeiten zwischen den britischen Bomberbesatzungen und den U-Boot-Fahrern gab. Beide begaben sich auf lange, einsame Einsätze, stellten sich dem ewigen Kampf mit den Elementen und der hohen Wahrscheinlichkeit, nicht vom Einsatz zurückzukehren. Es gab auch Ähnlichkeiten zwischen Dönitz und dem RAF-Flieger-Kommandant, Marschall Harris. Beide werden untrennbar mit ihrer Waffengattung identifiziert – dem U-Boot und dem Bomber. Eigenartigerweise hatte keiner der beiden große persönliche Erfahrung mit dem Kampf, in den sie ihre Boote, Bomber und Besatzungen schickten. In seiner kurzen Zeit als U-Boot-Kommandant im Jahr 1918 versenkte der »Löwe« ein Schiff. Zwischen den beiden Weltkriegen flog »Bomber«-Harris seinen Einsatz über den unverteidigten Grenzen im Nordwesten von Indien und den Ebenen von Mesopotamien. Beide haben während des Zweiten Weltkriegs nie den Kopf in den Kugelhagel gehalten. In dieser Hinsicht folgten sie einer langen Kette von Oberbefehlshabern seit den Napoleonischen Kriegen. Hätte Dönitz sein Rudel in den Atlantik begleitet oder Harris eine Mission nach Berlin geflogen, dann wäre das eine tapfere Unternehmung gewesen, die die Moral der Besatzungen gehoben hätte. Wenn aber einer von ihnen gefallen wäre, hätte man den Einsatz bestenfalls als eine verrückte Geste, wenn nicht sogar als ein absolutes Desaster bewertet. Ihren Besatzungen genügten sie wie sie

waren, Männer mit totalem Engagement, die nie davor zurückschreckten, auch schwerste Entscheidungen zu fällen. Sie ernteten das Ansehen und die Loyalität Tausender und sicherten sich ihren Ruf als große Befehlshaber.

Der Admiral war vielleicht nicht ganz so unflexibel wie der Marschall. Einige Kritiker meinten, daß Harris zur Unberechenbarkeit neigte. Dönitz war eher ein Romantiker. (Es ist schwer vorstellbar, daß Harris dieselben Worte wie Dönitz für seine Männer gefunden hätte.) Als Befehlshaber von Streitkräften hatten beide Unstimmigkeiten mit ihren Vorgesetzten, wenn es um Prioritäten und um Größe von Lieferungen aus der Rüstungsindustrie ging und darum, wie ihre Streitkräfte am besten eingesetzt werden könnten. Beide Männer ließen sich nicht von den Zielen ablenken, die sie für richtig hielten. Sie kooperierten weniger mit anderen Waffengattungen, als es ihnen möglich gewesen wäre. Jeder von ihnen glaubte zu wissen, wie der Krieg gewonnen werden könnte, wenn ihm die Möglichkeiten gegeben würde, nämlich indem man dem Gegner so viel Schaden zufügt, bis er sich nicht mehr verteidigen kann. Daß keiner von ihnen dieses Ziel ganz erreichte, lag nicht daran, daß sie nicht alles daran gesetzt hatten.

links oben: Oberbefehlshaber der britischen Luftstreitkräfte, Marshal Sir Arthur Harris, dessen Bomber oft die U-Bootbunker und andere U-Boot-Ziele angriffen.
oben: Deutsche Satire, die suggeriert, daß Churchill selbst in der Zerstörung seines eigenen Schiffes, die ATHENIA, verwickelt ist.

ganz links oben: Das Haus, das Admiral Dönitz als BdU-Hauptquartier in Kernével nutzte. Von dort blickt man auf das Keroman-Küstenvorland und die U-Boot-Bunker von Lorient.
links außen, mittig: Einrichtung zum Versetzen eingedockter U-Boote in Lorient und eines der Trockendocks in Bordeaux.
links außen unten: Der Kai der Südschleuse von Saint-Nazaire, der Ort, an dem von Einsätzen zurückkehrenden U-Boot-Fahrern jubelnde Empfänge bereitet wurden.

links: Admiral Dönitz heißt am 1. April 1942 die von einem Einsatz zurück-kehrende Besatzung von U-94 in Saint-Nazaire willkommen.

Und sie folgten dem Befehl des Allmächtigen, fuhren im Wirbelwind und dirigierten den Sturm.
– aus *The Campaign*
von Joseph Addison

Achtet auf eure Feinde, denn sie sind die ersten, die eure Fehler bemerken.
– Antisthenes

AALE, IGEL UND TINTENFISCHE

DER INFANTERIST hatte sein Gewehr, die Flieger hatten Bomben, die Schiffe hatten schwere Geschütze und die U-Boote benutzten in beiden Weltkriegen lautlose Torpedos – die effektivste Waffe im Seekrieg. In der Royal Navy hießen die Torpedos »Fish« und in der Kriegsmarine »Aale«. Die Männer, die sich um sie kümmerten und sie nachluden, wurden Mixer genannt.

Seit 1870, als der Prototyp gebaut wurde, hatte der Torpedo bis zum Beginn des Ersten Weltkrieges viele Entwicklungsstadien durchlaufen. Die ersten Versionen hatten einen Durchmesser von 18 Zoll, eine Sprengladung von 18 Pfund und konnten ca. 200 Meter bei einer Geschwindigkeit von sechs Knoten zurücklegen. Zwei Jahre später vervierfachte der englische Ingenieur Robert Whitehead die Sprengladung, erweiterte die Reichweite auf 1000 Meter und baute ein Gyroskop (einen Kreiselmechanismus) zur Stabilisierung ein. Während und nach dem Ersten Weltkrieg wurde die Entwicklung ständig fortgesetzt, und im Zweiten Weltkrieg war aus dem Torpedo ein unabhängiges Geschoß geworden. Er wurde mit Hilfe von Druckluft abgeschossen, hatte ein eigenes Ruder und Tiefenruder, war mit eigenem Navigationssystem und Antrieb ausgerüstet und 40 Knoten schnell.

Anders als Kampfpanzer, Bomber und gepanzerte Mannschaftsfahrzeuge sind Torpedos nicht im Spanischen Bürgerkrieg eingesetzt und verbessert worden. Einige Konstruktionen sind nur unter idealen Bedingungen erprobt worden. Torpedos neigten immer zu Fehlfunktionen. Manchmal sprangen sie wie verspielte Tümmler durchs Wasser, und ab und zu bewegten sie sich wie die Hasen auf dem Feld, im Zickzack. Die Torpedos, die zwischen 1939 und den frühen vierziger Jahren abgeschossen wurden, hatten diese und noch schwerwiegendere Fehler. Das geht unter anderem aus einem Bericht hervor, der von Kapitänleutnant Günther Prien über Funk die U-Boot-Befehlsstelle in Wilhelmshaven erreichte. Das vor der Küste von Norwegen eingesetzte U-47 meldete am 16. April 1940:

»22.42 Uhr, haben vier Torpedos abgefeuert. Kleinste Reichweite 750 Meter, größte Reichweite 1500 Meter. Tiefeneinstellung der Torpedos: vier und fünf Meter. Schiffe lagen wie eine Wand vor mir. Resultat: Null. Feind nicht alarmiert. Nachgeladen. Zweiter Angriff über Wasser nach Mitternacht. Ziel genau erfaßt. Gründliche Überprüfung aller Einstellungen durch Kommandant und Ersten Wachoffizier. Vier Torpedos. Tiefeneinstellung wie beim ersten Angriff. Kein Erfolg. Ein Fehlläufer explodierte an einer Klippe ...«

Es gab viele ähnliche Berichte von Kommandanten, in denen sie vorzeitige oder gar keine Detonationen meldeten. In dieser Zeit waren alle verfügbaren U-Boote an der Westküste Skandinaviens verteilt, um das Unternehmen »Weserübung« der Wehrmacht zu unterstützen. Ziel war die Eroberung Dänemarks und im Anschluß daran die Vertreibung der britischen Armee aus Norwegen. In Anbetracht dieses Waffenversagens beschloß Dönitz, seine Boote abzuziehen (sie hatten nicht ein einziges Schiff versenkt), um die Defekte aufzuklären. Das war eine ernste Angelegenheit für die U-Boot-Flotte, aber viel größere Auswirkung auf den Kriegsverlauf hatte der Rückzug der britischen Armee aus Norwegen zwei Monate später. Er verursachte den Rücktritt von Premierminister Neville Chamberlain und brachte Winston Churchill den Einzug in das Haus Nummer 10 der Downing Street in London.

Die Torpedos, über die sich Prien und seine Kameraden beschwerten, unterschieden sich nicht wesentlich von denen, die ihr Admiral selbst zwei Jahrzehnte zuvor abgefeuert hatte. Sie waren 7,5 Meter lang, wogen 3000 Pfund und enthielten eine hochexplosive Ladung von 800 Pfund, die durch einen Aufschlagszünder in der Nase gezündet wurde. Hinter dem Sprengkopf befand sich der Drucklufttank für den pneumatischen Antrieb, dessen Kraft durch ein im Heck liegendes Getriebe auf zwei gegenläufig rotierende Propeller übertragen wurde (der Gegenlauf verhinderte eine Rotation um die Längsachse). Die anderen Bauteile, Kreisel und Tiefensteuerapparat, befanden sich zwischen dem Motor und dem Getriebe.

Die Torpedos konnten aus einer Entfernung von bis zu drei Meilen zum Ziel abgefeuert werden. Aber die meisten U-Boot-Kommandanten zogen es vor, sie aus weniger als einer Meile Entfernung abzuschießen. Die Mindestentfernung war in den Handbüchern mit 300 Metern angegeben. Die Zieldaten, Kurs, Geschwindigkeit und Entfernung, wurden vom Kommandanten oder dem Ersten Wachoffizier ermittelt. Diese Daten wurden in den

Wissenschaft ist nichts weiter als weiterentwickelte Wahrnehmung, interpretierte Intention, abgerundeter gesunder Menschenverstand und exakte Artikulation.
– aus *The Life of Reason* von George Santayana

links: Die HMS TERROR wurde 1918 dreimal von U-Booten tropediert, schwamm aber noch und wurde von ihrer Crew sicher in den Hafen gebracht.

Mehr als auf einem anderen Schiffstyp hat jeder Mann, der mit den Kameraden für ein oder zwei Jahre auf einem U-Boot lebt, ein unmittelbares Interesse an dem Wohlergehen und der Leistungsfähigkeit des Bootes – sein eigenes Leben hängt davon ab. Jeder Mann in einem U-Boot weiß, daß seine Zukunft an das Schicksal des Bootes gebunden ist. Wenn es sinkt, steht die Wahrscheinlichkeit 3:1, daß er stirbt. Er macht seine Arbeit deswegen nicht nur so gut wie er kann, sondern prüft auch, daß jeder andere Mann es genauso macht. Unwichtige Aufgaben gibt es nicht, und jeder weiß, daß ein einziger Fehler eines einzelnen das Ende für alle bedeuten kann. Jeder ärgert sich über Nachlässigkeiten oder Unfähigkeit, weil die Schuldigen nicht nur mit ihrem eigenen Leben spielen, wenn sie es riskieren. Eine Crew kann sich mit einem waghalsigen Skipper versöhnen, der seine Chance ergreift und seinen erlangten Ruhm mit ihnen teilt. Aber sie können keinen dummen Kameraden tolerieren, der seine Aufgaben nicht erfüllt. Wenn eine U-Bootcrew einige gemeinsame Feindfahrten hinter sich hatte, entstand zwischen ihnen ein Bund fürs Leben. Er überbrückte alle Klassenunterschiede und Bildungsstufen und machte sie zu ewigen Mitgliedern in einem exklusiven Club, der gemeinsame Erfahrungen gesammelt hatte, die woanders nicht möglich waren. Sie mußten sich nicht alle mögen, aber für eine bestimmte Zeit

Torpedovorhutrechner eingegeben, in dem ein elektromechanischer Rechner Kurs und Geschwindigkeit des U-Bootes mit den Zieldaten koppelte und dann in die Torpedosteuerung übertrug.

Es war nicht nötig, das U-Boot in Zielrichtung zu bringen. Der Torpedo konnte mit den eingegebenen Zieldaten das Ziel selbst finden.

Die Torpedorohre wurden auf Kommando gewässert, der Offizier am Sehrohr peilte mit dem Fadenkreuz das Ziel an, und die Warnlichter des Rechners zeigten, daß er arbeitete. Das rote Licht erlosch, wenn die weiße Leuchte »Bereit« meldete. Der Zieloffizier hielt das Fadenkreuz in Zielposition, rief »Los!« und drückte auf den Auslöser. Ein leichter Ruck ging durch das Boot, wenn der Torpedo das Rohr verließ. Danach meldete der Horchposten, der alles über Kopfhörer verfolgte: »Torpedo läuft«, und die entsprechende Torpedozelle in Bug oder Heck wurde geflutet, um das Gewicht der Waffe auszugleichen und die Trimmung des Bootes wiederherzustellen. Im Torpedoraum standen die »Mixer« mit Ketten und Handwagen bereit, um die Torpedorohre auf Befehl nachzuladen. Wenn richtig gezielt wurde, konnten sie einige Minuten nach Abschuß das dumpfe Krachen der Detonation hören. Explosionen und das grauenhafte Kreischen des berstenden Metalles eines sinkenden Schiffes folgten. Wie die meisten ihrer Kameraden sahen sie nie das Angriffsziel.

Ein Torpedo war im Rohr genauso ungefährlich wie eine Bombe auf einem Flugzeug – allerdings nur, bis er scharf gemacht wurde. Genau wie bei einer Bombe, detonierte die Sprengladung des Torpedos nicht, bevor der in der Nase befindliche Schlagbolzen in Linie mit dem Zünder gedreht wurde. Eines der Probleme von Prien und seiner Kameraden war der Aufschlagzünder. Sogar die neuesten Versionen hatten einige Fehler. Ihre Handhabung war besonders kompliziert, und wenn der Torpedo das

Ziel in einem spitzen Winkel traf – was vorkommen konnte –, prallte er ab, ohne zu explodieren.

Mit einem Magnetauslöser, bei dem das Magnetfeld des anvisierten Schiffes den Zündmechanismus auslöst, war die Tiefeneinstellung des Torpedos weniger wichtig als bei einer Aufprallzündung, weil eine Explosion unter dem Schiffsrumpf genauso wirksam war wie ein Treffer unter der Wasserlinie. Sie reichte in der Regel aus, um ein Schiff in zwei Teile zu zerbrechen. Die Ergebnisse waren jedoch immer noch unvorhersehbar, wie am Beispiel des britischen Flugzeugträgers ARK ROYAL deutlich wurde. Am 14. September 1939 feuerte U-39 im Nordatlantik drei Torpedos mit Magnetzündung auf sie ab, die vorzeitig explodierten. Die Geleit fahrenden Zerstörer fanden das U-Boot, indem sie sich von der Richtung der sich auftürmenden Wassermassen leiten ließen und zerstörten es. Es war die erste U-Boot-Versenkung im Zweiten Weltkrieg. Ungefähr zwei Jahre später wurde die ARK ROYAL jedoch im westlichen Mittelmeer bei Gibraltar durch einen Torpedo mit Magnetzündung von U-81 versenkt. Aufzeichnungen belegen, daß die in der Norwegen-Operation verwendeten Torpedos mit Magnetzündung nicht erfolgreicher waren als die mit Aufschlagzündern. Die Torpedoinspektion kam, danach befragt, zu folgender Erklärung: Die Magneten wurden vom Nordpol, den großen Eisenerzvorkommen in den norwegischen Bergen oder vielleicht von beiden abgelenkt. Es mag sein, daß diese Einflüsse wirkten, aber wahrscheinlicher ist das Versagen der Magnetzünder durch die Entmagnetisierung zu erklären, die die Briten auf vielen ihrer Schiffe durchführten, um sie gegen Magnetminen zu schützen. Unabhängig von allen Erklärungen befahl Dönitz zeitweise den Einsatz von Aufschlagzündern.

Ein weiteres Problem war die fehlerhafte Funktion

widmeten sie alle ihr Leben einem gefährlichen Geschäft und brachten sich gegenseitig sicher durch. Deswegen können sie (an Land) diesen Kameraden Fehlverhalten verzeihen, die sie niemandem anderen sonst nachsehen würden.
– aus *Twenty Million Tons Under The Sea*
von Konteradmiral Daniel V. Gallery, USN

Krieg ist die Wissenschaft der Zerstörung.
– John S. C. Abbot

links außen: Beladung von U-124 mit einem Torpedo, Mai 1942.
links: Laden eines elektrischen Torpedos auf U-103 im Mai 1942.

rechts und unten: Blick in den Bugtorpedoraum von U-995 im U-Boot-Museum Laboe bei Kiel.

des Tiefensteuerapparates der Waffe. Mit ihr wurde die Tiefeneinstellung beim Lauf des Torpedos mittels eines hydrostatischen Ventils kontrolliert. Die Kammer sollte luftdicht sein, war es aber oft nicht, und die Torpedos, die am meisten Schaden zufügten, wenn sie den Schiffsrumpf so tief wie möglich trafen, tendierten entweder dazu, zu hoch zu treffen, oder schadlos ein paar Fuß unter dem Kiel hindurchzugehen. Dieses Problem sollte die U-Boot-Waffe noch für zwei weitere Jahre verfolgen, und Dönitz war zu der Zeit sehr unzufrieden. Er befand, daß die Schuld bei der Torpedoversuchsanstalt lag. Später

äußerte er, daß deren Personal eine unkritische Einstellung zur eigenen Leistung angenommen habe. Nachdem Großadmiral Raeder die Lage beurteilt hatte, befahl er eine Untersuchung. Aus dem Ergebnis ging hervor, daß über 34 Prozent der erfolglosen Torpedoabschüsse in technischem Waffenversagen begründet lag. Dieses Ergebnis brachte vier leitende Angestellte des Instituts vor das Kriegsgericht.

In der nächsten weiterführenden Entwicklungsstufe wurde der Luftdruckantrieb gegen einen batteriebetriebenen Elektromotor ausgetauscht. Obwohl die »E-Torpedos« viel mehr Wartung benötigten als die luftgetriebenen »A-Torpedos«, hatten sie den Vorteil, daß sie keine verräterische Luftblasenspur im Wasser hinterließen, auf die der Kapitän eines Handelsschiffes mit einem Ausweichmanöver reagieren konnte und die Kriegsschiffe aus dem Geleit zu ihrer Quelle führte.

Im Kapitel über Torpedos im U-Boot-Handbuch der Kriegsmarine wurden die Kommandanten dazu angehalten, bei einem Angriff nicht zu sparen. Wenn sie ein lohnendes Ziel ausmachten, sollten sie selbst aus der Nähe einen Fächer abfeuern, um auch ganz sicher zu treffen. Falls die Entfernung größer als 1000 Meter war, sollte ein »Fächer« von drei oder vier Torpedos abgeschossen werden. Die erfahrenen Kommandanten wendeten die Methode an, die sie für wirksam hielten. Einige feuerten Fächer ab, andere waren sparsamer. Das Motto von Otto Kretschmer, der nach allen Berechnungen die meisten Schiffe versenkt hatte, war: »Ein Torpedo, ein Treffer.«

Dönitz machte sich wegen der Serie der Defekte, die einige Kommandanten fortlaufend meldeten, immer noch Sorgen. Seine Analyse zeigte, daß von

... schlage deinen Feind in den Bauch, trete ihn, wenn er kriecht, koch die Gefangenen in Öl – falls du welche machst – und quäle seine Frau und Kinder. Dann werden die Leute einen großen Bogen um dich machen ...
– Flottenadmiral Lord Fisher in einer Rede auf der Hager Friedenskonferenz 1899

oben: *Die Versenkung der SS TEKOA, Konvoi HX 229.* Ein Gemälde von John Hamilton.

unten: Ein Zerstörer der Royal Navy im Mittelmeer, Juni 1942.
rechts: Die britische Korvette HMS WIDGEON beim Geleiteinsatz in der Nordsee, bereitet Wasserbomben zum Abfeuern vor.

816 alliierten Schiffen, die zwischen Januar und Juni 1942 von Torpedos getroffen waren, 40 Prozent nach einem Treffer sanken und weitere 38 Prozent zwei oder mehr benötigten. Aber 22 Prozent konnten ihre Fahrt nach bis zu vier Treffern fortsetzen. Mehrere Veränderungen mußten daher eiligst vorgenommen werden. Gegen Ende 1942 war der Mechanismus zur Tiefensteuerung verbessert worden, und ein neuer Magnetzünder, der die Sprengladung auch bei Aufprall explodieren ließ, wurde eingeführt. Ende August 1943 war ein akustisches Leitsystem für den T-5-Torpedo, den sogenannten Zaunkönig, entwickelt worden. Er erforderte weniger Genauigkeit bei der Bestimmung des Zielwinkels. Wenn er ins Zielgebiet abgeschossen worden war, steuerte der akustische Zielmechanismus das lauteste Geräusch an. Dabei gab es nur ein Problem. Wenn die Reichweite nicht richtig eingegeben war, konnte sich der Torpedo auf das Schraubengeräusch des feuernden Bootes einstellen und wie ein Bumerang zurückkommen. Mindestens zwei U-Boote sind wahrscheinlich von ihren eigenen zurückgekommenen Zaunkönigen versenkt worden. Akustische Torpedos waren allerdings für Abwürfe aus der Luft ideal und wurden seit 1943 vermehrt von alliierten Flugzeugen eingesetzt.

Vor einem Krieg scheinen Militärwissenschaften eine echte Wissenschaft zu sein wie Astronomie. Nach dem Krieg gleichen sie eher der Astrologie.
– Rebecca West

unten: Männer der US Navy laden Hedgehog-Wasserbomben nach.
rechts: Mixer überprüfen ihre Geschosse, die ihnen häufige Wartung, Justierung und viel Mühe abverlangten.

Spät im Jahr 1942 waren der FAT (Flächenabsuchender Torpedo) und der LUT (Lagenunabhängiger Torpedo) im Einsatz. Sie bewegten sich dicht unter der Wasseroberfläche vorwärts und waren darauf programmiert, die gesamte geschätzte Entfernung zum Ziel zurückzulegen, bevor sie auf den Kurs des angepeilten Schiffes einschwenkten und dann hin und her schlängelten, bis entweder ein Treffer erzielt wurde oder der Antrieb versagte. Diese Entwicklung sollte die Probleme der schwierigen Zielerfassung im unruhigen Atlantik vermeiden und die Zeit, die zur Zielerfassung nötig war, verkürzen. Denn jeder Moment, in dem der Kurs nicht verändert wurde und sich das Sehrohr zeigte, war wie eine Einladung für die lauernden Geleitschützer. Bei Scharfschützen wie Kretschmer, Prien und Schepke hätte diese »Treffer-oder-nicht«-Methode nur Verachtung hervorgerufen, obwohl sie aus taktischer Sicht ihre Berechtigung hatte. Aber zu der Zeit waren sie schon nicht mehr auf der Jagd.

Wie auch immer die Torpedos nun angetrieben, gelenkt oder gezündet wurden, brauchten sie

Eine Wasserbombe fliegt einige Sekunden durch die Luft und sinkt einige weitere durchs Wasser, um die eingestellte Zündtiefe zu erreichen. Ein geschickter U-Boot-Skipper manövrierte sich in dieser Zeit von der Bombe weg. Wenn er sich dafür entschied, tiefer zu sinken, vielleicht auf rund 150 Meter, hatte er noch ein paar Sekunden für Ausweichmanöver. Wenn man ihn erst einmal verfehlt hatte, bekam er eine Gnadenfrist von 15 Minuten, in denen er sich nicht still verhalten brauchte, sondern mit Höchstgeschwindigkeit laufen konnte, während der Ozean widerhallte und das aufgewühlte Wasser den Sonarempfang störte.
– aus *Twenty Million Tons Under The Sea*
von Konteradmiral Daniel V. Gallery, USN.

rechts: Wasserbomben explodieren über dem Zielpunkt, an dem das Suchgerät des Zerstörers ein U-Boot anzeigte.

regelmäßige Wartung. Alle paar Tage wurden die gut gefetteten Monster mit Ketten, Flaschenzügen, Hebevorrichtungen und der Kraft der »Mixer« aus ihren Rohren gezogen, damit alle Systeme – Batterien, Motoren, Getriebe, Ruder und Tiefenruder, Kreisel und Gefechtspistolen – überprüft werden konnten.

Während sich die deutschen Wissenschaftler und Ingenieure um die Verbesserung der Torpedos bemühten, entwickelten ihre Gegenspieler in Großbritannien und später auch in Amerika ständig neue Abwehrmaßnahmen für den Einsatz auf ihren Kriegsschiffen und Flugzeugen. Wasserbomben waren immer als wirksamste Waffe gegen U-Boote eingesetzt worden (42 Prozent aller versenkten U-Boote wurden von Schiffen oder Flugzeugen durch Wasserbomben getroffen) und sollten es auch bleiben. Aber die Bomben, die zu Beginn des Krieges eingesetzt wurden, waren bald genauso veraltet wie die frühen Torpedos. Die ursprüngliche Abschußmethode für Wasserbomben – sie wurden durch Rutschen im Heck fallen gelassen – hat sich nie verändert. Allerdings wurden neue, von Schiffen abgefeuerte Waffen entwickelt. Diese wurden nicht mehr fallen gelassen, sondern geworfen. Sie sollten die Distanz zum Ziel überwinden, bevor der Asdic-Kontakt verlorenging.

Der erste Wasserbombenwerfer, der 1941 eingesetzt wurde, hieß »Hedgehog« (Igel). Es war ein Mörser mit mehreren Läufen, der eine Salve von 24 »Wasserbomben« abfeuern konnte, die kreisförmig in einem Durchmesser von 40 Metern auf dem berechneten Kurs des Ziels landeten. Die Aufhängung des Minenwerfers konnte per Hand verstellt werden, um das Rollen des Schiffes auszugleichen. Die Bomben waren mit einer Ladung Torpex von 32 Pfund ausgerüstet. Das war ein neues explosives Material, das stark genug war, um eine U-Boot-Hülle aus einer Entfernung von acht Metern zu zerstören. Diese Bomben waren so gebaut, daß sie schnell sanken und bei Aufprall explodierten. Der Asdic-Kontakt wurde nur unterbrochen, wenn die Waffe getroffen hatte – eine willkommene Störung. Die Erfolgsrate des »Hedgehog« nahm bis Ende 1944 stetig zu und erreichte beinahe 28 Prozent. Das war fast fünfmal besser als die Raten, die durch das Fallenlassen von Bomben über das Heck erreicht wurden.

Die nächste neue Waffe war der »Squid« (Tintenfisch). Er wurde ab 1943 als Ergänzung zum »Hedgehog« eingesetzt. Der »Squid« war ein Minenwerfer mit drei Läufen zum Abfeuern von drei schweren Wasserbomben mit Zeitzündern, die in einem Dreieck um das Ziel herum landen und dann explodieren sollten. Die Kontaktzünder des »Hedgehog« lösten selbst bei knappstem Verfehlen nicht aus, und so konnten dessen Bomben weder das U-Boot beschädigen noch Aufruhr bei dessen Besatzung auslösen. Ein Treffer der »Squid«-Bombe mit einer Sprengladung von 300 Pfund zerstörte jedes U-Boot, und eine knappe Verfehlung war trotzdem ausreichend, um das Boot zum Auftauchen zu zwingen, wo es mit den Kanonen der Kriegsschiffe erledigt worden wäre. Später wurde eines der auf Minensuchbooten erprobten Instrumente zur Bekämpfung von akustischen Minen übernommen, um akustisch gelenkte Torpedos abzuwehren. Der »Foxer« enthielt einen kleinen, aber lauten Motor, der sich sehr wie eine pneumatische Bohrmaschine anhörte. Er wurde auf ein Dhingi installiert und hinter Schiffen geschleppt, um den Sonarsensor des feindlichen Torpedos anzuziehen.

Auf diese Weise eskalierte der technologische Konflikt um Angriff und Gegenangriff auf See. Die Geschicklichkeit, der Mut und die Ausdauer der Gegner spielten immer noch eine große Rolle. Sie kämpften Mann gegen Mann, U-Boot gegen Kriegsschiff. Im Atlantischen Ozean konnten sie den Ausgang der Schlacht aber nicht entscheiden. Das war eine Frage der offensiven und defensiven technischen Errungenschaften, Sonarsender und -empfänger, Radarsuchgeräte und Detektoren, magnetische Steuerung und Entmagnetisierung, Akustiksensoren und Störsender. Dieser Kampf sollte von Frauen und Männern in Labors, Zeichenräumen und Fabriken entschieden werden, und hier behielten die Alliierten immer die Oberhand.

VERSORGUNGS-LINIEN

GROSSBRITANNIEN konnte sich nie selbst versorgen. Zu jeder Zeit brauchten die Briten Importgüter, um überleben zu können. In Kriegszeiten fiel der Royal Navy die Aufgabe zu, die Seewege zu sichern und für den notwendigen Handel offenzuhalten. In den 30er Jahren wurden ein Drittel aller Lebensmittel, darunter der größte Teil der Butter, des Fleisches, des Käses und des Getreides, aus Übersee bezogen. Für ihre Ernten waren die britischen Farmer ebenfalls auf importierten Dünger angewiesen. Eine große Menge Stahl und Holz kam aus Nordamerika, und andere wichtige Güter stammten aus aller Herren Länder: Wolle aus Australien und Asien, Nitrate aus Südamerika, Eisenerz aus Norwegen und Afrika, Baumwolle aus Amerika, Ägypten und Indien, Kautschuk aus Malaya, Zink und Blei aus Nordamerika und Australien, Öl aus den USA, Persien und Niederländisch-Indien. Dreitausend Handelsschiffe, Frachter und Tanker waren nötig, um mehr als vier Millionen Tonnen Handelsgüter pro Monat nach Großbritannien zu transportieren.

Im Ersten Weltkrieg hatten die U-Boote des Kaisers das britische Volk an den Rand des Hungers getrieben, und sie hätten ihr Ziel erreicht, wenn die Royal Navy, unterstützt von den andern Ländern aus Commonwealth und Empire und, ganz entscheidend, den USA, sich ihnen nicht entschlossen entgegengestellt hätte. Dönitz wußte von diesem langen Kampf und war entschlossen, den nächsten Waffengang zu gewinnen. Nicht die britischen Kriegsschiffe (obwohl sie willkommene Ziele waren), sondern die Handelsschiffe, ohne die das Volk weder essen noch die Industrien betreiben oder den Kampf fortsetzen konnte, sollten das Ziel sein. Ob leer oder beladen, diese Schiffe mußten versenkt werden.

Als der Zweite Weltkrieg ausbrach, hatte die Royal Navy durch die Abrüstungspolitik der frühen 30er Jahre nicht mehr die gleiche Stärke wie noch zwanzig Jahre zuvor. Sie war aber durchaus mit anderen Flotten vergleichbar und war mächtig genug, um Hitlers Admiräle davon abzuhalten, eine offene Seeschlacht zu wagen (für viele alte Seebären die einzig richtige Art, Krieg zu führen). Großadmiral Raeder war daher gezwungen zuzustimmen, daß das Ziel der Kriegsmarine die britischen Importe sein mußten, woher sie auch kamen. Trotz der schweren Verluste, die die U-Boote der Handelsschiffahrt im

rechts: *Ein torpediertes Schiff sinkt bei Nacht*, von Julius Caesar Schmitz-Westerholt.

Für den Zweck der Hilfe
braucht, / Gegen das Übel,
dem widerstanden werden
muß, / Für die nahende
Zukunft, / Und das Gute,
das ich tun kann.
– aus *What I Live For*
von George Linnaeus Banks

Ersten Weltkrieg zugefügt hatten schien die Royal Navy daraus keine Lehren gezogen zu haben. Ihr Oberbefehlshaber fürchtete zum Beispiel, daß die größte Bedrohung von den deutschen Überwasserschiffen ausgehen würde. Sogar sein Vorgesetzter, Winston Churchill, verkündete in seiner Eigenschaft als »First Lord of the Admiralty«, daß die frühen Erfolge der U-Boote »keine übermäßige Verzagtheit oder Unruhe verursachen müßten«. Zu Beginn des Zweiten Weltkrieges hielt man organisierte Konvois mit Marinegeleitschutz, die die Briten seit dem vierzehnten Jahrhundert eingesetzt hatten, für unnötig. Dabei hatte Churchill selbst diese Maßnahme während des Ersten Weltkrieges für die Beförderung von Truppen und Fracht aus Australien und Ozeanien nach Europa gefordert.

Wenn ein einzeln fahrendes Schiff oder ein allein fliegender Bomber erst entdeckt war, hatten die Jäger leichte Beute, während sich Schiffe im Konvoi oder Bomber im Formationsflug gegenseitig unterstützen und den Feind abwehren konnten. Natürlich bestimmte immer das langsamste Schiff die Geschwindigkeit eines Konvois, der dadurch, genau wie ein großes Flugzeuggeschwader, bei Ausweichmanövern schwerfällig und langsam wurde. Wie die RAF schon wußte und die USAF noch lernen sollte, brauchten Bomberstaffeln Schutz durch Jagdflugzeuge, um zum Ziel und zurück zu gelangen. Genauso brauchten Konvois Geleitschutz durch Kriegsschiffe, die die Gegner bekämpfen und abschrecken konnten. Statistiken bewiesen, daß, egal ob auf See oder in der Luft, versprengte oder beschädigte Einzelgänger mit höchster Wahrscheinlichkeit zerstört wurden. In der Royal Navy drängte sich niemand nach Einsätzen als Geleitschutz, da es erstens zu wenige Schiffe und zweitens nicht genügend Besatzungen gab, die auf diese Aufgaben vorbereitet waren. Schutz aus der Luft gab es bis 1941 fast nicht. Genau wie die »Home Fleet« war die RAF mit der lebenswichtigen Aufgabe betreut, die deutsche Invasion – Unternehmen »Seelöwe« – abzuwehren und mit ihren veralteten Bombern den Krieg nach Deutschland zu

unten: In diesen 18 000-Tonnen-Tanker wurde mittschiffs von deutschen Torpedos ein großes Loch gerissen. Er wartet darauf, daß er zurück in den Hafen geschleppt wird. Zwei Besatzungsmitglieder kamen bei der Detonation des Torpedos ums Leben.

tragen. Außerdem funktionierte die Zusammenarbeit zwischen Navy und Air Force nicht optimal. Zwei lange Jahre sollte es dauern, bis beide Truppenteile die Handelsschiffahrt in guter Zusammenarbeit beschützten. In den ersten Kriegstagen flogen die Marineflieger mit ihren einmotorigen »Fairey Swordfish«-Doppeldeckern viele wagemutige Einsätze gegen deutsche Kriegsschiffe. Sie starteten die Maschinen von provisorischen Startbahnen, die man auf Frachter montiert hatte, und navigierten nach Kompaß, Lineal und Sextant. Die Flugzeuge waren für die Jagd nach U-Booten weder mit einem wirksamen Radar und ausreichender Bewaffnung ausgestattet noch hatten sie die notwendig Reichweite.

In der Zwischenzeit fuhren die Konvois tapfer auf die See hinaus. Ein sogenannter »schneller« Konvoi verdiente diesen Namen keinesfalls, und die langsamen Konvois waren entsetzlich langsam. Die »schnellen« Konvois liefen im Schnitt mit einer Geschwindigkeit von neun Knoten. Die Passage von Nordamerika zu den Häfen im Nordwesten Großbritanniens dauerte über 15 Tage, langsame Schiffe brauchten ca. fünf Tage länger. Die Konvois, die sich in Freetown in Westafrika sammelten, fuhren ungefähr die gleiche Zeit. Nach dem Fall Frankreichs wuchs die Bedrohung des Mittelmeers durch Hitlers Verbündeten Benito Mussolini. Schiffe aus dem Osten mußten nun die viel längere Route um das Kap der Guten Hoffnung wählen. Das verlängerte die Reise um mehrere Wochen.

Neben den Schwierigkeiten, die Schiffe in den Ausgangshäfen zu sammeln, sie mit Treibstoff und Proviant zu versorgen, sicherzustellen, daß der Konvoi zusammen auslief, die Schiffe im Geleitzug ihre Position und auch ständig Kontakt hielten, gab es mit Konvois noch andere Probleme. So waren die Kaianlagen der britischen Häfen nicht für die zeitgleiche Ankunft von 40 oder mehr Schiffen eingerichtet, sondern nur für einzeln fahrende Handelsschiffe. Die Besatzungen der Handelsschiffe, derbe und unabhängige Männer, waren nur gewohnt, Befehle von ihren Reedern anzunehmen. Nach

(Heute zu erledigen.)
Wer ist dafür verantwortlich, daß die Amerikaner denken, daß wir ihre Zerstörer lieber auf ihrer Seite des Atlantiks eingesetzt sehen wollen, als auf unserer? Wer immer das in die Welt gesetzt hat, hat einen großen Fehler gemacht und muß sofort von allen Kontakten zu den Amerikanern entfernt werden. Ich stimme vollständig mit Mr. Stimson überein. Darf ich darum bitten, daß sie dieses als eine politische Entscheidung anerkennen und daß diese, falls es notwendig ist, am Montag dem Kabinett vorgetragen wird?
– der Premierminister zum Außenminister, den First Lord und First Sea Lord am 28. 6. 1941, aus: *The Second World War: The Grand Alliance* von Winston S. Churchill

Sei bei mir, wenn meine Lebensflamme niedrig ist, / wenn das Blut kriecht und die Nerven stechen / und kribbeln und das Herz krank ist / und wenn alle Räder langsam gehen. / Sei bei mir, wenn ich immer schwächer werde, / Das Ende des menschlichen Strebens erreiche, / und in die tiefe Dunkelheit am Rand des Lebens trete / Das Zwielicht des ewigen Tages.
– frei nach *Be Near Me When My Light Is Low*, von Alfred, Lord Tennyson

Die größte Last des Seekrieges fiel zweifellos auf die Schultern der Kapitäne und Decksoffiziere der Handelsfahrer. Ihre Schiffe waren langsam und ließen sich wie plumpe Frachtkähne manövrieren, die sie ja auch waren. Das Halten der Position im Konvoi war unendliche Tortur für diese Männer. In einer dunklen Neumondnacht brauchten sie Nerven aus Stahl und die Augen einer Katze. Bei schlechter Sicht oder Sturm

Ansicht eines aus Erfahrung sprechenden Offiziers der Royal Navy wären viel weniger Handelsschiffe verlorengegangen, wenn Ihre Kapitäne nur die Anweisungen der Navy befolgt hätten. All dies interessierte die U-Boot-Kommandanten nur wenig. Sie wollten die Schiffe nur finden, torpedieren und sie mitsamt der Fracht auf den Meeresgrund schicken. Sollten die Besatzungen dabei umkommen, c'est la guerre.

Im Juni 1940 wurden Nahrungsmittel in Großbritannien bereits streng rationiert, während die Deutschen Zugang zu den Ernten der von ihnen eroberten Länder, nämlich Polen, Tschechoslowakei, Dänemark, Norwegen, Belgien, den Niederlanden und Frankreich, hatten. Die sturen Briten sollten auf ihren Inseln Hunger leiden.

Die Briten empfanden das anders. In einem speziellen Raum der britischen Admiralität wurden U-Boot-Positionen aus allen möglichen Quellen, wie zum Beispiel abgehörter Funkverkehr, Meldungen von Geheimagenten in Feindbasen und von Luft- und Seeüberwachung, gesammelt und in Karten eingetragen. Nach diesen Erkenntnissen wurden Konvois gelenkt und umgeleitet. In den ersten Kriegsjahren gab es immer zu wenig Geleitschiffe und Langstreckenflugzeuge. Die Lücke zwischen dem 15. und 20. Grad westlicher Breite, wo die leichte Bewaffnung der Handelsschiffe der einzige Schutz gegen U-Boote war, wurde von den Männern der Handelsmarine »Der Friedhof« und von der U-Boot-Waffe »Die Schwarze Grube« genannt.

Das Leben ist für die Seemänner auf Handelsschiffen nie einfach gewesen. Sie waren an Entbehrungen und Härte gewöhnt. Zudem hatten sie gelernt, wie man aus Corned beef und hartem Zwieback eine Mahlzeit zubereitet, wie man in den vier Stunden der Freiwache Schlaf findet – und wenn es nur auf einem Spind ist. Sie konnten damit leben, daß sie nie trockene Kleidung anhatten. Nun waren sie dazu noch in weiter Entfernung vom Land der Bedrohung durch Torpedos, Minen und Maschinengewehrfeuer ausgesetzt. Die furchtbarsten Tage kamen für sie im Sommer und Herbst 1940. Das war die »glückliche Zeit« für die U-Boot-Waffe. Sie hatte am Samstag, dem 5. Oktober, ihren Höhepunkt. Der Geleitzug SC7 war von Sydney, Cape Breton Island und Nova Scotia auf dem Weg zum Clyde.

SC7 war der siebte der langsameren Konvois mit einer Geschwindigkeit von nur sechs bis sieben Knoten. Er setzte sich aus 35 Schiffen zusammen. Davon waren drei nur für die großen Seen von Nordamerika konstruiert, andere Gefährte waren vom Schrottplatz geholt und wieder in Fahrt gebracht worden. Meist waren es britische Schiffe, aber einige fuhren auch unter neutraler Flagge, wie zum Beispiel der schwedischen, norwegischen und griechischen. Sie transportierten Stahl, Holz, Öl, Getreide, Eisenerz und Schwefel. Eskortiert wurden sie von einer 1000-Tonnen-Schaluppe, der HMS SCARBOROUGH. Sie war mit Wasserbomben und zwei 4-Zoll-Kanonen bewaffnet. In den ersten zwei Tagen wurde der Konvoi zusätzlich von einem Wasserflugzeug und, weniger ermutigend, von einer bewaffneten Yacht begleitet. Der Commodore des Geleitzuges war Vizeadmiral Lachlan Mac Kinnon, der zu den Reserveeinheiten der Royal Navy gehörte. Er fuhr auf dem Frachtschiff ASSYRIAN, dessen Heimathafen Liverpool war. Ironischerweise wurde dieses Schiff zu Beginn des Ersten Weltkrieges in Hamburg gebaut.

Schon am ersten Tag auf See mußte eines der Binnenschiffe wegen eines Maschinenschadens umkehren. Es wurde am Samstag durch die SHEKATIKA ersetzt, ein großes britisches Dampfschiff, das mit einem anderen Konvoi, der nach Halifax fuhr, nicht Schritt halten konnte. Die Formation war rechteckig angeordnet und erstreckte sich auf dem Ozean über fünf Quadratkilometer. Einige Schiffe waren in Fünferkolonnen eingeteilt. Davon wurde eine von der ASSYRIAN angeführt. Dann gab es noch fünf Viererkolonnen, von denen die längeren Kolonnen in die Mitte genommen wurden. Dahinter steckte der Gedanke, daß die Angriffsfläche des Konvois im Falle eines U-Boot-Angriffs von der Seite so klein wie möglich sein sollte. Die Kolonnen in der Mitte, unter denen sich die Tanker befanden, würden weniger wahrscheinlich angegriffen.

Bei Anbruch des sechsten Tages waren die verbliebenen Binnenseeschiffe und zwei der griechischen Schiffe in schwerer See außer Sichtweite des Konvois geraten. Fünf Tage später wurde der kanadische Dampfer TREVISA weit südlich vom Kurs und 27 Meilen hinter dem Geleitzug torpediert und von Kapitänleutnant Wilhelm Schulze, auf Feindfahrt mit U-124, versenkt. Sechs Besatzungsmitglieder der TREVISA ertranken, und es ist nur einem glücklichen Zufall zu verdanken, daß der Zerstörer HMS KEPPEL zur Stelle war und die Überlebenden rettete.

Am Donnerstag, dem 17. Oktober, dem zwölften Tag der Seereise, hatte der Geleitzug seine Fahrt langsam fortgesetzt und den 57. nördlichen Breitengrad passiert. Er war gerade an der südlichen Küste Islands vorbei, als er in Sichtweite von Korvettenkapitän Heinrich Bleichrodt kam, der auf der Brücke von U-48 stand. Bleichrodt übermittelte diese Nachricht per Kurzwellensender an den BdU in Lorient. Daraufhin bekam er innerhalb von zwölf Stunden Verstärkung von sechs anderen U-Booten: U-99 und U-100, die von den Assen Otto Kretschmer und Joachim Schepke befehligt wurden. Dazu kamen Heinrich Liebe U-38, Karl-Heinz Moehle U-123, Fritz Frauenheims U-101 und U-46 von Engelbert Endrass, der zuvor bei Günther Prien als Erster Wachoffizier diente. Dönitz befahl ihnen, den Konvoi auf seinem erwarteten Kurs östlich von Rockall, einem kleinen Eiland im Nordatlantik, abzufangen.

Bleichrodt entschied sich, nicht zu warten. Er startete seinen tödlichen Angriff um vier Uhr morgens. Mit drei Torpedos zerstörte er die Frachter CORINTHIC und SCORESBY und den französichen 10 000-Tonnen-Tanker LANGUEDOC. Das Begleitschiff SCARBOROUGH, mittlerweile verstärkt durch ihr Schwesterschiff, der Schaluppe FOWEY, und der Korvette BLUEBELL, nahm Überlebende auf.

Nachdem Bleichrodt von der Eskorte und einem »Sunderland«-Flugboot angegriffen worden war, verlor er den Kontakt und setzte seine Unternehmung fort, während sein Funker einen Bericht an den BdU sendete. Kapitän Dickinson, der auf der SCARBOROUGH fuhr, erfuhr über Funk von der Besatzung der »Sunderland« von der Sichtung von U-48 und zeigte einen ausgeprägten Kampfgeist, unterlag aber einer Fehleinschätzung. Mit Höchstgeschwindigkeit lief er zu den übermittelten Positionen und jagte das U-Boot länger als 24 Stunden. Es gelang ihm aber nicht, es zu finden, und er geriet dabei außer Reichweite des Konvois SC7.

Im frühen Tageslicht des 18. Oktober, einem Freitag, traf Liebe als erster der U-Boot-Kommandanten ein. Bis zum Abend waren die anderen fünf U-Boote dazugekommen. Liebe ergriff die Gelegenheit, den zurückhängenden griechischen Getreidefrachter AENOS mit einem Torpedo zu stoppen und ihn mit Kanonenschüssen zu versenken. Mehr Erfolg hatte er nicht. Das übrige Wolfsrudel hatte Glück. Sie fanden den Konvoi in guter Formation nördlich von Rockall mit südwestlichem Kurs auf dem Weg zum Clyde.

Kommandant Robert Sherwood stand auf der Brücke der BLUEBELL, als U-46 um 20.15 Uhr angriff. Er berichtete: »Plötzlich machte es bum, bum, bum, und um uns herum war es schlagartig so hell wie auf dem Piccadilly Circus.« Obgleich die Eskorte mittlerweile Unterstützung von der Schaluppe LEITH und der Korvette HEARTSEASE bekommen hatte, richteten die U-Boote eine Verwüstung an, die, wie bei einer Demonstration aus dem Lehrbuch, die Rudeltaktik so vorführte, wie sie von ihrem Admiral erträumt war.

Im Licht des Vollmondes zeigte sich durch die dahintreibenden Wolken ein furchtbares Bild. Wrackteile trieben unter Leichentüchern von Rauch zwischen brennendem Ölschlick umher. Rettungsboote drifteten durchs Wasser. Einige von ihnen war es unmöglich. Sie zockelten hinterher, schlingerten und scherten aus. So wurden sie leichte Beute für U-Boote. Die Männer im Maschinenraum lebten mit der Angst der Verdammten, nie wissend, wann ein Torpedo die dünne Hülle zereißen würde und ihr Schiff auf den Meeresgrund befördern würde, bevor sie eine Chance hätten, die erste Stufe der Leiter zum Deck zu erreichen. Sie waren oft mit großen Ladungen überlastet und sanken wie von Bleischrot durchlöcherte Konservendosen. Für diejenigen, die die Rettungsboote bestiegen, verlängerte sich der Prozeß des Sterbens. Sie hatten keinen Schutz vor Sonne und Sturm und bemühten sich, von Rationen zu leben, die sie grammweise rationierten. Viele erlagen dem Hunger, Durst oder ihrer geistigen Erschöpfung.
– aus *The Merchant Navy Goes To War*
von Bernard Edwards

... dieser Krieg mit Jagen und Ertränken, Hinterhalt und Kriegslist, Wissenschaft und Seemannschaft ...
– Winston S. Churchill

Die Menschheit war länger barbarisch als zivilisiert, und in uns existiert der Trieb, immerwährend, wie die Erdanziehungskraft, unter Streß und Belastung, bei Vernachlässigung und in Versuchung zu unserer eigentlichen Natur zurückzukehren.
– aus *The Public Philosophy*
von Walter Lippmann

... und wir versenkten nur zwei U-Boote ... zwei in fünf Jahren. Zu jener Zeit schienen das viele zu sein.
– aus *The Cruel Sea*
von Nicholas Montserrat

rechts: In dem Film *The Cruel Sea* ist die britische »Flower-class«-Korvette die COMPASS ROSE.

waren leer, andere waren voller Männer. Dazwischen fuhren die Geleitschiffe hin und her, deren Bordschützen Leuchtgranaten abfeuerten. Diese beleuchteten die U-Boote zwar, erwiesen dem Feind aber denselben Dienst und konnten den Ausguck eines Handelsschiffes in einem entscheidenden Moment blenden. Ein Torpedo, der für einen Frachter bestimmt war, ging direkt unter dem Kiel der LEITH hindurch, deren Decks bald aussahen wie ein schwimmendes Lazarett.

Das mit Zellulose beladene schwedische Schiff CONVALLARIA wurde von den Torpedos von U-46 versenkt. Das Cardiff-Schiff BEATUS folgte ihr bald mitsamt der Stahl- und Holzfracht. Entgegen den Anweisungen des Commodores verlangsamte das niederländische Schiff BEOKOLO die Fahrt, um die Crew der BEATUS zu retten. Sie wurde daraufhin selbst versenkt. Die SHEKATIKA versank genau wie die CREEKIRK mit ihrer Besatzung und der Eisenerzladung. Als nächstes traf es die EMPIRE MINIVER. Sie war das größte Schiff des Geleitzugs. Unmittelbar darauf wurde die FISCUS mit ihrer Stahlladung in Stücke gesprengt, schnell gefolgt von dem schwedischen 1500-Tonner GUNBORG, der Zellulose geladen hatte. Wieder trotzte ein Schiff allen Befehlen. Die Besatzung der griechischen NIRITOS folgte ihren menschlichen Instinkten und drehte bei, um die Besatzung der GUNBORG zu retten. Letztere zogen die relative Sicherheit in den Rettungsbooten vor, was in einer solchen Situation nicht unüblich war. Sie signalisierten mit Winken, daß das alte griechische Schiff abdrehen sollte, und damit hatten sie tragischerweise recht. Nur zehn Minuten später hörten sie die Explosion und sahen auflodernde Flammen, als die NIRITOS mit ihrer Schwefelladung ihr Ende fand. Nach dem ersten U-Boot-Angriff waren innerhalb von zwei Stunden neun Schiffe gesunken.

Der nächste Angriff begann um Mitternacht, als das Flaggschiff ASSYRIAN mit der Hälfte der Besatzung unterging. Sie war durch Torpedos von U-101 unter Frauenheim versenkt worden. Kapitän Kearon und Commodore MacKinnon waren zwei der Überlebenden, die von der Besatzung der LEITH aus dem Wasser gezogen wurden. Inzwischen wurde die BLAIRSPEY torpediert und aufgegeben. Nacheinander wurden die alte EMPIRE BRIGADE, die niederländische SOESTERBERG, der norwegische Holzfrachter SNEFIELD, der große britische Dampfer SEDGEPOOL und der griechische 10 000-Tonner THALIA mit einer weiteren Ladung kostbaren Stahls versenkt. Die Kanoniere der CLINTONIA kämpften einen tapferen, aber aussichtslosen Kampf gegen zwei aufgetauchte U-Boote, bevor diese sie erst torpedierten und dann die Decks völlig zerschossen. Bei Tagesanbruch des 19. Oktober schwammen nur noch 15 Schiffe des SC7, zwei davon beschädigt. Während dieser ganzen Aktion griff der Geleitschutz nur ein U-Boot an – ohne Erfolg. Die LEITH hetzte um die Trümmer herum. Ihre Decks waren voller Männer, die die Crew aus dem Meer gefischt hatte. Einige waren verletzt und einige starben. Alle waren pitschnaß und bis auf die Knochen durchgefroren. Der Bordarzt der Schaluppe kämpfte mit Erfolg um das Leben von Commodore MacKinnon. Er war stark geschwächt, weil er sich mit seinen 57 Jahren für mehrere Stunden im eisigen Wasser an Treibgut festgehalten hatte.

Kapitän Thompson von der SOMERBY bekam das Kommando über SC7 per Signalnachricht übertragen. Der Konvoi rettete sich so zum Clyde. Irgendwie hatte die BLAIRSPEY drei Torpedotreffer überstanden, und fünf Tage später fand sie der aus Campbelltown kommende Ozeanschlepper SALVONIA. Die BLAIRSPEY taumelte wie betrunken und wurde von der SALVONIA nach Gouroch geschleppt. Die LEITH machte in Liverpool fest, und die Überlebenden wurden in der gesamten Stadt untergebracht. Dort hießen die Deutschen sie mit nächtlichen Luftangriffen willkommen. Zumindest die überlebenden Offiziere erhielten weiterhin ihre Heuer. Das galt nicht für die gewöhnlichen Seeleute. Wenn ihr Schiff gesunken war, gingen sie finanziell leer aus, eine der Eigenarten der Handelsmarine.

Inzwischen erreichte 250 Meilen entfernt der Konvoi HX79 mit 49 Frachtschiffen aus Halifax »Western Approaches«, das westliche Küstenvorfeld der Britischen Inseln. Er wurde von zwei bewaffneten Handelskreuzern und einem niederländischen U-Boot begleitet. Das U-Boot befand sich gemeinsam mit dem 5000-Tonner LOCH LOMOND, einem Rettungsschiff, in der Mitte der sechs Kolonnen. Im westlichen Küstenvorfeld wurde das Geleit von den Zerstörern WHITEHALL und STURDY, einem Minensucher, vier Korvetten und drei U-Bootabwehr-

K49

Die Dämmerung kam und mit ihr die Gefahr von Aufklärungsflugzeugen. Aus 500 Meter Entfernung feuerte er einen weiteren Torpedo auf die INVERSHANNON, die sofort in zwei Hälften brach, und für wenige Minuten war die Besatzung der U-99-Zeuge, eines Ereignisses, das nur Seeleute im Krieg zu sehen bekommen. Die zwei Teile des Öltankers sanken sachte nach innen, und die zwei Masten trafen mit den Tops aufeinander und formten einen großen gotischen Torbogen, unter dem Rauch und Flammen aus den Eingeweiden eines Schiffes, das seinen Todesstoß bekommen hatte, emporstieg. Es war eine prachtvolle und beängstigende Szene, die in das blasse Mondlicht getaucht war. Um sie herum die unruhige See, die sich hob und senkte, während sich im Westen eine große schwarze Wolkenbank aufbaute und die Einsamkeit und die riesige Größe der Wasserwüste um sie herum noch betonte. Fünf Minuten später gab die INVERSHANNON einen letzten, fast menschlichen Stoßseufzer von sich und wurde von den Wellen verschluckt.
– aus *The Golden Horseshoe* von Terence Robertson

links außen: *Distant Escort* von John Hamilton.
oben: Ein Druck von Streichholzbriefchen.
links: Eine Illustration von Olaf Gulbransson.

unten: Deick von einem Begleitschiff. Die Schiffe eines großen Konvois bringen Nahrungsmittel, Waffen und Rohstoffe während der Seeschlacht auf dem Atlantik nach Großbritannien.

Trawlern verstärkt. So beschützt fuhr der Konvoi HX79 mit einer Durchschnittsgeschwindigkeit von acht Knoten in das Visier von Dönitzs' »Wolfsrudel«.

Kretschmer und drei weitere Angreifer des HX79 hatten ihre Torpedos verbraucht und fuhren zurück zu ihrem Stützpunkt. U-46 von Endrass und Schepkes U-100 waren hingegen noch im Seegebiet. Auch Bleichrodt war noch da, wenngleich er nur noch einen Tropedo hatte. Günther Prien hatte auf einer Erkundungsfahrt mit U-47 den Konvoi als erster entdeckt. Da er ebenfalls nicht mehr viele Torpedos hatte, blieb er am Geleitzug und rief die anderen herbei. Das »Wolfsrudel« versammelte sich am Abend vom Samstag, den 19. Oktober, und Liebe eröffnete den Angriff um 21.45 Uhr, indem er den britischen

Dampfer MATHERAM versenkte. Zwei Frachter sanken auf den Meeresgrund, gefolgt von dem Tanker SHIRAK. Dessen 37 Mann starke Besatzung wurde von dem Trawler BLACKFLY gerettet. Der Tanker CAPRELLA zerbarst in zwei Stücke. Das Motorschiff WANDBY wurde von einem der letzten Torpedos von Prien getroffen. Ihr Maschinenraum lief voll Wasser, und die WANDBY mußte mitsamt ihrer Ladung von 1500 Tonnen Roheisen und Holz aufgegeben werden.

Der Commodore des Konvois befahl ein Ausweichmanöver um 40 Grad nach Steuerbord für einen Zeitraum von 30 Minuten und 80 Grad nach Backbord für einen gleichen Zeitraum, um auf den alten Kurs zurückzukehren. Aber das »Wolfsrudel« folgte ihnen unerbittlich. Einige Maschinisten der aufgegebenen WANDBY ließen sich freiwillig an Bord der beschädigten SITALA bringen. Sie war von Schepke an der vorderen Steuerbordseite getroffen, schwamm aber noch und schien seetauglich zu sein. Die Ingenieure machten Dampf auf und nahmen Kurs auf England. Aber als der Wind in der Nacht auffrischte, konnte der Bug des Schiffes der starken Belastung nicht mehr standhalten, und der bewaffnete Trawler ANGLE eilte herbei, um die Männer sicher an Bord zu nehmen. Ein Torpedo gab der WHITFORD POINT mit ihrer 8000-Tonnen-Stahlladung den Todesstoß. Nur ihr Erster Offizier, der Bootsmann und ein Maschinist überlebten. Als Ironie des Schicksals gab es einen letzten Verlust am 20. Oktober um 7.25 Uhr morgens: das Rettungsschiff LOCH LOMOND. Ihre Besatzung wurde gemeinsam mit den Männern, die sie gerettet hatten, an Bord des Minensuchers JASON genommen. Die »Wolfsrudel« hatten sowohl den Konvoi HX79 als auch SC7 in Stücke gerissen. Als sie das Feuer einstellten, waren dreizehn Schiffe des Konvois HX79, einschließlich ihres Rettungsschiffes, versenkt worden. Schepke und Endrass konnten je drei Schiffe für sich verbuchen. Das große Geleit hatte nicht mehr Erfolg gehabt, als das des SC7 in der Nacht zuvor. Einige Gründe hierfür lagen auf der Hand. Der Befehlshaber hatte keine Erfahrung mit Geleitdiensten auf dem Atlantik, und vor dem Aufbruch hatte es zwischen den Kapitänen keine Absprache gegeben. Die Korvetten kamen frisch von der Schiffswerft, und die Besatzungen waren ohne Erfahrung. Die Asdics waren so konstruiert, daß sie U-Boote unter Wasser aufspüren sollten und empfingen somit kein Echo von aufgetauchten Booten. Zur Verständigung untereinander benutzten sie Megaphone, Signallampen und Flaggen. Sie hatten weder Radar noch die nötige Ausrüstung, um den Funkverkehr der U-Boote abzuhören. Der Kommandant der HMS LEITH, Fregattenkapitän Allan, berichtete später: »Unter den gegebenen Umständen muß noch einmal deutlich auf die mangelhaften Geräte zur Verständigung zwischen dem Kommandierenden Offizier und dem Geleit hingewiesen werden – und auf die unbedingte Notwendigkeit von Teamwork.« In dem Buch »Night of the U-boats« drückten Paul Lund und Harry Ludlam dieses kräftiger aus: »Die ganze Angelegenheit zeigte auf einer Seite die Unzulänglichkeit, mangelhafte Vorbereitung und die Leidensfähigkeit der Briten, auf der anderen Seite die kaltblütige und wirkungsvolle Vorgehensweise der Deutschen ...«

In derselben Nacht wurde ein aus England auslaufender Konvoi angegriffen, und weitere sieben Handesschiffe sanken auf den Meeresgrund. Die Zerstörung der 38 Schiffe in einem Zeitraum von nur drei Tagen und Nächten, in denen keine U-Boote verlorengingen, war eine militärische Meisterleistung, die Dönitz' Glauben an seine Rudeltaktik bestärkte. Die Ereignisse gaben Anlaß zu eiligen Revisionen in der britischen Admiralität. Dazu gehörte die Taktik, Organisation und Ausrüstung von Geleitzügen. Für viele Besatzungsmitglieder dieser vom Unglück heimgesuchten Konvois kam das zu spät.

Getreu dem Glauben, daß keine Nachrichten gute Nachrichten sind (davon wurde im Krieg oft ausgegangen), unterließ es das britische Informationsministerium, die Briten über die Vernichtung ihrer Konvois zu unterrichten. Kapitän Kearon von der ASSYRIAN erhielt als einziger von vielen tapferen Männern eine Auszeichnung vom britischen Empire. Für die Besatzung der Handelsschiffe gab es eine klare Konsequenz: Bei jeder Reise wurde ihr Leben in eine Waagschale geworfen, und diese pendelte in Richtung Tod. »Solange man uns nicht ausreichend schützt«, bemerkte ein erfahrener Kapitän, »werden wir keine Besatzungen für unsere Schiffe finden.« Daß es niemals dazu kam, ist ein Beweis für den Heldenmut der Männer, die den Atlantik trotzdem weiter befuhren.

Es dauerte bis November 1942, bis sich eine feste britische Hand um den Fortschritt in der Schlacht im

(Heute zu erledigen.)
Von der CITY OF CALCUTTA, geschätzte Ankunft in Lock Ewe am 2. März, wird berichtet, daß sie nach Hull fahren und dort am 9. März ankommen wird. Das Schiff darf auf gar keinen Fall an die Ostküste geschickt werden. Es hat 1700 Maschinengewehre, 44 Flugzeugmotoren und nicht weniger als 14 000 000 Schuß Munition geladen. Diese Patronen sind für die Verteidigung von Großbritannien absolut überlebenswichtig, die von der Marine, Armee und den Luftstreitkräften so gut bewältigt wird. Ein solches Schiff um die Ostküste zu schicken und es zusätzlichen Risiken auszusetzen ist unerhört. Ich übersende eine Kopie dieses Memorandums »Transportminister«. Ein anderes wichtiges Schiff ist die EURIADES, die in Liverpool am 3. März erwartet wird. Sie hat mehr als 9 000 000 Patronen geladen. Ich erwarte Sonderberichte darüber, wie man mit diesen Schiffen verfahren wird.
– Premierminister an den First Lord und First Sea Lord am 28. 11. 41, aus: *The Second World War: The Grand Alliance* von Winston Churchill

... der gigantische weltweite Handel Großbritanniens ... umfaßt nie weniger als 2000 Schiffe auf See und nie weniger als 400, die sich in den Gefahrenzonen befinden.
– Winston Churchill am 9. 9. 1941

rechts: Der britische Oberbefehlshaber der Westlichen Hemisphäre, Admiral Sir Max Horton, in seinem Büro.
oben links und rechts: Eine U-Boot-Karikatur und eine Auswahl von Plakaten aus der Kriegszeit und Bilder, die dazu auffordern, vorsichtig zu sein mit dem, was man sagt und außerdem zu Wachsamkeit, Vertrauen und Patriotismus aufrufen.

Atlantik kümmerte. Admiral Sir Max Horton war die Befehlsgewalt über die Western Approaches (CINCWA – Commander in Chief Western Approaches) – das westliche Küstenvorfeld – übertragen worden. Sir Max war ein fähiger, energischer Offizier, der im Ersten Weltkrieg selbst ein erfolgreicher U-Boot-Fahrer gewesen war. Er versenkte am 13. September 1914 den deutschen Kreuzer HELA, das erste feindliche Kriegsschiff, das von einem britischen U-Boot versenkt wurde. Er liebte das Golfspiel und hatte die Gewohnheit, diesem Hobby fast jeden Nachmittag zu frönen. Wenn er seine Partie in Hoylake gespielt hatte, kam er in sein Büro, dem Derby House in Liverpool, zurück, um dort bis spät in die Nacht zu arbeiten und den einen oder anderen Drink zu sich zu nehmen. Früh am Morgen kehrte er hellwach an seine Arbeit zurück. Sie bestand zu einem großen Teil aus dem Aufstellen von Vermutungen darüber, was sein Gegenspieler Dönitz wohl als nächstes tun würde. Es war ein tödliches Spiel mit Bluff und Gegenbluff: »Er wird denken, daß ich den nächsten Konvoi diese Route fahren lasse. Deswegen werde ich ihn einen anderen Weg nehmen lassen.« So ging es in einem fort.

Sir Philip Joubert, seinerzeit britischer Admiral des »Coastal Command«, brachte zum Ausdruck, daß sein Traum ein U-Boot-Abwehrbefehlshaber wäre. Diese Idee ist niemals realisiert worden. Aber die Zusammenarbeit von Sir Max und Sir John Slessor, dem Nachfolger von Sir Philip, war die nächstbeste Alternative. Sir Max Horton hat wahrscheinlich mehr als jeder andere den Kampf gegen die U-Boote entscheidend vorangetrieben. Als Dönitz sein Rudel Ende Mai 1943 nach dem bittersten aller Winter aus dem Atlantik abzog, war er es, der seinen Schiffen per Funk mitteilte: »Der feindliche Ansturm ist eingedämmt, wenn nicht sogar zurückgeworfen. Der Feind zeigt Anzeichen von Ermüdung in Anbetracht der schweren Angriffe durch unsere See- und Luftstreitkräfte.«

Sie sind nun eine Prise der deutschen Marine. Sie werden Kurs auf Bordeaux setzen und bei der Ankunft im Hafen die Hafenverwaltung darüber informieren, daß Sie von der U-99 erobert und geschickt worden sind. Verstehen Sie? Versuchen Sie nicht zu flüchten, weil wir ihnen unter der Oberfläche folgen werden. Eine Abweichung vom Kurs, und ich werde Sie torpedieren. Verstehen Sie das?
– frei nach Otto Kretschmer zum estonischen Kapitän eines Frachters, den U-99 am 11. 7. 1940 gestoppt hat.

Für uns wurde die Schlacht auf dem Atlantik zu einem privaten Krieg. Wenn du dabei warst, wußtest du alles darüber. Du wußtest, wie man in einer Scheißnacht auf Wache geht, wie du ohne Schlaf auskommst, wie du den Tod verdrängst und wie du stirbst, ohne die Zeit der anderen zu vergeuden.
– aus *The Cruel Sea* von Nicholas Montserrat

TYP VII C

DIE DEUTSCHE INDUSTRIE entwarf viele verschiedene U-Boot-Typen. Die Typen VII und IX waren in der U-Boot-Waffe am häufigsten. Sie waren aus der U-18-Serie des Ersten Weltkrieges entwickelt worden. Der Typ IX hatte eine größere Reichweite, konnte mehr Torpedos aufnehmen und war besser bewaffnet. Im Kampf gegen die ozeantauglichen Schiffe der Alliierten hat trotzdem der Typ VII die Hauptlast getragen. Edwin Hoyt schrieb in seinem Buch »The U-Boat Wars«: »Es war die wirkungsvollste Unterwasserkampfmaschine überhaupt.« Mehr als 600 Stück wurden von diesem Typ gebaut und in Dienst gestellt. Sie konnten fast 60 Prozent aller U-Boot-Erfolge für sich verbuchen.

Der Bug des VII-C-Bootes war stumpf und sah einem Haikopf ähnlich. Das Heck lief spitz zu. Es war 67,1 Meter lang und hatte bei Überwasserfahrt einen Tiefgang von 4,8 Metern. Die breiteste Stelle maß 6,2 Meter, und die Verdrängung lag bei 769 Tonnen. Die frühen Modelle durften bis zu 100 Meter tief tauchen; die neueren, von denen 90 Stück in Dienst gestellt wurden, sogar noch 25 Meter tiefer.

rechts: Auf See mit U-201, Dezember 1941.
rechts außen: Wahrscheinlich U-96 im Juni 1941.

Im Vergleich dazu war der Typ IX mit seinen 1120 Tonnen ein wenig breiter und 9,1 Meter länger. Die maximale Tauchtiefe lag laut Werftgarantie bei 105 Metern. Wegen des breiteren Decks und des großen Turms brauchte es zum Tauchen fünf bis zehn Sekunden länger als der Typ VII. Die Wetter- und Wasserverhältnisse spielten dabei natürlich auch eine Rolle. Beide U-Boot-Typen konnten doppelt so tief tauchen, als in den Werftangaben vorgesehen war. Oft war das der einzige Weg, um Wasserbomben zu entkommen.

Bei Überwasserfahrt hatte der Typ VII eine Höchstgeschwindigkeit von ungefähr 18 Knoten (kn). Damit war er langsamer als der Typ IX und nicht so schnell wie eine Fregatte oder ein Zerstörer, konnte aber einer feindlichen Schaluppe oder Korvette davonfahren. Um tauchen zu können, mußten die Boote ca. 100 Tonnen Wasserballast aufnehmen und erreichten dann eine Höchstgeschwindigkeit von 7,6 Knoten. Das war genug, um mit einem schnellen Geleitzug Schritt zu halten und einen langsamen zu überholen. Die Tanks faßten 113,5 Tonnen Diesel. Er wurde für die zwei M.A.N.-Sechzylindermotoren gebraucht, die 1400 PS leisteten. Am sparsamsten fuhr der Typ VII C über Wasser bei ungefähr 10 Knoten. Die Reichweite betrug dann 9700 (hier weichen in der allgemeinen Literatur die Angaben stark voneinander ab) Seemeilen (sm). Sie halbierte sich jedoch, wenn das Boot Höchstgeschwindigkeit fuhr. Während der Unterwasserfahrt wurden U-Boote von Batterien angetrieben, und bei einer Geschwindigkeit von zwei Knoten belief sich die Reichweite auf 180 sm. Wurde die Geschwindigkeit auf vier Knoten erhöht, reduzierte sie sich auf 80 sm. Die Vergleichszahlen der Reichweiten für den Typ IX (D 2) waren 8500 sm bei 19,2 kn, 31 500 sm bei 10 kn und bei Unterwasserfahrt 121 sm bei 2 kn und 57 sm bei 4 kn.

Der Typ VII C war mit vier Torpedorohren im Bug ausgerüstet, und eins war im Heck. Je nachdem, wo und zu welchem Zweck das Boot eingesetzt werden sollte, konnten zwischen 11 und 14 Aale untergebracht werden. Der Typ IX hatte hingegen zwei Hecktorpedorohre und konnte bis zu 22 Torpedos aufnehmen. Die Bewaffnung an Deck wechselte von Zeit zu Zeit. Zum Standard gehörte aber ein

Sie gehen von Kraft zu Kraft.
– Psalm LXXXIV.7

unten: U-995, ein Typ-VII-C-Boot, ausgestellt in Laboe bei Kiel.

88-mm-Geschütz (nur beim Typ VII C) vor dem Turm und ein 37-mm- sowie zwei 20-mm-Flakgeschütze, die hinter der Brücke auf dem sogenannten Wintergarten montiert waren. Mit diesen Waffen konnte ein Handelsschiff oder ein Flugzeug unter Beschuß genommen werden. Für einen Kampf gegen eine Schaluppe oder einen Zerstörer reichten sie aber nicht.

Nur wenige der Typ-VII-C-Boote wurden zur Ausbildung neuer U-Boot-Fahrer genutzt. Alle anderen wurden auf Feindfahrt geschickt. Ihr Jagdgebiet erstreckte sich vom Nordatlantik bis in die Ostsee und vom Mittelmeer bis in die Arktis. Wegen ihrer größeren Dieseltanks befuhren die Typ-IX-Boote auch den Südatlantik von der Küste Westafrikas bis in die Karibik. Von diesem Typ gab es einige Variationen, z.B. die Versorgungsschiffe, die sogenannten »Milchkühe«, die die anderen U-Boote auf See mit Proviant, Waffen und Treibstoff versorgten. Dadurch konnten die VII-C-Typen so lange an ihrem Einsatzort bleiben,

Das Leben innerhalb eines Hauses bietet neben einem schön gedeckten und gut ausgestattetem Frühstückstisch nur wenig angenehme Zukunftsaussichten.
– aus *The House of the Seven Gables*
von Nathaniel Hawthorne

oben: Maschinentelegraf von U-995 in Laboe.
darunter: Schaltkasten für das Sehrohr und den Visiermechanismus über dem Navigationstisch in der Zentrale im U-995.

Der Mensch ist das einzige Tier, das über den Tod nachdenkt, und auch das einzige Tier, das dessen Endgültigkeit anzweifelt.
– aus *The Meaning of Immortality in Human Experience*
von William Ernest Hocking

wie es Geleitzüge zum Angreifen gab oder bis Dönitz sie in seiner Gnade zurück zum Stützpunkt kommen ließ. Während des Umladens auf hoher See waren beide U-Boote eine leichte Beute für die Streife fliegenden alliierten Flugzeuge.

Da der Schiffsrumpf der Typ-IX-Boote größer war, gab es im Inneren auch mehr Platz, und die Besatzungen konnten in weniger beengter Umgebung leben als auf einem VII-C-Boot. Das bedeutete aber auch, daß sie bis zu 14 Wochen auf Feindfahrt gingen. Die kleineren Boote waren hingegen nur fünf bis sechs Wochen unterwegs. Auf den größeren Booten war auch im Hecktorpedoraum mehr Platz. Die Besatzungen hatten dadurch mehr Raum für ihre Kojen. Auf der Toilette konnten die Männer sogar sitzen, auch wenn ihre Knie dabei an die Wand stießen. Abgesehen davon, gab es bei diesen beiden Typen unter Deck wenig Unterschiede. Auch der kleinste Winkel wurde auf den Booten genutzt. Überall hingen Vorräte, es gab nur Klapptische, an der Rückseite einer jeden Koje war ein Spind angebracht, und jede Sitzbank in der Messe konnte zum Bett aus-

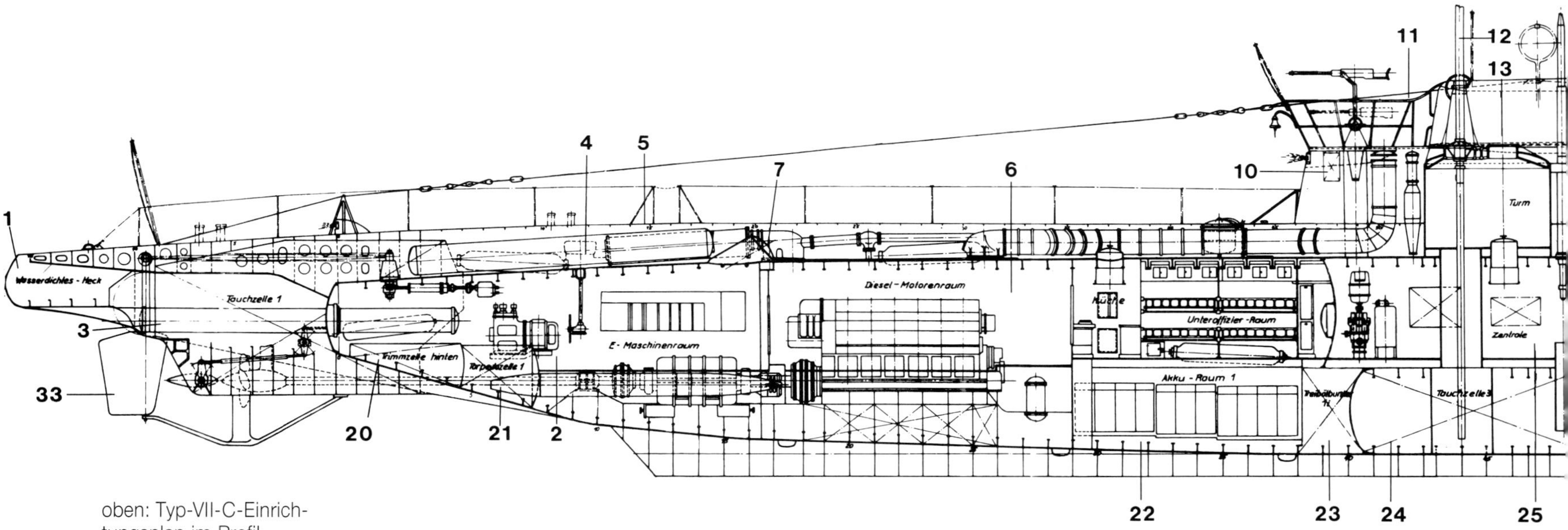

oben: Typ-VII-C-Einrichtungsplan im Profil.
unten: Plan des inneren Arbeitsdecks eines VII-C-Bootes.

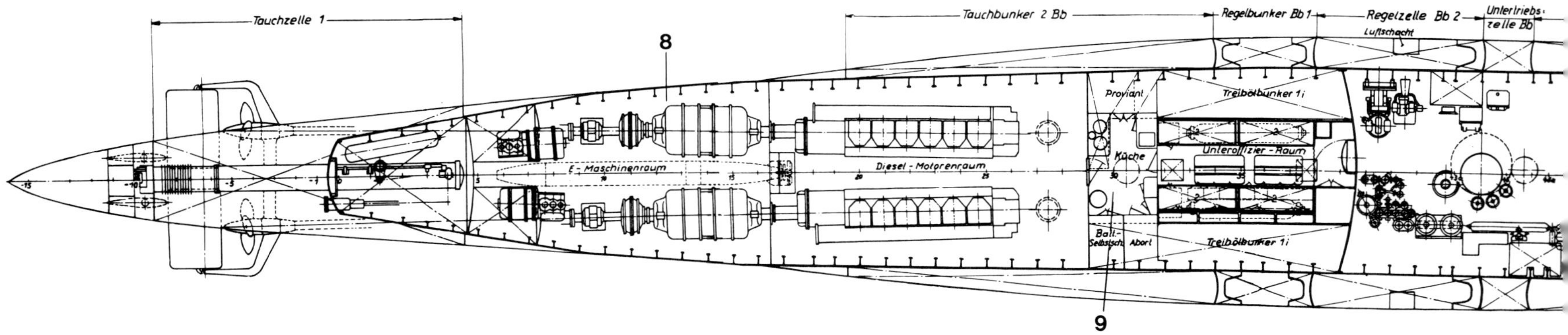

geklappt werden. Die Zentrale befand sich unter dem Turm und über dem Treibölbunker und der Tauchzelle im Mittelschiff. Sie war ungefähr 6,7 Meter lang und 6 Meter breit. In ihr befanden sich viele Hebel für die Tauchzellen- und -bunker, Regelzellen, Ballasttanks, Handräder und Knöpfe für Tiefenruder und Ventile, ein pneumatisches Tiefenmeßgerät (Papenberg-Manometer), das Zeiss-Luftzielsehrohr, der Navigationstisch, Kreisel- und Magnetkompaß und die elektrische Steuerung. Hier lag das zentrale Nervensystem des Bootes, und der Kommandoturm war sein kämpferisches Herz. Im Turm waren der Ruderstand, das Angriffssehrohr und der Siemens-Schukert-Torpedorechner, der mit der Brücke, dem Kreiselkompaß und dem Feuerleitsystem verbunden war, untergebracht. Der Rudergänger steuerte das Boot per Knopfdruck von der Zentrale oder vom Turm aus. In Notfällen mußte er per Hand ein Steuerungssystem hinten im Elekromaschinenraum betätigen. Er steuerte das Boot immer ohne Sicht. Den Kurs hielt oder veränderte er mit Hilfe des Kompasses, genau wie ein Pilot, der durch Wolken fliegt.

Feindliche Unterseeboote müssen U-Boote genannt werden. Die Bezeichnung »submarine« (Unterseeboot) soll für die alliierten Unterwasserfahrzeuge reserviert sein. U-Boote sind die niederträchtigen Verbrecher, die unsere Schiffe versenken, während »submarines« die edlen und noblen Fahrzeuge sind, die die Ihren versenken.
– Premierminister Winston S. Churchill

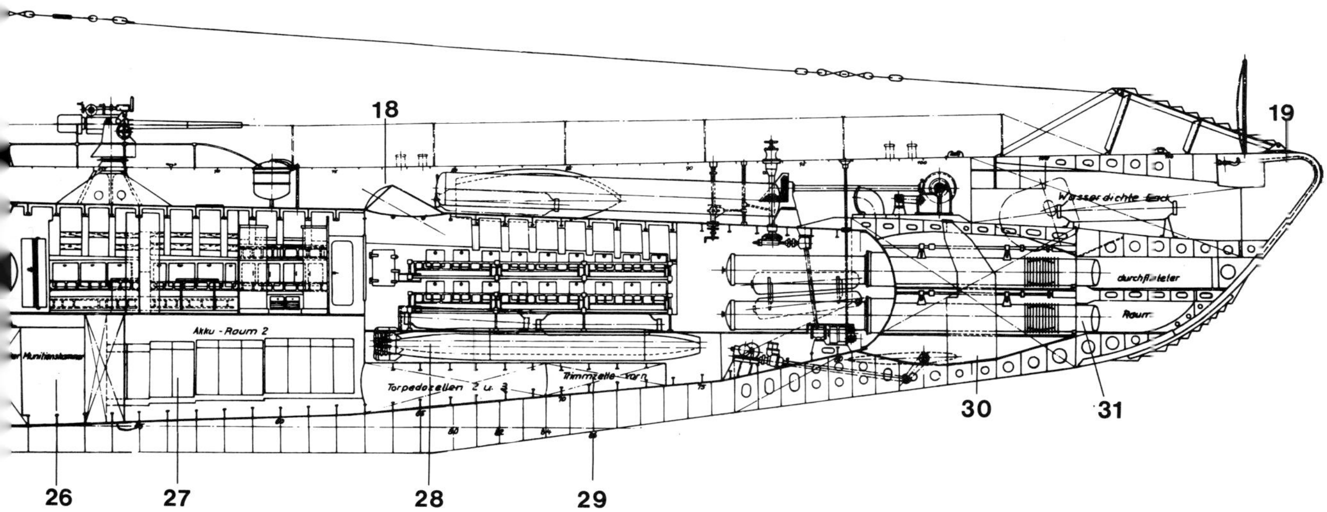

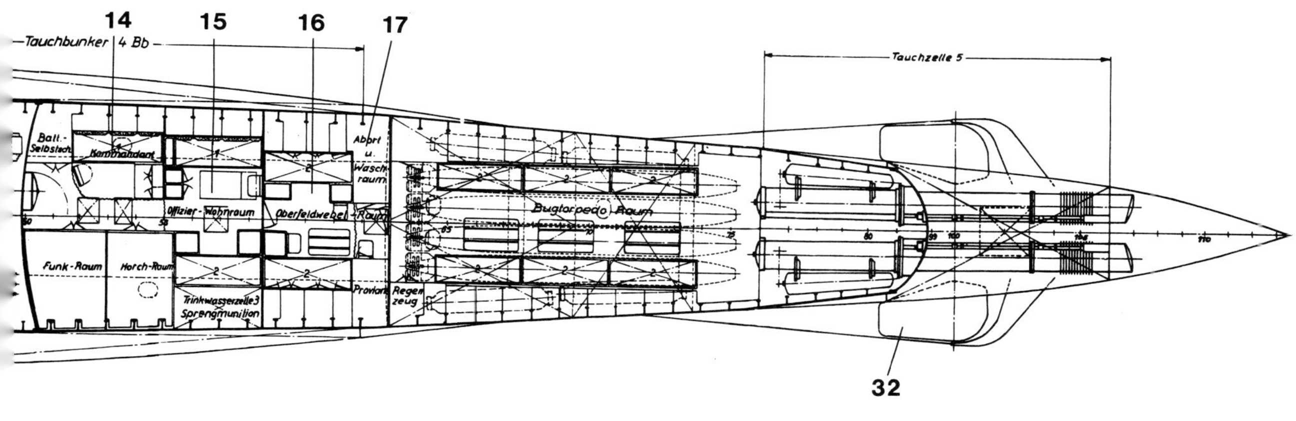

1. WASSERDICHTES HECK
2. HECKTORPEDORAUM
3. HECKTORPEDOROHR
4. RESERVETORPEDO-ZELLE (WASSERDICHT)
5. OBERDECK
6. DIESELMASCHINEN-RAUM
7. LADELUKE FÜR DEN HECKTORPEDO
8. MASCHINENRAUM
9. KOMBÜSE
10. MUNITIONSVORRAT
11. WINTERGARTEN
12. ANGRIFFSSEHROHR
13. TURMLUK
14. KAPITÄNSKAJÜTE
15. OFFIZIERSMESSE/ WOHNRAUM
16. OBERFELDWEBEL-RAUM
17. ABORT UND WASCH-RAUM
18. VORDERES TORPEDO-LADELUK
19. BUG
20. HINTERE TRIMMZELLE
21. TRIMMZELLE FÜR AB-GESCHOSSENEN HIN-TEREN TORPEDO
22. AKKU-RAUM 1
23. TREIBÖLBUNKER 1
24. TAUCHZELLE 3
25. ZENTRALE
26. MUNITIONSKAMMER
27. AKKU-RAUM 2
28. RESERVETORPEDOS
29. VORDERE TRIMMZELLE
30. KETTENKASTEN FÜR DEN ANKER
31. TORPEDOROHR III
32. VORDERES TIEFENRU-DER
33. STEUERBORDRUDER

unten: U-37 in Lorient,
Februar 1941.
rechts: Armaturen für die
Druckregulierung in U-995.

Differenzdruckmanometer "D" Stb
Differenzdruckmesser "R" Bb

unten: Stapellauf eines U-Bootes.

Die Zentrale war mit wasserdichten Schotten von den vorderen und hinteren Sektionen des Bootes abgeteilt. Wenn sich ein Besatzungsmitglied vorwärts Richtung Bug bewegte, kam er an Funkraum und Horchraum an Steuerbordseite und an der winzigen Kammer des Kommandanten vorbei. Danach gelangte er zu den Offizierswohnräumen und zwei Toiletten (eine der beiden wurde während der ersten Wochen auf See als Proviantraum genutzt) und durch den Oberfeldwebel-Raum in den Bugraum. An beiden Seiten des Bootes befanden sich für Unteroffiziere und Mannschaften Reihen von engen Kojen, zwischen denen Hängematten aufgespannt waren. Dort nahmen sie auch an einem in der Mitte stehenden Klapptisch ihre Mahlzeiten ein. Diese Männer mußten ihren Raum noch mit den Reservetorpedos teilen.

Wer sich von der Zentrale aus ins Heck des Schiffes begab, kam durch einen Mehrzweckraum, die Unteroffiziersmesse, die Kombüse und an dem sperrigen Luftkompressor vorbei, der eine Tonne wog. Danach gelangte er in den Dieselmaschinenraum, und schließlich erreichte er den E-Maschinenraum und das Hecktorpedorohr.

Die Stärke der Typ-VII-Besatzung lag normalerweise bei 44 Mann. Das waren vier Offiziere – der Kommandant, der Erste und Zweite Wachoffizier und der Leitende Ingenieur – und zwei Oberfeldwebel, der Obersteuermann und der Obermaschinist, sowie acht Unteroffiziere. Sie waren für die Wachen, die Maschinenräume, die Elektrik, den Funk und die Zentrale verantwortlich. Dazu kamen 30 Seeleute und Techniker einschließlich der Torpedomänner, Maschinisten, Elektriker, Funker, die Zentralemaaten und ein Koch. So eng, wie es auf dem Boot auch war, mußte die Besatzung immer noch Platz für Passagiere bereitstellen. Das waren offizielle Beobachter, frisch ausgebildete junge Offiziere, die Kampferfahrungen sammeln sollten, und Kriegsberichterstatter. Von einigen von ihnen wurde erwartet, daß sie Dienst taten und Pflichten übernahmen. Andere kamen nur an Bord, um eine glorreiche Geschichte für das Propagandaministerium zu schreiben.

Auf dem Typ IX C dienten gewöhnlich zehn Offiziere und 44 Unteroffiziere und Mannschaften. Während es auf den Typ-VII-Booten nur ein Besatzungsmitglied mit etwas Erfahrung in Erster Hilfe gab, fuhr auf den größeren Booten ein zur U-Boot-Waffe eingezogener Arzt mit. Für den Notfall waren die Männer mit einer aufblasbaren Rettungsweste und Atemmasken ausgestattet. Außerdem gab es vor der Brücke einen Behälter mit einem Rettungsfloß aus Gummi, das 22 Männer aufnehmen konnte. Wenn das U-Boot von einem feindlichen Radar angepeilt wurde, konnte dieses Signal ab 1942 mit Hilfe des sogenannten Biscayakreuzes empfangen werden. Im Gegensatz zur restlichen Ausstattung des Bootes war dieses Gerät erstaunlich primitiv zusammengesetzt. Es bestand aus einem massiven kreuzförmigen Holzrahmen, in den ein Antennendraht eingespannt war. Dieses Gerät konnte Radarimpulse aus 20 Meilen Entfernung empfangen. Der Rahmen war an Deck hinter der Brücke montiert und wurde vom

Im Halbdunkel des Bunkers hebt es sich kaum vom Wasser ab. Aber gegen die helle Bunkerwand zeichnen sich seine über die niedrige Pier ragenden Formen deutlicher heraus. Das Oberdeck liegt nur einen knappen Meter über dem öligen Brackwasser. Noch sind alle Luks offen. Ich taste mit meinem Blick die ganze Länge des Bootes ab. ... Alle Linien, das hölzerne Oberdeck, das flach und ohne Sprung in einer einzigen langgestreckten Vorwärtsbewegung zum Bug strebt, den Turm mit den sperrig abstarrenden Flakwaffen, das leicht abfallende Heck, die schräg vom Turm nach vorn und achtern geneigten Stahltrossen des Netzabweisers mit den eingeflochtenen grünen Porzellanisolatoren. Alles von äußerster Einfachheit. Ein VII-C-Boot, seetüchtig wie kein anderees Schiff.
– aus *Das Boot* von Lothar-Günther Buchheim

Die winzigen, unscheinbar aussehenden U-Boote wurden von den haushohen Wellen hoch in die Luft geworfen, um dann wieder in die Wellenkrater hinunterzufallen, wo sie von der tosenden See überspült wurden, um dann wieder auf die Krone einer weiteren Welle gehoben zu werden. Dort verharrten sie eine Sekunde, während das Wasser sich wieder unter ihnen zurückzog und sie wieder eintauchten. Oft fuhren sie mitten durch die Wellen, die sich wie Sturzfluten über ihnen ergossen.
– aus *The Golden Horseshoe* von Terence Robertson

unten: Die Pumpstation an der Schleuse von Saint-Nazaire ist das einzige Gebäude am Kai, das aus dem Zweiten Weltkrieg übriggeblieben ist.
rechts: *U-Boot-Wache*, ein Aquarell von Rudolph Hausknecht.

wachhabenden Funker per Hand gedreht. Wenn es die Störgeräusche in seinem Kopfhörer zuließen, konnte er die Richtung, aus der ein feindliches Schiff oder Flugzeug die Umgebung absuchte, feststellen.

Eine Schwierigkeit gab es aber mit dem Biscayakreuz. Bevor das Boot auf Tauchstation ging, mußte der ganze Apparat abgebaut und durch den Turm innenbords gebracht werden. Wenn ein Alarmtauchen erforderlich war, konnte es leicht passieren, daß die Wache beim Einsteigen das Kreuz zertrampelte, wenn sie die Leiter herunterstürzten. Im Sommer 1942 wurde es vom sogenannten Metox abgelöst. Es war eine Technik, die Dönitz nach dem Einmarsch in Frankreich in die Hände gefallen war. Das Metox konnte Kurzwellensignale empfangen und war weniger sperrig. Das Gerät kam den Deutschen aber schnell verdächtig vor, denn die U-Boote, die mit dem Metox ausgerüstet waren, wurden besonders häufig von alliierten Flugzeugen angegriffen. Man vermutete, daß dieses Gerät geortet werden konnte. Diese Annahme wurde von einem gefangenen britischen Piloten bestätigt. In einem Verhör sagte er: »Wir brauchen kein Radar, um euch Kerle zu finden. Wir können euch mit dem Funkgerät orten.« Der listige Pilot hatte gelogen. Die zunehmenden Angriffe der Alliierten waren auf ihr neuestes Radargerät zurückzuführen. Aber der Verdacht der Deutschen blieb bestehen. Nachdem Dönitz die Sache überprüft hatte, reichte diese Vermutung aus, ihn davon zu überzeugen, an alle U-Boote auf See den Befehl »Abstellen!« zu geben. Die Moral der Besatzungen hob sich nicht unbedingt

angesichts der Erkenntnis, daß die Feinde fünf Monate lang mühelos ihre Position feststellen konnten – obwohl diese Information ja falsch war.

Viele Typ-IX-Boote wurden von 1943 an mit einem Schnorchel ausgerüstet. Ein Radarwarngerät mit dem Kürzel W.Anz.G1 und dem Spitznamen Wanze löste den Metox ab. Außerdem hatten diese Boote eine Funkpeilantenne (RDF), die aus taktischen Gründen nützlich war, aber andererseits die Tauchzeit noch verlängerte. Auch neu an Bord war die Aphrodite, ein geschleppter wasserstoffgefüllter Ballon, der mit Aluminiumstreifen gefüllt war. Damit wurden die Suchradars getäuscht.

Die Wanze hatte eine automatische Suchvorrichtung. Das ersparte die manuelle Bedienung. Der Funker mußte die Signale aber schnell erkennen, um ihre Richtung festzustellen. Weder die ursprüngliche noch andere Varianten überzeugten vollständig. Die deutschen Wissenschaftler waren nach wie vor davon überzeugt, daß Radarstrahlen mit einem Wellenbereich unter 20 Zentimeter nie ein gutes Echo erzeugen könnten. Diese Auffassung mußten sie aber im Frühjahr 1943 revidieren, denn Überreste eines abgeschossenen RAF-Bombers bewiesen, daß Radargeräte mit einer Wellenlänge von unter zehn Zentimetern bereits eingesetzt wurden. Göring forderte daraufhin den ultimativen Einsatz aller Elektronikexperten, damit seine Nachtjäger mit einem funktionstüchtigen Detektor ausgerüstet werden konnten. Daraufhin wurde der Naxos entwickelt. Er konnte Kurzwellenbereiche empfangen, wenn auch nur auf kurze Entfernung. Für die U-Boote kam der Naxos aber zu spät. Die U-Boot-Waffe war in der »Elektronikschlacht« hoffnungslos zurückgefallen. Als Naxos installiert wurde, war der Himmel schon voller alliierter Flugzeuge, und das Leben bestand nur noch aus einem Alarmtauchen nach dem anderen.

HERR KALEU

IN DEN ERFOLGREICHSTEN JAHREN der U-Boot-Waffe zeigten die deutschen Wochenschauen, Zeitschriften und Zeitungen regelmäßig, wie die U-Boot-Kommandanten von hoher See zurückkamen. Sie hatten Bärte, trugen ihre Affenjacken, Overalls und Seestiefel. Sie hatten weiße Mützen auf, die nur sie tragen durften. Bei ihrer Einfahrt in den Hafen flatterten an einem Draht hinter ihnen Erfolgswimpel, die zeigten, wie viele allierte Schiffe sie versenkt hatten.

Auf den Photos standen sie entweder mit ernster Mine stramm, wenn ihnen der Admiral die Hand schüttelte, oder sie nahmen, umringt von ihrer lächelnden Besatzung, Blumen, Wein, Küsse und den Applaus der Menschenmenge auf dem Kai entgegen. Viele Kommandanten hatten den Rang eines Oberleutnants, wenige waren Fregattenkapitän oder von noch höherem Rang, aber die meisten von ihnen waren Kapitänleutnant. Für ihre Besatzung waren sie der »Herr Kaleu« und für den Admiral und das deutsche Volk waren sie Helden.

Als Großadmiral Erich Raeder Dönitz 1936 die Befehlsgewalt über die U-Boote erteilte, machte dieser aus der sogenannten »U-Bootabwehr-Schule« in Kiel eine Ausbildungsstätte für zukünftige U-Boot-Offiziere. Drei der ersten Schüler wurden später als die tapfersten, fähigsten und erfolgreichsten aller Kommandanten bekannt. Es waren Joachim Schepke, Günther Prien und Otto Kretschmer.

Schepke war groß, blond und gutaussehend. Er benahm sich zwanglos, und seine Mütze trug er immer flott geneigt. Die Frauen liebten ihn, und er war sich seiner Attraktivität durchaus bewußt. Prien wurde von seinen Freunden »Prüntje« genannt. Er war der älteste der drei. Er wurde 1908 in Osterfeld in Thüringen geboren. Seine Familie zog jedoch nach Leipzig, nachdem sein Vater, ein Richter, das elterliche Haus verlassen hatte. Günthers Mutter hat ihren Sohn allein großgezogen. Früh strebte er eine Karriere auf See an. Im Jahr 1939 hatte er bereits neun Jahre als Matrose in der Handelsmarine und sechs Jahre in der Kriegsmarine gedient. Er war mittelgroß, gepflegt, ein wenig einzelgängerisch und neigte dazu, ungestüm zu sein. Prien hatte ein fröhliches Lächeln und war von Natur aus stur.

Der dritte aus der Reihe von Dönitzs' Musterschülern war Otto Kretschmer. Seine Wiege stand in Unterschlesien, und er zeigte ein frühes Interesse an Sprachen und Naturwissenschaften. Er studierte in England, Frankreich und Italien, bevor er sich im Jahr 1930 als Seekadett verpflichtete. Obwohl er zu Kriegsbeginn gern mit dem 250-Tonnen-U-23 auf Erkundungsfahrten in den Gewässern nördlich von Großbritannien ging, diese Einsätze wurden später als »Kretschmers Shetland-Ausflüge« bekannt, teilte er die Meinung vieler Kollegen, nach der die Wehrmacht alleTruppen gen Osten schicken sollte. »Der stumme Otto«, wie er genannt wurde, hatte eine Hakennase, war schlank und ein unverbesserlicher Zigarrenraucher. Er tolerierte keine Schwächen, hatte aber einen angenehmen Sinn für Humor. Ein Matrose charakterisierte ihn einmal als »niemandes Freund, bei jedem beliebt«. Von den drei Assen hatte Kretschmer wahrscheinlich den schärfsten Verstand und den stärksten Charakter.

Im April 1940 gab Dönitz Kretschmer den Befehl, das ozeantaugliche VII-C-Boot U-99 in Dienst zu stellen und zu führen. Das war das Boot, mit dem er fast ein Jahr lang den Nordatlantik mit todbringender Effektivität befahren sollte. Bei der U-Boot-Waffe war es à la mode, daß die Besatzungen ein eigenes U-Boot-Abzeichen auf den Turm malten. (Das wurde übrigens später von den USAAF Piloten für diese Nasen ihrer Bomber übernommen.) Während die Besatzung von U-99 ihr Boot in Kiel für die erste Fahrt klarmachte, fand einer der Männer ein paar Hufeisen, die am Steuerbordanker hingen. Kretschmers Erster Wachoffizier meinte, daß dieses Omen ernst zu nehmen sei. Kretschmer stimmte zu, und so wurde das vergoldete Hufeisen zum Symbol für U-99.

Gegen Ende 1941 konnten Schepke und Kretschmer beide für sich in Anspruch nehmen, 200 000 Tonnen alliierten Schiffsraums versenkt zu haben. Kretschmer werden von den meisten Experten sogar weitere 50 000 Tonnen zugesprochen, einschließlich eines Zerstörers und dreier bewaffneter Handelsschiffe. Ihm wurde nachgesagt, daß er der beste Torpedoschütze der deutschen Marine gewesen ist. Er teilte nicht die offizielle Sicht, daß der sicherste Weg, einen Treffer zu erzielen, der Abschuß eines »Fächers« aus

Ein bewegtes Leben und Gefahr relativiert die Furcht vor dem Tod. Es gibt uns nicht nur die Kraft, Schmerz zu ertragen, sondern lehrt uns auch bei jedem einzelnen Schritt, wie unsicher die Zeit ist, in der sich unser gegenwärtiges Sein befindet.
– aus *On The Fear of Death* von William Hazlitt

Die Schwachen zittern vor einer Meinung, die Unwissenden wollen sie nicht hören, die Weisen bewerten sie, die Geschickten beeinflussen sie.
– Madame Jeanne Roland

links: Korvettenkapitän und U-Boot-Kommandant Günther Prien. Sein dreister Angriff und sein Versenken des britischen Schlachtschiffes ROYAL OAK bei Scapa Flow im Oktober 1939 gilt als eine der kühnsten Leistungen des Krieges.

Ein Gedanke, der nicht in die Tat umgesetzt wurde, taugt nicht viel. Eine Tat, die ohne Denken erfolgt, taugt gar nichts.
– George Bernanos

drei oder vier Torpedos sei. Sein Beweis war, daß er selten von einer Feindfahrt zurückkehrte, ohne ein Schiff versenkt zu haben.

Kretschmers Methode war, den Geleitzug bei Tageslicht zu verfolgten und erst in der Nacht anzugreifen. Bei hellem Mondschein kam er von der dunklen Seite und in mondlosen Nächten von Luv, weil dann der gegnerische Ausguck gegen die Wellen und Gischt schauen mußte. Er fuhr dann in den Geleitzug hinein und startete seine Attacken mitten zwischen den Geleitzugkolonnen.

Prien konnte inzwischen 150 000 Tonnen für sich verbuchen. Seine brillante Karriere wird nur von einem dunklen Punkt überschattet. Im Juni 1940 torpedierte und versenkte er ohne Vorwarnung das britische Passagierschiff ARANDORA STAR. Nach dieser Aktion mußte er feststellen, daß die meisten Passagiere deutsche und italienische Zivilisten auf dem Weg von Großbritannien nach Kananda waren, wo sie interniert werden sollten.

Weder die Deutschen noch die Italiener beschuldigten ihren Helden. Schließlich war er es gewesen, der sich in der Nacht vom 13. zum 14. Oktober 1939 in Scapa Flow, dem Ankerplatz der Royal Navy bei den Orkneys, eingeschlichen hatte. Er wendete all seine Erfahrungen als Seemann auf, um den zum Teil blockierten Kirk Sund bei einsetzender Flut zu passieren. Er spürte die vor Anker liegende ROYAL OAK, das 29 000-Tonnen-Flaggschiff der Home Fleet 2nd Battle Squadron auf. Drei Torpedos seiner ersten Salve verfehlten ihr Ziel, aber der vierte traf. Prien entfernte sich, lud nach und feuerte danach vier weitere Torpedos ab. Vom unheimlichen Funkeln der AURORA BOREALIS beleuchtet, ging das große alte Schlachtschiff in wenigen Minuten unter. Sie stammte aus dem Ersten Weltkrieg und war ersetzbar, aber die 833 Offiziere und Männer, die mit ihr untergingen, waren es nicht. Dieses Unglück erschütterte die Royal Navy und das britische Volk. Ein neutraler Handelsschiffkapitän fragte zu recht: »Wie konnte das passieren, obwohl die RAF einen Flugplatz auf den Orkneys hat?«

Prien hatte damit eine waghalsige und geschickte Heldentat vollbracht. Für die Kriegsmarine und Deutschland war sie von großer Bedeutung, weil sie in der Nähe des Ankerplatzes vollbracht worden war, an dem die Hochseeflotte des Kaisers von ihren Besatzungen am Ende des Ersten Weltkriegs versenkt worden war, während die Alliierten noch darüber nachdachten, wie sie zu verwenden sei. Alle an Bord

rechts: Die weiße Mütze eines U-Boot-Kommandanten, ausgestellt im U-Boot-Archiv in Altenbruch.
oben: Eine Zeichnung von Kapitänleutnant Schuhart, ebenfalls im U-Boot-Archiv.

von U-47 wußten das, und auf ihrer Fahrt zurück in den Stützpunkt bewies der Erste Wachoffizier, Leutnant zur See Engelbert Endrass (der später selbst einer der Asse wurde), sein künstlerisches Talent und malte einen roten schnaubenden Bullen auf den Turm. Er erklärte, daß dieses der Bulle sei, der die Zufluchtsstätte der britischen Navy gestürmt und ihr berühmtes Kriegsschiff aufgespießt hat. Dieses U-Boot-Abzeichen wurde später auf allen Booten von Priens Flottille übernommen.

Als U-47 drei Tage später in Wilhelmshaven einlief, spielte eine Blaskapelle, und die Menge jubelte. Großadmiral Raeder und Admiral Dönitz marschierten die Gangway herauf. Die Metallknöpfe schimmerten auf ihren langen dunklen Mänteln, und ihre goldbesetzten Mützen saßen schnurgerade auf den Köpfen. Dönitz umarmte den Kommandanten und brachte an die Brust eines jeden Besatzungsmitgliedes ein Eisernes Kreuz zweiter Klasse an. Raeder schüttelte jedem die Hand. Nachmittags wurde die Besatzung in Hitlers Privatflugzeug nach Berlin geflogen, um dort von der Bevölkerung umjubelt zu werden. Prien wurde in einer offenen Limousine durch das Brandenburger Tor gefahren. Er wurde wie der Vertreter eines befreundeten und mächtigen Staates empfangen. In seinem Privatbüro in der Reichskanzlei verlieh Hitler seinem Helden das Ritterkreuz für die, wie er es nannte, »wahrscheinlich stolzeste Tat, die ein deutsches U-Boot vollbringen könnte«.

Prien hatte mehr getan, als ein britisches Kriegsschiff zu versenken. Er hat bewirkt, daß Hitler seine U-Boot-Waffe mit anderen Augen sah, und hatte außerdem, indirekt, für Karl Dönitz' Beförderung zum Vizeadmiral gesorgt. Für Propagandaminister Joseph Goebbels war der Untergang der Royal Oak ein Geschenk. Die folgende Propaganda war Prien peinlich. »Verflucht«, knurrte er, »ich bin ein Offizier und kein Filmstar.« Das war eine männliche, aber raffinierte Bemerkung. Er wußte sehr wohl, daß er nie ein Offizier wie alle anderen sein würde. Die Legende vom heldenhaften, einsamen Seewolf war geboren.

Prien, Schepke und Kretschmer waren beim deutschen Volk bald genauso populär wie die RAF-Kampfpiloten bei den Briten, als sie in den folgenden Monaten die große Luftschlacht über Südostengland kämpften. Die jungen, strahlenden Gesichter der U-Boot-Asse waren auf Postkarten abgebildet, die in ganz Europa verkauft wurden. Die Geschichten ihrer Heldentaten wurden, zum Teil ausgeschmückt (Goebbels beherrschte sein Geschäft), im ganzen Land erzählt. Prien wurde dazu überredet, die Geschichte »Mein Weg nach Scapa Flow« aufzuschreiben. Schepke verfaßte ein Traktat, das weniger eine Geschichte als mehr ein Rekrutierungspamphlet war. Es war Nazipropaganda, getarnt als Bericht über seine Heldentaten. Militärkapellen spielten bei jeder Gelegenheit den »Kretschmer-marsch«. Aber »Der stumme Otto« wies alle Versuche, ihn zu verherrlichen, ab. (Im Gegensatz zu Schepke und vielen anderen Offizieren waren weder er noch Prien Mitglied der NSDAP.) Statt dessen wartete er, bis der Krieg zu Ende war, um dann Papier und Stift zur Hand zu nehmen.

Die Zeit des U-Boot-Asses in der Rolle des einsamen Jägers neigte sich dem Ende zu. Die überfällige Entscheidung der Briten, ihre Konvois zu eskortieren, bedingte eine Veränderung der U-Boot-Taktik. Dönitz' Traum stand kurz vor der Verwirklichung. Die Zeit des »Wolfsrudels« war gekommen. In den frühen Stunden des 14. Oktober 1940 befand sich Kretschmers U-99 auf seiner vierten Feindfahrt im Atlantik. Es war eines von acht Booten, das von der Befehlsstelle aus dirigiert wurden, um den stark bewachten, in Richtung Westen fahrenden Geleitzug SC7 abzufangen. Wie bereits im Kapitel »Versorgungslinien« beschrieben, fanden die »Wölfe« ihr Ziel nach einer viertägigen Fahrt und starteten eine die Nacht andauernde Serie von Angriffen. Während sich U-99 zwischen den Frachtern und Tankern trotz des Geleits hin und her stahl, war sie nie tatenlos oder ohne Ziele. Kretschmers Torpedos und Kanonen schickten in dieser Nacht neun der siebzehn versenkten Handelsschiffe auf den Meeresgrund. Als er vier Tage später nach Lorient zurückgekehrt war, beschrieb Dönitz das Erreichte stolz als »die größte Abenteuergeschichte des Krieges.« Aber Kretschmer fand es nicht besonders amüsant, als er später in Berlin in der Reichskanzlei weder Fleisch noch Alkohol serviert bekam und auch Tabak streng tabu war.

Die bemerkenswerten Karrieren der drei Asse von Dönitz setzten sich auch als Mitglieder des Rudels fort, und Hitler zeichnete sie alle mit dem Ritterkreuz

Oberleutnant Ottokar Paulssen war ein mittelgroßer, kräftig gebauter Offizier, Anfang dreißig. Er hatte blonde, leicht gelichtete Haare und blaue Augen, die klug unter dem Schild seiner weißen Mütze hervorschauten. Die goldgestickten Ornamente der weißen Mütze, die nur der Kommandant tragen durfte, zeigten Spuren von Grünspan. Er trug eine lange hellgraue Lederjacke, deren Säume an den Schultern und Taschen mit weißem Segelgarn musterhaft geflickt waren. Eine kunstvoll geflochtene Pfeifenschnur, die nahezu weiß gebleicht war, reichte von seinem linken Schulterstück in die linke Tasche. Seine Füße steckten in etwas zu großen, mit Filz ausgelegten Lederstiefeln, die unter den langen, faltigen Lederhosen hervorschauten. Alles in allem glich Paulshen dem Idealbild, das ich mir von einem U-Boot-Kommandanten gemacht hatte.
– aus *Die eisernen Särge* von Herbert A. Werner

Ein Hut macht den Unterschied zwischen einfacher Kleidung oder einem Kostüm aus; es ist der Unterschied zwischen »angezogen sein« und »gekleidet sein«; er ist der Unterschied zwischen angemessenem Aussehen und bester Erscheinung.
– Martha Sliter

obere Reihe von rechts: Kapitänleutnant Berger von U-87, Reinhardt Hardegen, Dietrich Borchert,
untere Reihe: Karl Friedrich Merten, Robert Gyse, Helmut Rosenbaum,
links: Werner Henke.

Wozu sind Kriegstriumphe da? Sie sind mit Ehrgeiz geplant, mit Gewalt ausgeführt und mit Verwüstung vollendet. Viele werden geopfert, und am Ende steht die Erhöhung weniger.
– aus *Lacon*
von Charles Caleb Colton

Seit Tagen kämpften wir uns durch die Februarstürme, die schwersten des Winters. Die See kochte und schäumte und schwoll höher und höher unter den Peitschenschlägen der Orkane, die nacheinander von Westen nach Osten über den Atlantik jagten. U-230 quälte sich durch gurgelnde Strudel und über gigantische Wellenberge. Das Boot, von einer turmhohen Woge emporgeworfen, wurde von einer zweiten gefangen und von einer dritten unter Tonnen von Wasser begraben. Sturmböen mit Geschwindigkeiten bis zu 150 Meilen per Stunde pfiffen in den höchsten Oktaven und brummten in tiefstem Baß. Und wie zur Strafe schlug der Wind unserer Brückenwache treibenden Schnee, Schloßen, Hagel und gefrorenen Sprühregen in die verzerrten Gesichter. Er zerrte an unseren dicken gummierten Taucheranzügen, schnitt in unsere Haut wie eine Geißel und drohte unsere Augenmasken wegzureißen. Nur die breiten Stahlgurte um unsere Hüften hielten uns am Boot und Leben. Drunten in der tanzenden Stahlröhre schleuderten uns die wilden, schlagenden, stampfenden Bewegungen des Bootes auf die Flurplatten oder gegen die Schotten, warfen uns die starken Schlagseiten wie Puppen durcheinander. Trotz alledem gelang es uns, den rasenden Sturm und die irrsinnige See zu überleben und gefechtsklar in unserem zugewiesenen Quadrat anzukommen.
– aus *Die eisernen Särge* von Herbert A. Werner

zum Eisernen Kreuz mit Eichenlaub aus. Gegen Ende März 1941 waren Prien und Schepke allerdings tot und Kretschmer befand sich in Kriegsgefangenschaft. Seit Kriegsbeginn war Prien fast ohne Unterbrechung im Einsatz gewesen. Spät am Tage des 6. März führte er ein Rudel von sechs Booten einschließlich Kretschmers U-99 in einen Angriff gegen einen von Liverpool aus westlich fahrenden Geleitzug. In den folgenden 24 Stunden wurden vier Handelsschiffe getroffen, und zwei von ihnen sanken. Aber der Geleitschutz schlug mit gut gezielten Wasserbomben zurück. Ein U-Boot wurde getroffen und schaffte es, Lorient zu erreichen. Ein weiteres wurde von der Besatzung aufgegeben und versenkt. Ausnahmsweise hielt Kretschmer den Rückzug für den besseren Teil der Tapferkeit und zog sich zurück. Prien wollte den Geleitzug hingegen nicht ziehen lassen. Er verfolgte ihn bis zum Abend des 8. März und war gerade dabei, sich einem Ziel zu nähern, als der Regen, den er zur Tarnung nutzte, aufhörte und er vom Zerstörer HMS WOLVERINE entdeckt wurde. Prien tauchte sofort ab, mußte aber eine Stunde später schwer beschädigt auftauchen. Die WOLVERINE wartete auf ihn und schickte den Helden von Scapa Flow auf seinen letzten Tauchgang. Es bestehen immer noch Zweifel, ob er von der Royal Navy versenkt wurde oder von einem irrgelaufenen Torpedo eines anderen U-Bootes. U-47 mit dem schnaubenden Bullen auf dem Turm explodierte auf jeden Fall direkt unter der Wasseroberfläche, und es gab keine Überlebenden.

Zehn Tage später nahm sich, wie Lieutenant Commander Peter Kemp in »Purnell's History of the second World War« sagte »Schepke zu viele Freiheiten gegenüber einer Geleitzugeskorte heraus«. Als die Hecksee von U-100 von der Brücke des Zerstörers WALKER ausgemacht wurde, begann Captain Donald Macintyre die Jagd und ließ an der Stelle, an der Schepke abgetaucht war, einige Wasserbomben abwerfen. Da kein Treffer sichtbar wurde, drehte die WALKER ab, um Überlebende von einem der Tanker zu bergen, die torpediert worden waren. Innerhalb einer halben Stunde hatte das neu installierte Radargerät der HMS VANOC, ein Schwesterschiff der WALKER, U-100 gefunden. Es war aufgetaucht, während Schepke den Schaden, den die Wasserbomben angerichtet hatten, inspizierte. Der Zerstörer nahm Fahrt auf und rammte das U-Boot mittschiffs. Deren Besatzung wurde entweder von Bord geschleudert oder sprang ins Wasser. Schepke stand auf der Brücke, von der aus er für so viel Zerstörung und Tod gesorgt hatte, als der Bug der VANOC ihm beide Beine von den Oberschenkeln trennte. Der Zerstörer setzte zurück, um sich selbst zu befreien. Der schwer verletzte Schepke schlug mit den Armen um sich, wurde aus dem Turm gerissen und ins Meer geschleudert. Er verschwand mitsamt U-100 und 49 seiner Männer in den Wogen der See.
Während die WALKER den Ort noch mit dem Asdic abtastete, nahm die VANOC die fünf Überlebenden an Bord.

Innerhalb einer halben Stunde hatten die beiden Zerstörer einen erneuten Asdic-Kontakt. Sie wußten es zwar noch nicht, aber sie hatten das As der Asse gefunden. Ihre Wasserbomben beschädigten die Außenhülle und beide Propeller von Otto Kretschmers U-99. Er wurde in die bedrohliche Tiefe von über 210 Metern hinabgezwungen. Als er schließlich auftauchen mußte, hatte sein Boot eine starke Schlagseite nach Steuerbord. Außerdem waren die Torpedos verschossen, das Boot war manövrierunfähig und hilflos wie ein gestrandeter Wal. Der Kapitän der HMS WALKER ließ seine Waffen auf die Aufbauten richten, um so die Besatzung zur Aufgabe zu zwingen und das U-Boot in einem Stück zu übernehmen. Aber Kretschmer entschied anders. Er zündete sich im Schutz des Turmes eine Zigarre an, befahl seinen Männern ihre wärmste Kleidung anzuziehen und alle Luken zu öffnen. Das Heck versank, und die Männer auf dem Achterdeck wurden ins Wasser gespült.

Mit einer Lampe signalisierte Otto Kretschmer Captain Macintyre: »Von Kapitän zu Kapitän. Nehmen sie bitte meine Männer, die auf sie zutreiben, an Bord. Ich sinke.« Dankbar sah Kretschmer, daß die Besatzung des Zerstörers ein Rettungsboot klarmachte. Nur noch der Turm mit seinem berühmten goldenen Hufeisen ragte aus den Wellen. Ein Ingenieur bat Kretschmer darum, ins Boot zu steigen und die Tauchzellen fluten zu dürfen. Als U-99 schließlich versank, gingen dieser Ingenieur und zwei weitere Besatzungsmitglieder mit ihr unter. Die Überlebenden traten Wasser und hielten sich dabei an den Händen, um zu verhindern, daß noch weitere Männer fortgespült würden. Ein Rettungsnetz wurde vom Deck der WALKER herabgelassen, und die U-Boot-Männer

Wenn du einen Mann
kennenlernen willst, dann
beobachte besonders, wie
er seine Ziele erreicht, und
nicht nur, wie er sie verliert;
denn wenn wir versagen,
beschützt uns unser Stolz,
wenn wir erfolgreich sind,
betrügt er uns.
– Charles Caleb Colton

Wir wissen, Mr. Weller –
wir, die wir Männer von
Welt sind –, daß eine gute
Uniform früher oder später
ihre Wirkung auf Frauen
haben muß.
– aus *Pickwick Papers*
von Charles Dickens

Ich habe euch, meine lieben
Schützlinge, über dreißig
Jahre gelehrt, wie man lebt,
und nun zeige ich euch in
sehr kurzer Zeit, wie man
stirbt.
– Sandys

links: *Ein Offizier und zwei Wachen auf einer U-Boot-Brücke* von Rudolph Hausknecht.
nächste Seite: Kapitänleutnant Hessler, Kommandant von U-107, wird am 2. 7. 1941 begeistert in Lorient begrüßt.

Wir messen uns an dem, was wir meinen tun zu können, / während andere uns an dem messen, was wir getan haben.
– aus *Kavanagh* von Henry Wadsworth Longfellow

Handel schnell, denke langsam.
– griechisches Sprichwort

Sage mir, wie hießen sie? / Sage mir ihre Namen. / Hattest du einen Freund / auf der guten REUBEN JAMES?
– frei nach einem Lied von Woody Guthrie

konnten an Bord klettern. Kretschmer war nun so erschöpft, daß er sich mit den Seestiefeln voller Wasser nur noch an das Netz hängen konnte, bis sein Bootsmann ihm zur Hilfe kam. Wiederholt riefen Funksprüche aus Lorient U-99 und U-100: »Melden Sie ihre Position.« Sie blieben ungehört und unbeantwortet. Admiral Dönitz erinnerte sich daran, daß er Kretschmer gesagt hatte, daß dieser mehr als genug geleistet hätte. Er sollte einen Posten als Hauptdozent an der U-Boot-Schule in Kiel übernehmen. Nun bedauerte Dönitz bitter, daß er nicht darauf bestanden hatte.

Am nächsten Tag stand Kretschmer bei Captain Macintyre auf der Brücke der WALKER, während der Zerstörer um den Geleitzug herumfuhr. Der britische Kapitän bemerkte, daß die Formation exakt gehalten wurde und es keine Lücken in den Kolonnen gäbe. Macintyre lächelte, als er sah, wie der Deutsche auf das Wappen der WALKER starrte. Es war ein umgedrehtes Hufeisen. »Ihres war verkehrt herum, Kapitän«, sagte er, »ich fürchte, Ihr Glück ist herausgelaufen. Übrigens brauchen Sie das wohl auch nicht mehr«, und er nahm ihm sein Zeissfernglas ab. Es sollte dem Mann der englischen Marine noch weitere vier Kriegsjahre gute Dienste leisten.

Am 21. März legte die WALKER in Liverpool an. Macintyre wurde an Land gepfiffen (das war ein Seemannsbrauch) und am Kai von Admiral Sir Percy Noble und seinem Stab begrüßt. Die Besatzung von U-99 wurde der Armee übergeben, und ihr Kommandant wurde zum Verhör nach London gebracht. Der Leiter der U-Boot-Abwehrabteilung, Captain George Creasy, befragte ihn. Seine Eindrücke finden sich in dem Buch »The Golden Horseshoe«, Terence Robertsons exzellenter Biographie über Kretschmer, wieder: »Er rückte mit nichts heraus ... Ich stand einem jungen, selbstsicheren Marine-Kommandanten gegenüber, der in dieser schwierigen Lage der gerade erfolgten Gefangennahme Selbstachtung, Bescheidenheit und Höflichkeit zeigte.«

Kretschmer wurde von den Briten darüber informiert, daß er rückwirkend zum 1. März zum Korvettenkapitän befördert worden war (wie posthum auch Prien) und er die Schwerter zu seinem Ritterkreuz mit Eichenlaub erhalten hatte. Die Männer, die mit ihm zur See fuhren und von ihm gelernt hatten, machten sich im Atlantik, lange nachdem man ihn gefangengenommen hatte, bemerkbar. Das letzte Wort über ihn sollte aber Captain Macintyre zukommen. »Verglichen mit den anderen überschwenglichen Assen schien er eine eher düstere Figur zu sein. Draußen in den Weiten des Atlantiks waren er und U-99 in der Tat eine finstere und tödliche Bedrohung.«

Innerhalb von zehn Tagen hatte Dönitz drei seiner besten und tapfersten Kommandanten verloren. Einige ihrer Altersgenossen wurden inzwischen aus der Schußlinie gezogen und zum Landpersonal oder zur Ausbildung junger U-Boot-Fahrer befördert oder versetzt. Trotzdem gab es keinen Mangel an Männern, die die Schlacht auf dem Ozean fortsetzten wollten. Zu nennen sind da zum Beispiel Heinrich Bleichrodt, der sich seine Sporen bereits auf dem Atlantik ver-

rechts: Die Zeichnung von Lieutenant Commander Bailey Coale zeigt die Versenkung des US-Zerstörers REUBEN JAMES.
rechts außen: Das Fernglas eines U-Boot-Kommandanten, aus der Sammlung des U-Boot-Archivs in Altenbruch.

»Der LI ist prima«, sagte der Alte, »der steuert genau Strich, wenn's darauf ankommt. Der macht das mit Gefühl. Der Neue schafft das nie. Der hat's eben nicht in den Fingerspitzen. Mit Bescheidwissen allein ist es da nicht getan. Man muß die Reaktionen des Bootes spüren und seine Maßnahmen schon treffen, ehe eine bestimmte Tendenz sich ausgewirkt hat. Erfahrungssache und Gefühl! Kann eben nicht jeder. Läßt sich kaum lernen ...«
– aus *Das Boot* von Lothar-Günther Buchheim

Als U-99 von der Landungsbrücke ablegte, kamen der Aufsichtsbeamte der Werft und sein Personal herunter, um ihnen nachzuwinken. »Es ist ein gutes Boot, Kapitän«, schrie er zu Kretschmer im Turm hinüber. »Behandeln Sie es gut, und es wird die ganze Royal Navy versenken.« »Das werde ich«, schrie Kretschmer. »Wir sehen uns, wenn wir die Werften in Portsmouth eingenommen haben.«
– aus *The Golden Horseshoe* von Terence Robertson

In der Villa von Dönitz gab es einen ständigen ein- und ausgehenden Strom von Nachrichten. Informationen liefen von überall auf dem Atlantik ein, und Befehle gingen retour. Ich war über einige Nachrichten erstaunt, für die die Boote in den Einsatzgebieten die Funkstille brachen und dem Hauptquartier Bericht erstatteten. Dönitz nahm dieses kalkulierte Risiko in Kauf und entschied sich, daß es für ihn wichtiger wäre, die Informationen zu bekommen, als für die Boote, Funkstille einzuhalten. Fast täglich arrangierte er U-Boot-Treffen auf dem Ozean, bei denen Ersatzteile ausgetauscht wurden, oder Boote auf dem Nachhauseweg gaben ihren überschüssigen Diesel oder übrige Torpedos an die auf See verbleibenden Schiffe weiter. Manchmal wurde auch ein Kranker auf das nächste Boot mit einem Arzt gebracht. Er hielt sogar Konferenzen über Funk ab, wenn er Ärger erwartete – und befahl allen Booten, »Position und Erfolge« zu melden. Bei einer solchen Funkzusammenkunft, früh im März 1941, erfuhr er, daß er drei seiner Asse verloren hatte, Prien, Schepke und Kretschmer. Wenn ein Boot verzweifelt SOS funkte, schickte Dönitz immer ein Boot aus der Nähe zu Hilfe. Seine Befehle waren kaltblütig, denn sie durften ihre eigene Sicherheit nicht aufs Spiel setzen, indem sie alliierte Überlebende aufnahmen, aber er tat alles, um seine eigenen Leute zu retten ... ein Nebeneffekt des Funkverkehrs war, daß

dient hatte, oder Günther Hessler, der einen Rekord aufstellte, indem er auf einer Feindfahrt vierzehn Schiffe versenkte. Außerdem gab es auch noch Erich Topp, der auf sechzehn Fahrten 39 Schiffe zerstörte, darunter den Zerstörer REUBEN JAMES, das erste versenkte Kriegsschiff der US Navy. Neben vielen anderen machte sich auch Wolfgang Lüth schnell einen Namen, dessen versenkte Tonnage nahe an die Kretschmers kam, oder der herausragende Scharfschütze und eigensinnige Offizier Johannes Mohr, der auf seiner zweiten Feindfahrt mit U-124 den Kreuzer HMS DUNEDIN mit einem Schuß aus großer Entfernung versenken sollte. Außerdem gingen eine Korvette und 32 Handelsschiffe auf sein Konto. Zu diesen Männern zählt auch Helmut Witte und U-159. Als ihm einmal die Torpedos und Granaten ausgegangen waren, schickte er seine Männer an Bord eines Tankers, um ihn mit Sprengstoff zu versenken. Außerdem war eine seiner Fahrten mit 135 Tagen auf dem Südatlantik die längste überhaupt. Alles in allem gab es zwölf U-Boot-Kommandanten, die jeder bestätigte 150 000 Tonnen versenkten Schiffsraumes der Alliierten für sich verbuchen konnten.

Im März 1943 widersetzte sich Korvettenkapitän Werner Henke gegen einen Aberglauben unter Seeleuten und nahm seine Braut mit an Bord von U-515, bevor er auf die Fahrt ging, die seine letzte sein sollte. Um das U-Boot zu versenken, bedurfte es der Bemühungen einer Spezialeinheit der US Navy und deren Flugzeuge. Henke und 43 seiner Besatzungsmitglieder, von denen viele verwundet waren, wurden von einem Zerstörer aufgenommen und später in Kriegsgefangenenlager gebracht. Während seiner Haft beschlich Henke zu Recht oder Unrecht das Gefühl, daß die Amerikaner in Erwägung zogen, ihn an die Briten auszuliefern.
Er nahm an, daß diese ihn verurteilen und exekutieren würden, weil er angeblich im Dezember 1942 Überlebende des Passagierschiffes CERAMIC beschossen hat. Am frühen Abend des 15. Juni 1944 sprang er nach Ende des Ausgangs auf dem Exerzierplatz über den Sicherheitsdraht und rannte weiter zum äußeren Stacheldrahtzaun. Als er an ihm hochkletterte, schaute er dem Wachposten auf dem Turm in die Augen und wurde von ihm erschossen.

Im September 1944 wurde Kapitän zur See Lüth die Leitung der Marineschule in Flensburg übertragen. Dorthin verlegte Karl Dönitz in den letzten Tagen des Krieges die Reste der deutschen Regierung. Verzweiflung und Desillusionierung lagen in der Luft, und alle waren angespannt. Es war kurz nach Mitternacht des 13. Mai 1945, als ein nervöser, junger Wachsoldat auf dem Schulgelände Schritte hörte. Er rief: »Wer da?« und sah eine dunkle Gestalt, die sich mit gesenktem Kopf näherte. Er rief noch einmal und gab einen Warnschuß ab. Die Kugel traf den Eindringling jedoch in die Stirn, und er fiel hin. Die Wache hatte den eigenen Kommandeur, Wolfgang Lüth, erschossen.

sich seine Besatzungen dem Hauptquartier nahe fühlten. Sie wußten alle, daß ein ausgesendetes SOS an Dönitz ihnen sofort Hilfe bringen würde. Das ist essentiell für eine Organisation wie eine U-Boot-Flotte, in denen Moral oft wichtiger war als alle Technik.
– aus *Twenty Million Tons Under The Sea*
von Konteradmiral Daniel V. Gallery, USN

Ich war mehr als erstaunt, den gesamten Lebensmittelvorrat für acht Wochen zwischen Rohrleitungen und Ventilen, Spanten und Luftschächten und hinter den Maschinen verschwinden zu sehen. Riesenhafte geräucherte Schinken wurden in der Zentrale aufgehängt. Spezielle Konserven, wie Schlagsahne, Süßrahmbutter, Bohnenkaffee und Tee, wurden vom Kommandanten unter Verschluß genommen, der sich die spätere Verteilung vorbehielt. Die Treibstoffübernahme wurde am 10. Mai durchgeführt. Am 12. Mai erhielten wir einige Wagenladungen frisches Gemüse, Eier, Brot und Trinkwasser. Wir zwängten die Laibe in die letzten unbenutzten Spalten, füllten dann noch drei Schlafsäcke mit dem, was übrigblieb, und ließen sie frei im Bug- und Heckraum hin- und herschwingen.
– aus *Die eisernen Särge*
von Herbert A. Werner

vorherige Seite: Einer der erfolgreichsten U-Boot-Kommandanten, »Teddy« Suhren.

Nichts ist schwerer und daher wertvoller, als Entscheidungen treffen zu können.
– Napoleon I.

Es gibt keinen besseren Beweis für das vorherrschende Gefühl der Sicherheit vor U-Booten in Scapa Flow als die Tatsache, daß, nachdem ein Tropedo aus der ersten Salve die ROYAL OAK getroffen hatte, sich keiner der wachsamen und erfahrenen Offiziere sich vorstellen konnte, daß das ein Torpedo gewesen sei. Die Gefahr aus der Luft war das erste, was sie befürchteten, und ein großer Teil der Besatzung ging während des Beschusses auf Flugabwehrstation. Das wurde ihnen zum Verhängnis, während der Kapitän und der Admiral die alternative Möglichkeit einer inneren Explosion in Erwägung zogen. Zu diesem Zeitpunkt wurde die zweite Torpedosalve abgefeuert. So kam der Verlust zustande, und wir mußten den Tod von 800 edlen Offizieren und Mannschaften beklagen. Das Schiff war, obwohl es sehr alt war, zweifellos von militärischem Wert.
– aus *The Loss Of The HMS ROYAL OAK*, Rede von Winston S. Churchill am 8. November 1939

IM NAMEN
DES DEUTSCHEN VOLKES
VERLEIHE ICH
DEM KAPITÄNLEUTNANT
GÜNTHER PRIEN
DAS EICHENLAUB
ZUM RITTERKREUZ
DES EISERNEN KREUZES

FÜHRERHAUPTQUARTIER
DEN 20. OKTOBER 1940

DER FÜHRER
UND OBERSTE BEFEHLSHABER
DER WEHRMACHT

Wenn ein U-Boot-Skipper unter gleichen Bedingungen immer erfolgreicher war als andere, dann nahm der Stab seine Methoden unter die Lupe, um zu sehen, wie er sich von den anderen unterschied. Normalerweise stellte sich heraus, daß der wichtigste Faktor für den Erfolg in der Persönlichkeit des Skippers lag. Der Stab konnte daraus keinen Nutzen ziehen.
– aus *Twenty Million Tons Under The Sea* von Rear Admiral Daniel V. Gallery, USN

Die Gentlemen standen zeitig zum Schießen auf, / Oder jagen: die Heranwachsenden, weil sie den Sport mochten / Das erste, was Jungen nach dem Spielen und Früchten mögen; / Die mittleren Alters, weil sie ihren Tag verkürzen wollen; / denn Langeweile ist eine Pflanze mit englischen Wurzeln, / Wenn sie in unserer Sprache auch keinen Namen hat – entgegnen wir / Taten sollen Worte folgen und die Franzosen können dann übersetzen / Das furchtbare Gähnen, dem durch Schlaf nicht abgeholfen wird.
– aus *Don Juan, Canto XIII* von George Gordon Lord Byron

links außen: Die Orden von Günther Prien einschließlich seines U-Bootabzeichens, das Ritterkreuz zum Eisernen Kreuz, das Eichenlaub zum Ritterkreuz, das Eiserne Kreuz Erster und Zweiter Klasse und der Orden für vierjährige Dienstzeit.
links: Die Urkunde zur Verleihung des Eichenlaubes zum Ritterkreuz.

unten: Captain D. F. G. Macintyre, der das größte U-Boot-As Otto Kretschmer gefangengenommen hat.

Ein ehrenvolleres Ende fand Kapitänleutnant Engelbert Endrass. Er wurde am 21. Dezember 1941 in der Nähe der Azoren getötet. Der Frachter, den er auf Sehrohrtiefe fahrend beobachtete, wendete plötzlich und rammte U-567. Johannes Mohr starb im April 1943, als die Eskorte des Geleitzuges OS45 U-124 versenkte. Einige der anderen Asse, wie zum Beispiel Günther Hessler, Helmut Witte und Erich Topp, überlebten und blieben nach dem Krieg in Deutschland. Herbert Werner wurde 1957 amerikanischer Staatsbürger. Otto Kretschmer wurde 1947 aus der Kriegsgefangenschaft entlassen und kehrte später wieder zur deutschen Marine zurück. Er wurde als Flottillenadmiral Befehlshaber der NATO-Ostsee-Streitkräfte. Bei einem späteren, freundlichen Zusammentreffen in England schüttelte Captain Donald Macintyre seinem ehemaligen Gefangenen die Hand und gab ihm sein Zeiss-Fernglas zurück, das er sich 1941 »geliehen« hatte.

Jeder dieser Männer, die zu Beginn des Krieges Ende zwanzig oder Anfang dreißig waren, erfüllten ihre todbringenden Aufgaben äußerst effizient. Als Lüth 1943 in Weimar eine Rede über die Führung einer Besatzung auf See hielt, sagte er, daß der wichtigste Faktor zur Aufrechterhaltung der Moral an Bord der Erfolg des Kommandanten sei. Wenn eine Besatzung die Wahl hat, wird sie sich nicht für einen Kommandanten entscheiden, der zwar rücksichtsvoll ist, aber keine Schiffe versenkt, sondern sie wird immer einen erfolgreichen Kommandanten vorziehen, selbst wenn dieser ein hundsgemeiner Kerl ist.

... er wollte beweisen, daß er bei Nacht aufgetaucht angreifen und sein persönliches Prinzip »ein Schuß – ein Treffer« ausführen konnte. Torpdedofächer waren seiner Meinung nach reine Verschwendung von Ausrüstung und Aufwand und erlaubten dem U-Boot-Kommandanten aus einer vergleichsweise sicheren Position heraus anzugreifen, in der Hoffnung, auch wirklich zu treffen, statt sorgsam einkalkulierte Risiken auf sich zu nehmen, um mit jedem präzise gefeuerten Torpedo zu treffen. Er war der erste Kommandant, der nur bei Nacht und aufgetaucht Konvois angriff. Dieser Angriff sollte zum Vorbild für weitere Angriffe werden. In diesem Stadium des Krieges folgte kein anderer Kommandant Kretschmers Vorgehensweise, weil es ihnen zu gefährlich schien. Aber genau diese Methode hob ihn, bezüglich seiner Versenkungen, erheblich von seinen Kollegen ab.
– aus *The Golden Horseshoe* von Terence Robertson

links: Korvettenkapitän Otto Kretschmer auf dem Wintergarten seines U-99 im Juni 1940.

DER BUNKER

Es war der 4. April 1944, als mein Zug in Brest ankam. Der Morgen war klar wie ein Kristall, sonnig und warm. Ein alter Omnibus holperte mit mir durch die Straßen der Stadt, fuhr vorsichtig über die Drehbrücke über den Kanal, stotterte bergauf und dann westwärts auf der Anfahrtsstraße zur 1. U-Boot-Flottille. Hoch über der Bucht schaukelten eine Anzahl Fesselballons in der frischen Morgenbrise. Sie waren ein Teil einer neuen Abwehrmaßnahme, um den Bunker gegen Tiefangriffe aus der Luft zu schützen.
– aus *Die eisernen Särge* von Herbert A. Werner

rechts: Die U-Boot-Bunker in La Pallice 1996

EINER DER VIELEN militärischen Vorteile, die Deutschland im Juni 1940 durch die Kapitulation der Niederlande und den Sieg über Frankreich errang, war die Übernahme von militärischen Stützpunkten in Westeuropa. Dönitz konnte über die Häfen an der französischen Atlantikküste, von Brest im Norden bis Bordeaux im Süden, verfügen. Dadurch verkürzte sich der Weg zu den Schlachtfeldern im Atlantik für die U-Boote um mehrere hundert Seemeilen. Sie konnten bis zu zehn Tage länger auf ihren Posten verbleiben, als wenn sie von deutschen Häfen ausgelaufen wären. Außerdem zwangen sie die Handelsschiffe, die aus dem Osten nach England kamen, die Häfen der Südküste in Portsmouth, Plymouth und Southampton zu meiden und statt dessen die lange nordwestliche Route durch den Bristol- und St.-George-Channel nach Liverpool und Glasgow zu wählen.

Dönitz war sich darüber im klaren, daß die Liegeplätze für seine U-Boote vor der RAF geschützt werden mußten. Er konnte Hitler von dieser Notwendigkeit überzeugen. Er wurde an Dr. Fritz Todt weitergeleitet, der diese Aufgabe sofort in Angriff nahm. Die Organisation Todt (OT) setzte sich aus deutschen Ingenieuren und Bauexperten zusammen. Mit Hilfe von zwangsverpflichteten und freiwilligen französischen Ingenieuren und Arbeitern begann der Bau in einem kleinen Fischerhafen in der Nähe von Lorient, der anfangs nur als eine U-Boot-Station zum Nachladen der Waffen, Auftanken und für Versorgung mit Lebensmitteln gedacht war. Die Flottillenstützpunkte und ihre Verwaltungen blieben jedoch in Deutschland. Als die Organisation Todt ihr Werk vollendet hatte, war Lorient voll funktionstüchtig mit 19 Bunkern, die durch Kanäle mit dem Meer verbunden waren. Sie waren massiv geschützt und mit allen nötigen Einrichtungen wie Tankstellen, Trockendocks, Werkstätten und Unterkünften versehen. Zur Verteidigung des Stützpunktes gab es Flakbatterien. Für die U-Boot-Waffe war Lorient ein wichtiger Stützpunkt mit einem erstklassigen Hafen. Hier war die Basis der 2. und 10. U-Flottille, die sich aus je 25 U-Booten zusammensetzte. Die meisten von ihnen gehörten zu den IX-C-Typen mit großer Reichweite. Während der OT-Bautrupp sich stetig an der Küste entlangarbeitete und einen Bunker nach dem anderen errichtete, folgten ihnen sofort nach deren Fertigstellung Flottillen aus

Das (US) VIII. Bomber-Kommando flog die erste Mission gegen die U-Boot-Stützpunkte am 21. Oktober (1942). Neunzig Bomber wurden entsandt, um die feindlichen Stützpunkte in Lorient-Keroman anzugreifen. Das Angriffsziel war ein kleiner Fischerhafen, der rund 2,5 Kilometer südwestlich von Lorient auf der Brest-Halbinsel lag, die die Deutschen zu einem Hauptstützpunkt für U-Boote ausgebaut hatten. Wichtigstes Ziel waren die

rechts außen: Die Brest-Halbinsel im Jahr 1944,
rechts: U-Boote in einem Biscaya-Bunker,
unten: Die Brestbunker im Jahr 1945

Typ VII-C-Booten, die eine Stärke von 25 Booten hatten. Die 3. Flottille ließ sich in La Pallice nieder, und später wurden die 1. und 9. Flottille in Brest und die 6. und 7. in Saint-Nazaire stationiert. Bordeaux wurde zum Heimathafen für die 12. Flottille, dazu kam eine Ansammlung von Minenlegern, Tankschiffen und eine U-Boot-Flottille der italienischen Marine mit 23 Einheiten.

Überall überragten die massiven Betonbauten alle anderen Gebäude der Häfen. Vom Flugzeug aus konnte selten ein U-Boot gesehen werden, sondern nur die flachen, getarnten Dächer der Bunker, in denen sie versteckt waren, während sie versorgt und repariert wurden.

Eigentlich hätten die RAF-Bomber die Bunker schon in der Bauphase angreifen müssen, aber in diesem entscheidenden Moment und trotz Churchills Appell im britischen Unterhaus, daß »Frankreich von einem starken Bündnispartner zu einem Feind geworden war«, waren die Oberkommandierenden vom Außenministerium überzeugt worden, daß die Bomber nicht die Bevölkerung und das Land des besiegten Frankreichs überfallen könnten. Auch wenn viele Franzosen die feige Haltung der Regierung in Vichy befürworteten, waren die meisten Bürger anderer Meinung. Aber es wurden keine Angriffsversuche unternommen – bis es zu spät war.

Endlich kam es, wie es kommen mußte, und London räumte alle Bedenken beiseite. In den Jahren 1942 und 1943 griffen die Briten die Stützpunkte in der Bretagne, Brest, Lorient und Saint-Nazaire an. Das Ergebnis war enttäuschend. Die schweren RAF-Bomber flogen wegen ihrer dürftigen Bewaffnung Nachtangriffe und waren wegen untauglicher Bombenzielgeräte zu Flächenbombardements gezwungen. Sie legten viele Grundstücke in Lorient und Saint-Nazaire in Schutt und Asche, aber trafen dabei selten einen Bunker, und wenn sie es taten, dann war dessen Oberfläche kaum angekratzt. Die »Fliegenden Festungen« und »Liberators« der 8. US-Armee, die in England stationiert war, bombardierten die Bunker etwas genauer. Aber ihre 2000 Pfund schweren Bomben prallten bloß von den Betondächern und -wänden ab. Die Bomben, die der RAF und der USAAF zur Verfügung standen, waren nicht darauf ausgelegt, den viereinhalb bis sechs Meter dicken Betonpanzer zu durchdringen, aus dem die Bunker gebaut worden waren.

U-Boot-Bunker: Zwölf fertige und sieben im Bau befindliche Liegeplätze. Es war typisch, daß diese Bunker ins Land gebaut und dann durch Kanäle mit dem Meer verbunden wurden. Man versah sie mit schweren Stahlbetondecken. Gleich neben den Bunkern standen leichter gebaute und kleinere Gebäude, von denen man annahm, daß in ihnen Werkstätten, Transformatoren, Ölvorräte, Büros und andere Einrichtungen untergebracht werden sollten, die direkt mit den U-Booten verbunden waren. Im ganzen Jahr 1942 war weder Lorient von der RAF angegriffen worden, noch hatten die Briten jemals die Umgebung der U-Boot-Bunker bombardiert. Im Jahr 1941 hatten sie 33mal angegriffen und ließen dabei 396,1 Tonnen Bomben fallen, aber hauptsächlich auf die Stadt selbst. Obwohl dem Stützpunkt selbst wenig Schaden zugefügt wurde, hinterließ die Bombardierung (durch die Amerikaner) einen großen Eindruck bei Franzosen und Deutschen. Den Franzosen gefielen die Angriffe der US-Streitkräfte besser als die der Briten. Sie schienen im großen und ganzen mit den Angriffen zufrieden zu sein, standen in den Straßen und schauten lächelnd und applaudierend zu, mit welcher Genauigkeit die Amerikaner ihre Bomben auf die deutschen Einrichtungen abwarfen. Sie fanden es sehr schlimm, daß auch Franzosen dabei getötet wurden, aber die Opfer

vorige Seite: Ein U-Boot im Dock von Adolf Bock.
unten: U-588 läuft im März 1942 in den Bunker von Saint-Nazaire ein.
rechts: Ein von einem Einsatz zurückkehrendes Boot zog gewöhnlich Zuschauer an.
rechts unten: U-106 und U-124 im Trockendock in Brest.

Brest, Lorient und Bordeaux waren Naturhäfen. Im Gegensatz dazu brauchten Saint-Nazaire und La Pallice Schleusentore, um den Wasserstand konstant zu halten. Aber selbst die wurden erst im Sommer 1943 von der 8. Air Force jeweils nur einmal bombardiert. Bordeaux wurde nie ernsthaft angegriffen. Erst 1944 war die RAF soweit, aus drei Bomben von je 4000 Pfund eine einzige sogenannte »Tallboy«-Bombe zu konstruieren, die den Stahlbetonpanzer der Bunker erstmalig beschädigen konnte.

Über seine Angriffe im Frühjahr 1943 schrieb Marschall Harris: »Das Beste, was wir uns erhoffen konnten, war eine generelle Zerstörung um die Bunker herum und in der Stadt anzurichten ... Wir konnten allenfalls den U-Boot-Besatzungen an Land eine unruhige Nacht bereiten, wenn sie dumm genug waren, sich in diesem Gebiet aufzuhalten – natürlich taten sie uns diesen Gefallen nicht. Das Marineministerium hat vielleicht angenommen, daß das einen lohnenden Einfluß auf die Schlacht im

hatten ihr Schicksal selbst herausgefordert, indem sie sich dort anstellen ließen und viel verdienten. Für sie wie für die Deutschen kam der Angriff völlig überraschend. Der Alarm war nicht ausgelöst worden, und die Bomben fielen, bevor die Flakgeschütze feuern konnten.
– aus *The Army Air Forces in World War II* von Wesley F. Craven und James L. Gate

Wenn man auf die erste Phase der Bemühungen gegen die U-Boot-Stützpunkte zurückblickt, waren die mit der Ausführung der Bombardements beschäftigten Befehlshaber nicht in der Lage, den Erfolg ihres Handelns zu bemessen. Es war zwar leicht genug, bestimmte Daten aus Bodenbeobachtungen und Luftaufklärung zusammenzutragen und einzuschätzen, aber es war viel schwerer zu ermitteln, ob man durch die Bombenangriffe einige Einsatzmonate der U-Boote verhindert hatte oder ob sogar die Zahl der im Atlantik operierenden Boote reduziert war. Jedenfalls wurden nach der Einstellung der Feindseligkeiten die Informationen häufiger, die ergaben, daß die U-Boot-Aktivitäten im Atlantik in der besagten Zeit stetig zunahmen.
– aus *The Army Air Forces in World War II* von Wesley F. Craven und James L. Gate

rechts und unten: Die US 8. Army Airforce und ihre britischen Verbündeten flogen von ihren Stützpunkten in England aus viele Angriffe auf die U-Boot-Bunker der französischen Häfen. Von den Flugplätzen in Ostengland hatten es die Bomber nicht weit zum Ziel.

Atlantik ausüben könnte ... Bevor wir damit begannen, protestierte ich wiederholt gegen diesen nutzlosen Mißbrauch der Luftstreitkräfte ... Die einzige Wirkung (dieser Angriffe) war, daß sich die Eröffnung der Schlacht an der Ruhr und der Bombenkrieg gegen Deutschland um zwei Monate verschoben.«

Die Stützpunkte in der Biscaya wurden von den Kampfflugzeugen der Luftwaffe und 88-mm-Flakgeschützen gut verteidigt. Im Verlauf der Angriffe wurden mehr als einhundert Flugzeuge abgeschossen, mehr als die Hälfte davon waren USAAF-Bomber. Genau wie Marschall Harris, hegte auch General Spaatz seine Zweifel gegen diese Einsätze. Im Oktober 1942 schrieb er an seinen Vorgesetzten, General Arnold, in Washington: »Es ist nicht sicher, ob sich diese Operationen im Vergleich zu den erzielten Resultaten als zu kostspielig erweisen. Die U-Boot-Bunker aus Beton sind harte Nüsse, die vielleicht nicht zu knacken sind.« Er akzeptierte aber, daß »die Bombardierung der Einrichtungen auf den Geländen die effektive Nutzung der Stützpunkte ernsthaft behindern könnte«. Daher schickte er zwischen Oktober 1942 und April 1943 die Bomber der 8. Air Force auf elf Missionen zu den Stützpunkten in der Bretagne, als er und auch Marschall Harris entsprechende Anweisungen erhielten.

Eine Französin, die zu dieser Zeit fünf Jahre alt war, wird sich immer lebhaft an den Abschuß eines bestimmten Bombers erinnern. »Unser Haus in Brest wurde zerstört«, sagte sie, »aber ein paar Tage zuvor waren wir in ein abgelegenes Dorf geflüchtet. Mir wurde erzählt, daß die Bürger von Brest in den Luftschutzkellern für die RAF-Piloten beteten, während deren Bomben fielen. Am 13. August 1943 stürzte ein Flugzeug auf ein Feld in der Nähe des Dorfes. Bei der Beerdigung der Besatzung verboten deutsche Soldaten den Einwohnern das Betreten der Kirche. Die Stille der scheinbar riesigen Menschenmenge beeindruckte mich sehr. Als die Prozession herauskam, bewegte sich die Menge vorwärts, wurde aber am Friedhofstor aufgehalten. Ich durchbrach die Reihe der Soldaten und folgte dem Zug. Ein deutscher Offizier schaute auf mich herab, sagte aber nichts. Immer, wenn wir an dem Friedhof vorbeikamen, beteten wir für die britischen Piloten, und als der Frühling kam, brachten wir Primeln an ihr Grab.«

In der Zwischenzeit waren mehr als 600 Franzosen von den Bombern getötet worden. Ihr Tod wurde in London und Washington bedauert. Patriotische Franzosen, die meist Mitglieder der Résistance und des Maquis waren, vergossen nur wenige Tränen für die verstorbenen Landsleute, die willig für die Deutschen in den Häfen gearbeitet hatten.

Mitte 1943 lagen die Straßen von Saint-Nazaire und Lorient voller Trümmer. Sowohl der Handel als auch der Verkehr waren zum Erliegen gekommen. Die Wohnhäuser waren ausgebombt. Die Hochseefischerboote waren an Land gezogen und vertäut, weil die Fischer weder Treibstoff noch den Mut hatten, sich auf die verminte See hinauszuwagen. Alle Schulen waren geschlossen und die Kinder ins Innere des Landes verschickt worden. Wie sie, waren auch die U-Boot-Besatzungen (wie von Arthur Harris vermutet)

ABGEWORFENE BOMBEN PER ART DES ZIELES / DEUTSCHLAND/ 17. 8. 1942–8. 5. 1945

U-BOOT UND SCHNELLBOOT-STÜTZPUNKTE UND INDUSTRIEN

Sprengbomben =	13 856 Tonnen
Brandbomben =	2 874,9 Tonnen
Splitterbomben =	164 Tonnen
Total =	16 895 Tonnen

DOCK- UND HAFENGEBIETE UND EINRICHTUNGEN

Sprengbomben =	14 582 Tonnen
Brandbomben =	4 801 Tonnen
Splitterbomben =	46 Tonnen
Total =	19 429 Tonnen

ABGEWORFENE BOMBEN PER ART DES ZIELES / FRANKREICH 17. 8. 1942–8. 5. 1945

U-BOOT UND SCHNELLBOOT-STÜTZPUNKTE UND INDUSTRIEN

Sprengbomben =	2 179 Tonnen
Brandbomben =	0
Splitterbomben =	0
Total	2 179 Tonnen

DOCK- UND HAFENGEBIETE UND EINRICHTUNGEN

Sprengbomben =	1 475 Tonnen
Brandbomben =	4 Tonnen
Splitterbomben =	28 Tonnen
Total =	1 507 Tonnen

ABGEWORFENE BOMBEN PER ART DES ZIELES / NORWEGEN 17. 8. 1942–8. 5. 1945

U-BOOT-STÜTZPUNKTE UND INDUSTRIEN

Sprengbomben =	81 Tonnen
Brandbomben =	0 Tonnen
Splitterbomben =	0 Tonnen
Total =	81 Tonnen

– aus *statistische Zusammenfassung der Einsätze der 8. Air Force, Europäisches Theater vom 17. 8. 1942 bis 8. Mai 1945*

U.S.

AUDIO

U.S. ARMY AIR FORCES
GASOLINE

vorige Seite: General James Doolittle, der ab dem 6. 1. 1944 die 8. USAAF in Großbritannien kommandierte.
restliche Bilder: Typische Tätigkeiten auf den amerikanischen Bomberstützpunkten des Zweiten Weltkrieges in England, von dem bekannten Modefotografen der Vogue, Toni Frissel, fotografiert.

im Uhrzeigersinn von oben rechts: Die Bunker in Bordeaux und La Pallice bei La Rochelle, die massive Drehscheibe und die Dombunker des Keroman-Vorlandstützpunktes bei Lorient, die Slipanlage mit Zugvorrichtung, um die U-Boote in dem Lorient-Keroman-Komplex an Land zu ziehen, ein modernes U-Boot der französischen Marine in einem Becken der Lorientbunker bei Reparaturarbeiten 1996, der Bau einer modernen Skulptur in den Werkstätten des Bassin 2, Bordeaux, ein Hintereingang der Bordeaux-U-Boot-Bunker und einige der U-Träger, die auf den Dachaufbauten als Bombenfalle dienten, ein offenes Trockendock am Ende des Penhoët-Beckens im U-Boot-Stützpunkt von Saint-Nazaire.

Es dauerte bis Ende 1943, bis die Gutachten über die strategischen Bombenergebnisse der USAAF dazu tendierten, Zweifel zu verstärken. Bis dahin wurde der Wert der Bombardierung von U-Boot-Basen nur zögerlich kritisiert. Zu dieser Zeit hatten die U-Boote ihre erste Niederlage in den Versorgungsschlachten erlitten, und es zeigte sich, daß die Luftangriffe auf U-Boote auf See die effektivste Maßnahme bei der Reduzierung der deutschen U-Boot-Flotte war. Die Bombardierung von Stützpunkten hatte wenig dazu beigetragen. Großadmiral Dönitz war in seiner Position als Ex-Oberbefehlshaber der U-Boote in einer einmaligen Position zu wissen, wovon er sprach. Nach seiner Gefangennahme im Jahr 1945 bestätigte er diese Meinung in einem Verhör durch alliierte Geheimdienstoffiziere. Die Bunker waren nicht nur gegen alle, außer die allerschwersten, Bomben immun, sondern sie beherbergten auch praktisch alle notwendigen Reparatur- und Wartungsanlagen. Die Bombardierung der umliegenden Gebäude bewirkte keine Verlangsamung der Arbeiten. Was den Neueinsatz zurückgekehrter U-Boote am meisten verlangsamte, behauptete er, war die Notwendigkeit, die Schäden, die den Druckhüllen auf See durch Luftbomben und Wasserbomben zugefügt wurden, zu reparieren.
– aus *The Army Air Forces In World War II*
von James L. Cate

Trotz der strengen Überwachungen der französischen Werftarbeiter durch die Gestapo schleusten sich Geheimagenten in die Werften, wo die U-Boote für ihren nächsten Einsatz vorbereitet wurden. Diese scheinbaren Kollaborateure arbeiteten angeblich für die Deutschen, schütteten aber kleine Zuckertüten in die Tanks für die Schmieröle. Der Zucker löste sich im Öl auf, und diese U-Boote mußten später mit Maschinenschäden nach Lorient zurückkriechen. Die Agenten brachten oberflächlich gutaussehende Schweißnähte an Stellen an, die Druck ausgesetzt waren, aber nachgaben, wenn das Boot tief tauchte. Einige Skipper, die ihre Boote bei Übungstauchgängen nicht auf maximale Tiefe brachten, liegen nun mit ihren Besatzungen auf dem Meeresgrund, weil die Schweißnähte bei einem Angriff nachgaben. Arbeiter bohrten kleine Löcher in die Oberseiten der Treibstofftanks und verstopften diese Löcher mit einem Material, das sich in Salzwasser löste. Nach ein paar Tagen auf See lösten sich diese Stöpsel auf, und das U-Boot hinterließ eine große Dieselspur, wenn es abgetaucht war. In einem Stützpunkt wie Lorient war es unmöglich, Geheimnisse auch geheimzuhalten. Alles in der Stadt drehte sich um Einsätze der U-Boot-Flotte, und jeder in der Stadt kam auf die eine oder andere Weise mit den U-Booten in Kontakt. Die Werftarbeiter standen natürlich direkt im Mittelpunkt.

für die Dauer ihrer Erholungszeiten aus der Stadt gebracht worden.

Als die »glückliche Zeit« vorüber war, die Flugzeuge der Alliierten den Himmel über Europa überschwemmten und den Zugang zur französischen Atlantikküste beherrschten, war die Passage der U-Boote von und zu ihren Stützpunkten voller Gefahren. Sie waren ständig zum Tauchen gezwungen, wenn sie Angriffen ausweichen wollten, und sie wurden von Trawlern und Begleitbooten durch die Minenfelder gelotst, die regelmäßig nachgelegt wurden. Wenn sie die Häfen anliefen, waren ihre Decks unter Wasser und die Tauchzellen waren geflutet, damit sie im Falle eines Alarms jederzeit sofort Tauchen konnten. In flachem Wasser stoppten sie die Maschinen und versteckten sich zwischen Sardinenfischerbooten, bis die RAF abgezogen war. Erst wenn sie die schützenden Bunker erreicht hatten, waren sie sicher. Dort bot sich ihnen immer noch das beruhigendere Bild deutschen Fleißes und deutscher Stärke. Eine ansehnliche Reihe von U-Booten lag wie in einem stillen Mühlenteich und bot einen eigenartigen Kontrast zu den zerborstenen Häusern der Hafenstadt. Andere Boote lagen im Trockendock, während einheimische Hafenarbeiter an den Rümpfen arbeiteten. Wenn die Besatzungen von Bord gingen, hörten sie die Geräusche des organisierten Treibens, rochen den vertrauten Geruch von Meersalz, Öl und Farbe. Die Wände, von denen Kondenswasser herabtropfte, ragten um sie herum empor und reflektierten kalt das Licht der Schweißbrenner. Sie fuhren an Kränen, Ladebäumen und Behältern für die Batteriesäure vorbei. Geschäftige Arbeitsgruppen und Männer in Uniform salutierten ihren Kommandanten. Sie hätten genausogut in Hamburg, Kiel oder Wilhelmshaven sein können.

Aber das hier war nach wie vor das besetzte Frankreich, das anscheinend schläfrig und zufrieden, aber immer noch potentiell feindlich und subversiv war. Der größte Teil der Reparaturen in den Häfen wurde von französischen Technikern ausgeführt. Immer wenn auf See an Bord unerklärliche Defekte auftraten, wurde Sabotage vermutet. Ein solcher Verdacht konnte nie nachgewiesen werden.

Händler belieferten die U-Boote mit Lebensmitteln, und selbst ein Narr konnte an seinen Bestellisten ablesen, wann ein Boot auslief. Eine Kapelle begrüßte die Boote, die erfolgreich von einer Fahrt zurückkamen, und die Boote fuhren den Fluß entlang und zeigten stolz die Erfolgswinpel mit den aufgedruckten Namen ihrer Opfer, so daß jeder sie sehen konnte. Kneipiers, Bedienungen und leichte Mädchen nahmen jeden Abend an den stetigen Runden der Ankunfts- und Abschiedsgelage teil. Jeder, der seine Ohren offenhielt, konnte nach den ersten fünf, sechs Runden viele geheime, offizielle Informationen aufschnappen.
– aus *Twenty Million Tons Under The Sea*
von Konteradmiral Daniel V. Gallery, USN

links: Obwohl sie hervorragend konstruiert waren, waren die von der Organisation Todt gebauten Bunker nicht total bombensicher, wie große Löcher in den Decken dieses Bunkers in Brest bewiesen. Die Decken von drei Bunkern wurden durch Bomben der Royal Air Force eingedrückt. links außen: US-Armeepersonal trifft sich mit französischen Arbeitern vor den kürzlich eingenommenen südwestlichen Geschützstellungen im Hafen von Brest.

DIE JAGD

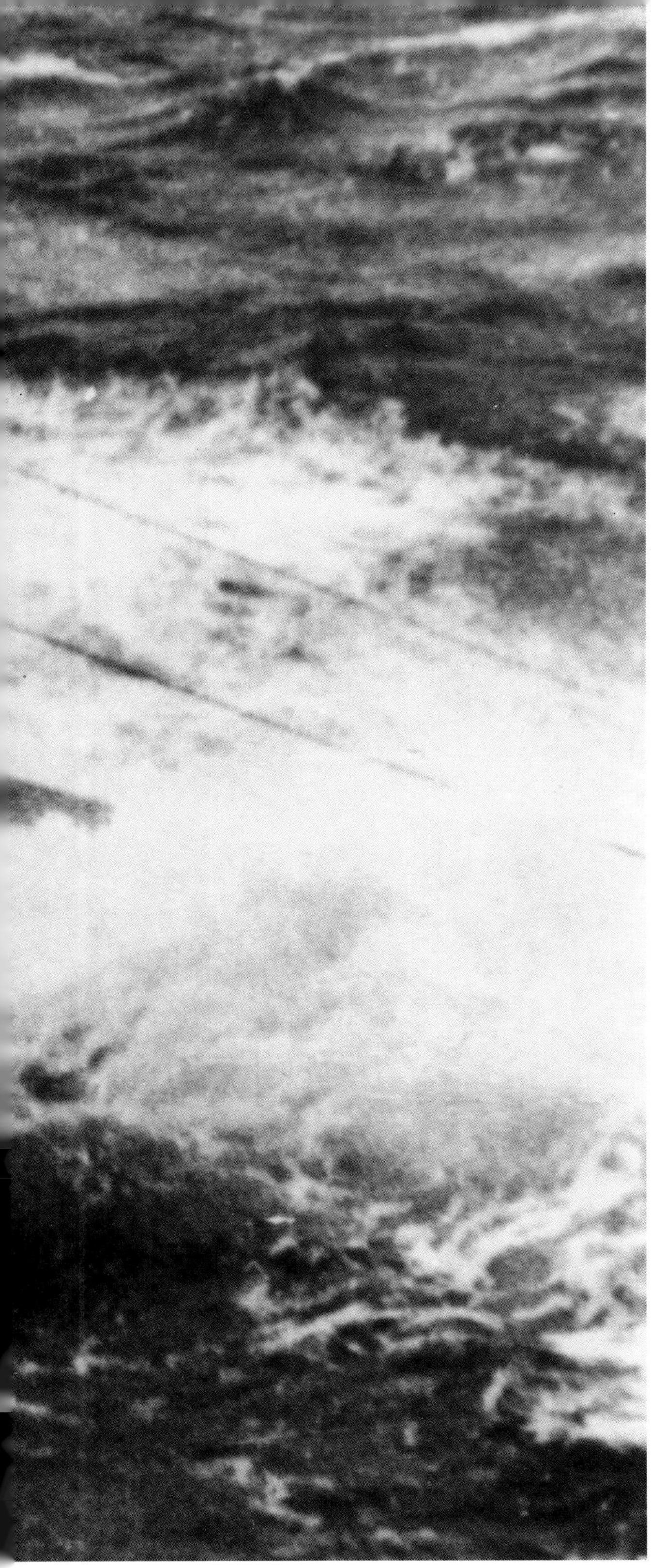

JEDER SEEMANN, der auf den Ozeanen fährt, weiß, daß das Winterwetter auf dem Nordatlantik sehr rauh sein kann. Der Januar 1943 war einer der kältesten Monate seit Beginn der Aufzeichnungen. In diesen Wochen zog eine Serie von Tiefdruckgebieten von der amerikanischen Ostküste zu den Britischen Inseln. Sie brachten heftige Regen- oder Schneeschauer und tobende Stürme, die Wellen von gigantischer Höhe auftürmten. Zwischen den Tiefdruckgebieten beruhigten Hochdruckgürtel die See, brachten aber auch Nebel. Er nahm jegliche Sicht, sorgte für totale Stille und war nervenraubend. In der großen Ozeanschlacht wirkte sich das Wetter für alle Seiten neutral aus: Es war genauso feindlich zu den deutschen U-Booten wie gegen die Handelsschiffe und Geleitschützer der Alliierten.

Niemand, der den Atlantik in dieser Zeit überquert hat, wird diese Fahrt je vergessen. Dazu zählt gewiß auch die Besatzung eines Typ VII-C-Bootes mit Stützpunkt in Saint-Nazaire. Es war eines von sechs »Wölfen«, die nach einem Geleitzug suchten, der ihnen auf der Route von Halifax nach Liverpool gemeldet war. Laut BdU fuhren mehr als dreißig Frachter, Tanker und Kriegsschiffe in ostnordöstlicher Richtung. Sie sollten sich in einem Planquadrat befinden, das westlich vom 32. Längengrad und südlich vom 55. Breitengrad begrenzt wurde. Der Befehl an die U-Boote lautete, die Position des Geleitzuges sofort nach Sichtung nach Lorient zu melden. Dann sollte das Boot so lange Fühlungshalter sein, bis der Rest des Rudels den Hinterhalt vor dem Geleitzug aufgebaut hatte.

Der Kommandant und die Besatzung des Saint-Nazaire-Bootes hatten keine Ahnung und mußten auch nicht wissen, wie der BdU zu seinen Informationen über den Geleitzug gekommen war. Er konnte sie von einem deutschen Agenten in einem neutralem Hafen bekommen haben, von durch den B-Dienst abgehörte Funkgespräche der Alliierten oder, noch unwahrscheinlicher, durch Luftaufklärung. Auch wenn sie wußten, daß es einen Geleitzug gab, er mußte immer noch gefunden werden.

Das an der Oberfläche fahrende U-Boot war die meiste Zeit des Tages von den Wellen der schweren See hin und her geworfen worden. Tausendmal war der Bug tief eingetaucht. Die Propeller ragten dabei jedesmal aus dem Wasser und drehten sich leer in

Das Boot wälzte sich in der schweren See mühsam voran. Es schaukelte, schwankte, stampfte, rollte und holte über in einem ewigen Rhythmus. Die Feuchtigkeit im Boot war nahezu unerträglich. Sie schlug sich auf dem kalten Stahl des Druckkörpers nieder und rann in Strömen in die Bilgen. Ein Brecher nach dem anderen fand seinen Weg durchs Turmluk in die Zentrale. Nahrungsmittel verfaulten und mußten über Bord geworfen werden. Das Brot weichte auf und wurde schimmelig. Was immer wir berührten war naß und schleimig. Seit Tagen hatten wir keinen genauen Standort. Wir sahen weder die Sterne noch die Sonne oder den Mond. Nur das tägliche Prüfungstauchen brachte kurze Erleichterung. Dort drunten in der Ruhe der Tiefe beendeten wir unsere Arbeiten, die wir über Wasser nicht durchführen konnten, und hatten eine Mahlzeit, ohne sie auf Flurplatten oder in den Bilgen zu verlieren. Für eine oder zwei Stunden erholten wir uns von dem Toben der Elemente, warteten aber bereits mit einem unangenehmen Gefühl in der Magengrube auf den nächsten Angriff von Wasser und Sturm.
– aus *Die eisernen Särge* von Herbert A. Werner

links: Das aufgetauchte U-123 bei einer Fahrt durch schwere See im Mai 1940.

... der Kommandant setzt sich selbst ans Sehrohr: einem kunstvoll gebauten mechanischen Gerät, das durch links und rechts montierte Pedale gedreht wird. Die rechte Hand steuert einen gewinkelten Spiegel, der eine Sicht von 70 Grad über und 15 Grad unter den Horizont ermöglicht. Die linke Hand bedient einen Ausgleichshebel, mit dem das Auge des Sehrohrs dem Auf und Ab der See angeglichen werden konnte. Ein Griff bewegt das Objektiv, das eine 1,5fache bis 6fache Vergrößerung ermöglicht.

der Luft. Zu ihrer Sicherheit hatte sich die Wache auf der Brücke angeleint. Das hochspritzende Wasser machte sie halb blind. Sie waren von Salz verkrustet und bis auf die Knochen naß. Die Wachen waren auf zwei Stunden verkürzt worden. Ihr einziger Trost war, daß sie nach einem ostwärts fahrenden Geleitzug Ausschau hielten und jede zurückgelegte Seemeile sie näher nach Hause brachte. Es dämmerte gerade, als der Wachhabende Offizier durch das Sprechrohr nach unten in die Zentrale rief: »Kommandant auf die Brücke. Mastspitzen in dreißig Grad Backbord!«

Der Kapitänleutnant war sofort mit heruntergezogenem Südwester, hochgeschlagenem Kragen und dem Fernglas in der Hand oben. Auf sein Kommando drehte der Rudergänger um fünf Grad nach Backbord. Als das U-Boot wieder von einer Welle emporgehoben wurde, konnte er durch sein Fernglas für einen kurzen Moment die entfernten Mastspitzen sehen, die genauso schnell wieder verschwanden, wenn das Boot in ein Wellental eintauchte. Der Kommandant vergewisserte sich noch einmal und war zufrieden. Er konnte in der Ferne zwei Fahrzeuge ausmachen, und wo zwei waren, gab es auch noch mehr. Daher gab er den Befehl: »Ruder mittschiffs, beide Maschinen äußerste Kraft.«

Es gab einige U-Boot-Kommandanten, denen die Rolle des einsamen Wolfes besser lag, als Mitglied eines Rudels zu sein. Für sie zählte nur die Zahl ihrer versenkten Tonnage von alliierten Schiffen. Wenn sie ein Ziel gefunden hatten, näherten sie sich mit List, suchten sich die fetteste Beute heraus, feuerten ihre Torpedos ab und zogen sich genauso verstohlen zurück. Dann gaben sie Bericht an den BdU: »Geleitzug in dem und dem Quadrat angegriffen;

Dabei können Blenden gegen grelles Licht eingestellt werden. In Erweiterung konnte eine Kontax oder Filmkamera mit dem Sehrohr benutzt werden. Das Ganze konnte erwärmt werden, um so dem Beschlagen des Spiegels vorzubeugen. Bei der Sicht durchs Sehrohr sah man ein Fadenkreuz, eine Weitenskala und eine Kompaßtochter mit Kursangabe. Ein Blick nach oben oder unten fiel auf Kontrollinstrumente für die Waffen. Die Zahlen waren rot, grün, gelb, schwarz oder weiß, je nachdem, für welche Funktion sie standen. Ein Auslöseknopf für die Torpedos war in der Nähe.

links außen: Schwere Ferngläser, die auf dem Torpedozielgerät von U-373 montiert waren, einem Typ-VII-C-Boot aus La Pallice im April 1942. Die Ferngläser waren mit dem Torpedozielgerät gekoppelt, und der Winkel zum Ziel wurde automatisch nach unten weitergegeben.
links: Das Sehrohr in der Zentrale von U-995, einem Typ-VII-C-Boot am Marine-ehrenmal in Laboe bei Kiel.

Man kann annehmen, daß der Ausgang des Krieges davon abhängt, ob Hitlers U-Boot-Angriffe auf die alliierten Schiffe oder der Ausbau der alliierten Luftstreitkräfte zuerst zur vollen Entfaltung kommt. Wir müssen eine wachsende Zahl von U-Booten, ihren Vorstoß in entfernte Gewässer und stark verbesserte U-Boot-Konstruktionen erwarten. Dagegen müssen immer mehr alliierte U-Boot-Abwehrflugzeuge und bessere Angriffstaktionen eingesetzt werden. Es ist ein Kampf in sich.

– Auszug aus A REVIEW OF THE WAR POSITION, Memorandum des Premierministers am 21. 7. 1942 in: *The Second Wold War: The Hinge of Fate,* von Winston S. Churchill

soundso viele Schiffe versenkt; die Tonnage belief sich in der und der Höhe; habe keine Torpedos mehr; kehre zum Stützpunkt zurück.« Der Kommandant des U-Bootes aus Saint-Nazaire und die meisten seiner Kameraden waren nicht weniger ehrgeizig, aber pflichtbewußter. Sie kannten die Risiken, die sie eingingen, wenn sie den Funk benutzten. Die Signale hätten von den Feinden aufgeschnappt werden können. So hätten sie ihre Position verraten und alle Kriegsschiffe des Geleit-

links außen: Die Steuerleute bei der Arbeit.
links: Der Horchposten stoppt die Zeit eines laufenden Torpedos mit einer Stoppuhr. Die Zuverlässigkeit der deutschen Torpedos war unregelmäßig. Viele gingen daneben.
unten: Treffer.

schutzes auf sich gezogen, ganz abgesehen von einigen hundert feindlichen Flugzeugen. Trotzdem war es seine Pflicht, seine Entdeckung zu melden und weitere Befehle abzuwarten. Daher funkte er das verschlüsselte Signal und mußte die Rolle des Fühlungshalters übernehmen. Während es vom Wasser hochgehoben und wieder heruntergezogen wurde, verfolgte das U-Boot den Geleitzug, und die Besatzung bereitete den Angriff vor.

Alle neuen Beobachtungen hallten in Lorient und vielleicht auch in Berlin in warmen, sauberen Büros wider. Hier saßen die wohlgekleideten und wohlgenährten Admiräle. Kommodores und Kapitäne studierten Karten, trafen sich zu ernsthaften Konferenzen und verfaßten ihre Befehle. Aber den Ausgang einer Feindfahrt bestimmten nicht sie, sondern die Ausdauer und Geschicklichkeit einiger

Die See spricht eine Sprache, die höfliche Menschen nie wiederholen würden. Ihr respektloser Jargon ist der eines Aasfressers.
– aus *Two Nocturnes* von Carl Sandburg

links außen: *Die Versenkung der SS BEDOIN*, von John Hamilton.
links: Einer von zwei übriggebliebenenen bombensicheren »Dombunkern« im U-Boot-Stützpunkt von Lorient.

schmutziger, abgerissener Seeleute, die Tausende von Meilen entfernt von zu Hause in stinkenden Stahlröhren eingeschlossen waren. Genau wie bei der Organisation einer alliierten Bombermission, die weit weg über Deutschland geflogen werden sollte. Wenn die Planung und Beladung durchgeführt und die letzten Befehle gegeben worden waren, hing der Erfolg oder Mißerfolg der Unternehmung vollkommen vom Einsatz einiger hundert auf sich selbst gestellter Männer ab.

Eine Reihe dieser an Land stationierten Offiziere, die in den Stützpunkten der Flottillen und der Flotte dienten, waren selbst bei solchen Operationen dabeigewesen, wie jener, die nun im Nordatlantik durchgeführt werden sollte. Während sie darauf warteten, wie sich die U-Boote sammelten, wurden in ihnen wieder die Gefühle wach, die sie empfunden hatten, als sie selbst da draußen waren. Die Boote waren dieselben, sie krochen genauso ihrem Ziel auf der dunkler werdenden See entgegen, und sie spürten wieder die Vorahnungen und die Erregung vor dem Kampf.

Einige von ihnen wünschten sich, wieder an Bord

links: Nachdem der Tanker mittschiffs torpediert worden ist, brennt er lichterloh.
unten: Die Wachmänner von U-402 beobachten die See und den Himmel.

Wache, was geschieht in der Nacht?
– Jesaja, XXI.II

zu sein, während die Jagd zu ihrem Höhepunkt kam, am Kampf teilzunehmen und dabeizusein, wenn die Attacke beginnt. Andere waren wiederum froh, daß sie nicht mehr hinaus mußten. Jemand, der es nicht selbst miterlebt hat, konnte sich dieses grausame Drama und den beängstigenden Horror nicht im entferntesten vorstellen. Kein Laie konnte das Ausmaß des Gemetzels erfassen, die gewaltigen Wassermassen, die in riesigen Fontänen in die Höhe geworfen wurden, Munitionsschiffe, die einem Vulkanausbruch gleichend explodierten, große Metallteile, die durch die Luft wirbelten, und Tanker, die zu höllischen Infernos wurden. Schwarze, rot durchzogene Rauchwolken türmten sich auf, Leuchtgranaten loderten hell auf und beleuchteten zusammen mit Strömen von Leuchtspurgeschossen, flackernden Signallampen und den Strahlen der Suchscheinwerfer das Szenario. Alles war begleitet von dem Donnern der Detonationen, dem Dröhnen der Maschinen, dem Schlagen der Schrauben und den furchtbaren Schreien der Seemänner, die in der brennenden See ertranken.

Diese schrecklichen Bilder waren nicht in den Köpfen der Saint-Nazaire-Besatzung. Außerdem sahen sowieso nur wenige von ihnen, was geschah. Seit der ersten Sichtung waren acht Stunden vergangen. Immer noch beobachteten sie den Geleitzug mit einem wohlüberlegten Abstand. Sie tauchten nur gelegentlich ab, wenn der Horcher den Kurs des Konvois überprüfen mußte. Sie waren immer bereit zum Alarmtauchen, für den Fall, daß auch nur ein feindliches Schiff auftauchen sollte. Als das Rudel sich versammelt hatte, unterstützte das sacht wogende Meer ihre Absichten. Es war nicht so rauh, daß es für den Kommandanten schwierig war, das Boot zu trimmen, und auch nicht so ruhig, daß ihre Spur im Wasser entdeckt werden konnte. Sie waren in Schußweite, und zwei der Bugtorpedoklappen waren geöffnet. Zwei Aale waren bereits programmiert und bereit zum Abfeuern. Sie warteten nur noch auf den letzten Befehl, und der kam bald.

Der Kommandant stand im Turm, starrte durch das Sehrohr und befahl: »Rohr eins: los! Rohr zwei: los!« Die Aale wurden abgefeuert und waren auf ihrem Weg. Der Posten am Horchgerät meldete: »Torpedos laufen«. Die Jagd war vorüber. Das Töten hatte begonnen.

Wach auf, Freund, aus dieser Lethargie! Die Trommel / schlägt tapfer und laut in Europa und ruft euch / Alle, die mutig sind oder nicht aufgeben wollen, Ihre teuflische Leichtigkeit kann dich überrennen. / Es ist ein Ruf, der den Geist weckt/ Der nach Taten ruft und beleben würde / Der Menschen verschüttete Ehre in ihrem schläfrigen Leben.
– aus *An Epistle To A Friend, To Persuade Him To The Wars* von Ben Jonson

Die Menschen, die in dieser Welt weiterkommen, sind Leute, die aufstehen und sich nach den Umständen umschauen, die ihnen zusagen, und wenn sie keine finden können, schaffen sie sich diese selbst.
– von *Mrs. Warren's Profession*
von George Bernhard Shaw

Die Karte links zeigt die ungefähren Orte, an denen Handelsschiffe zwischen August 1942 bis Mai 1943 von U-Booten versenkt wurden. Diese Schätzung stammt aus dem Krieg und stimmt nicht genau mit den bestätigten Nachkriegsberechnungen überein.

ALAAARM!

Wenn Wasser den Kopf bedeckt, sind hundert Faden wie einer.
– persisches Sprichwort

Lächle, es wird noch schlimmer kommen.
– Philander Johnson

rechts: Meerwasser ergießt sich bei einem Alarmtauchgang in die Zentrale von U-101, April 1941.

AN EINEM SCHÖNEN FRÜHJAHRSMORGEN im Jahr 1943 fährt ein U-Boot auf dem Nordatlantik Kurs Westnordwest. Die Durchschnittsgeschwindigkeit bei dieser Überwasserfahrt liegt bei 14 Knoten. Es ist um die 1200 Seemeilen von seinem Stützpunkt in Saint-Nazaire entfernt. Der Kommandant hat Befehl, sich mit fünf weiteren Booten aus seiner Flottille zu treffen. Gemeinsam sollen sie einen Geleitzug der Alliierten, der Richtung Osten fährt, abfangen. Vor sieben Tagen hatte dieser Geleitzug Halifax verlassen. Der Kommandant, sein Erster und Zweiter Wachoffizier, vier Unteroffiziere, der Bootsmann und ein halbes Dutzend Seeleute sind erfahrene Hasen. Für den Rest der Besatzung ist es der erste Kampfeinsatz auf See. Das Boot ist vollbeladen mit Torpedos und Munition für die Deckswaffen. Außerdem hatte es genug Proviant und Treibstoff für einen wichtigen Einsatz auf See. Erst dann muß es die Heimreise antreten.

Um 7.40 Uhr zeigt der vordere Ausguck mit dem Finger aufs Meer und ruft: »Zerstörer in 20 Grad Steuerbord!« Der Erste Wachoffizier schnippt seine Zigarette ins Wasser, nimmt sofort sein Fernglas zur Hand und richtet es über steuerbordbug gegen den Horizont. Dort kann er im dreiviertel Profil die schlanke Silhouette eines U-Boot-Jägers ausmachen. Er sieht, wie das Schiff eine lange, schwarze Rauchfahne hinter sich herzieht, während es auf sie zu schwenkt. Er murmelt einen Fluch und verdammt das Radar und die herumschnüffelnden Flugzeuge der Tommys. Sofort lehnt er sich in den Turm und brüllt durch das Sprechrohr »Alaaarm!« Die Alarmklingel schallt unverzüglich durch das ganze Boot. Dicht hintereinander rutscht die Wache die Leiter herab in die Zentrale. Dabei ignorieren sie die Sprossen und bremsen sich mit Knien und Ellenbogen an den Holmen der Leiter. Das Turmluk schließt sich hinter ihnen, und der Wachoffizier dreht es mit einem Handrad zu, bis es wasserdicht verschlossen ist.

So schnell sie sich auch bewegen, immer kommt ein Wasserguß durch das Turmluk und das Sprachrohr mit ins Boot. »Zwanzig Meter«, sagt der Kommandant, und der Leitende Ingenieur bestätigt den Befehl. Die Dieselmotoren werden gestoppt, die Zuluftrohre und die Abgasleitungen geschlossen, die Elektromotoren surren, als die Getriebe einkuppeln und der Elektoantrieb einsetzt.

In der Zentrale werden die Entlüftungen heruntergezogen, die Tauchzellen öffnen sich, und die Luft entweicht wie ein tosender Sturm. Dann kommt der Befehl: »Alle Mann voraus!« Alle Heizer aus dem Maschinenraum rennen ins Vorschiff und passieren die Schotten und Luken in gebückter Haltung. Die Befehle, die der Leitende Ingenieur den Männern an den Tiefenrudern gibt, sind sorgfältig bemessen und wohlüberlegt. Wenn das Boot zu steil taucht, schießt das Heck aus dem Wasser, und das Boot kann wie ein überzogenes Flugzeug außer Kontrolle geraten. Nun werden die Tiefenruder geneigt, der Bug kippt sanft nach unten und gleitet unter die Wasseroberfläche. Nur noch für einen kurzen Augenblick zeugt eine Luftblasenspur davon, daß es überhaupt da gewesen ist.

Das Erscheinen des Zerstörers kommt für den Kommandanten und die erfahrenen Männer der Besatzung nicht überraschend. Sie hatten ihn erwartet, seitdem das große zweimotorige Flugzeug aus Nordosten anflog und in einer Höhe von 1000 Fuß kreiste. Sie waren sofort getaucht. Aber sie wußten, daß die Wahrscheinlichkeit groß war, daß die Flugzeugcrew sie gesehen und ihre Position an das nächste Kriegsschiff der Alliierten weitergegeben hat. Sie hatten das Flugzeug aber schon vor mehr als einer Stunde gesehen, und es war kein Angriff gefolgt. Deshalb wurde das Wasser aus den Tauchzellen herausgeblasen und sie tauchten langsam auf. Zuerst waren sie auf Sehrohrtiefe gegangen, und erst nachdem der Kommandant den Horizont abgesucht hatte, setzten sie ihre Jagd über Wasser fort. Nun war die Rolle, wie so oft, vertauscht: Der Jäger wurde zum Gejagten.

Das Boot ist in 20 Meter Tiefe eingependelt (auf ebenem Kiel ausgetrimmt), und die Besatzung ist auf Gefechtsstation. Die Elektromotoren machen langsamste Fahrt und geben gerade genügend Kraft, daß der Rudergänger Ruderdruck hat. Der Horcher sitzt am Hydrophon und steuert den Empfänger aus. Er versucht, die Geräusche des Meeres zu durchdringen und das Ticken des vom Zerstörer gesendeten Asdics zu orten. Dann stellt er sein Gerät genau ein, um den Kurs des Zerstörers abzulesen. Der Kommandant steht dicht bei ihm, mit einem Fuß in der Zentrale und mit dem anderen in dem Durchgang neben dem Horchschapp. Das Boot ist auf Schleichfahrt,

Um ein U-Boot zu beschädigen, muß eine Wasserbombe in unmittelbarer Nähe des stabilen Druckkörpers explodieren. Eine Wasserbombe fliegt einige Sekunden durch die Luft und sinkt einige weitere durchs Wasser, um die eingestellte Zündtiefe zu erreichen. Ein geschickter U-Boot-Skipper manövrierte sich in dieser Zeit von der Bombe weg. Wenn er sich dafür entschied, tiefer zu sinken, vielleicht auf rund 150 Meter, hatte er noch ein paar Sekunden für Ausweichmanöver. Wenn man ihn erst einmal verfehlt hatte, bekam er eine Gnadenfrist von 15 Minuten, in denen er sich nicht still verhalten brauchte, sondern mit Höchstgeschwindigkeit laufen konnte, während der Ozean widerhallte und das aufgewühlte Wasser den Sonarempfang störte.
... nachdem eine Salve »Mülltonnen« um ihn herum explodiert waren, brauchte der Skipper vielleicht auch diese Zeit, um seine Nerven zu beruhigen. In Aufregung hätte er vielleicht unüberlegt handeln können. Deshalb war es Standardprozedur, eine Salve von Hedgehogs nachzufeuern, wenn man sich dem U-Boot nähert. Wenn man keine Explosion erzielte, pflanzte man einen »Garten von Mülltonnen« um die Stelle herum. Während der Atlantikschlachten wurde die Hälfte der U-Boot-Versenkungen durchgeführt, ohne, daß der Feind zu sehen war. Die Schlacht begann mit einem Radarpiepser auf

seiten der Alliierten und einer Hydrophon- oder Naxos-Warnung bei den Deutschen. Circa eine Stunde später endete es mit einem brennenden, sinkenden Schiff oder einer großen Öl-pfütze auf dem Ozean, in deren Mitte U-Boot-Trümmer schwammen.
– aus *Twenty Million Tons Under The Sea*
von Konteradmiral Daniel V. Gallery, USN

Tapferkeit ist ein Geschenk. Die sie haben wissen es nicht mit Sicherheit, bis es zur Probe kommt. Und diejenigen, die sie einmal hatten, wissen nie mit Sicherheit, ob sie sie auch noch bei der nächsten Prüfung haben.
– nach Carl Sandburg

Mut ist der Widerstand gegen Angst, die Beherrschung von Angst – nicht das Fehlen von Angst.
– Mark Twain

Charakter zeigt sich im Dunkeln.
– nach *Sermons*
von Dwight L. Moody

rechts außen: Der Bunker von Saint-Nazaire.

die Männer bewegen sich verhalten, nur das Nötigste wird geflüstert, die Hilfsmaschine ist abgestellt, und alle nicht benötigten elektrischen Geräte sind aus.

Der Horcher meldet »Schraubengeräusche in null-fünf-null Grad«, und der Kommandant nickt. »Kurs 320 Grad!« befiehlt er dem Rudergänger. »Auf 50 Meter Tiefe gehen, beide Maschinen langsame Fahrt voraus.«

Sie hören den schnellen, gleichmäßigen Rhythmus der Schrauben des feindlichen Zerstörers und das U-Boot schaukelt, als er vorbeizieht. Sie warten auf die Wasserbomben, die nun mit Sicherheit folgen werden. Dann geht es auch schon los. Die Explosionen klingen wie Kanonenschüsse. Das Wasser drängt tosend in die Löcher zurück, die die Detonationen in das Wasser gerissen haben. Das U-Boot bebt und schaukelt. »Auf achtzig Meter gehen«, befiehlt der Kommandant, und sie sinken wieder

tiefer. Das Boot fährt im Zickzack zum Kurs des Zerstörers. Es ist die in Zeitlupe ablaufende Unterwasserversion eines »Korkenziehers«, den Bomberpiloten fliegen, um Suchscheinwerfern und der radargelenkten Flak auszuweichen.

Die Wasserbomben folgen ihnen immer noch und sind beängstigend nahe. Ihre gewaltigen Druckwellen löschen Lichter, zersplittern die Abdeckgläser einiger Instrumente und zerschlagen ein Chronometer. Geschirr, Werkzeuge und andere Gegenstände, die nicht ausreichend gesichert sind, schleudern auf die Bodenplanken, und alles, was zerbrechen kann, bricht. Mittschiffs reißt ein Rohr, und ein Wasserstrahl spritzt durch die Zentrale, bis das Leck gestopft werden kann. Fahler Schein aus Taschenlampen erleuchtet die ganze Szenerie, bis sich die Notbeleuchtung einschaltet.

Für die belagerte Besatzung kommt jede Explosion einem körperlichen Angriff gleich. Da gibt es Tritte in die Nieren, Hiebe in den Magen oder harte Schläge ins Gesicht. Der Speichel schmeckt nach Eisen, Angstschweiß bricht aus. Die Männer klammern sich an Metallpfosten und kauern sich zusammen, damit ihre Körper klein und unauffällig wirken ..., aber keiner kann sich verstecken. Jeder von ihnen weiß, daß jederzeit eine Detonation ihr Boot zerstören kann und sie dann alle sterben würden. Die dieses Martyrium schon einmal durchlebt hatten, reißen ihre Münder zum Druckausgleich weit auf und retten so ihre Trommelfelle.

Das Boot liegt auf 125 Meter Tiefe, und das übersteigt die Werftgarantie. In dieser Tiefe beträgt der Wasserdruck 235 Pfund. Es gibt so viele Schwachstellen, an denen das Wasser eindringen kann: Zuleitungen, Auspuffrohre, Luken, Wellendichtungen und Ventile. Sogar der Stahl des Druckkörpers müßte sich zwischen den Spanten nach innen biegen. Sie können die Ventilatoren nicht benutzen, die Luft steht bewegungslos im Boot. In der Bilge schwappten Wasser und Öl. Sie kann nicht ausgepumpt werden, denn dann könnte das Sonar des Zerstörers das Pumpgeräusch orten und sein Ausguck die Ölspur sehen. Die Temperatur steigt, und die Luft wird immer schlechter. Die Besatzung bewegt sich sowenig wie möglich, um Sauerstoff zu sparen. Trotz seiner einstudierten Lässigkeit ist der Kommandant besorgt. Er weiß, daß die Belagerung seiner zerbrechlichen Unterwasserzitadelle noch Stunden oder sogar Tage anhalten kann. Irgendwann wird der Sauerstoffvorrat ausgehen, und die Batterien sind leer. Ohne sie würde das Boot einige tausend Meter tief bis auf den Meeresgrund sinken.

«Schraubengeräusch in Kurs null-vier-fünf«, sagt der Horcher, »sie werden lauter.«

Der Kommandant nickt dem Leitenden zu, und die Elektromotoren summen. »Kurs null-fünf-null«, befiehlt der U-Boot-Kommandant, »beide Maschinen kleine Fahrt voraus.« Er bietet dem nahenden Asdic die schmalste Silhouette. Die Sonarimpulse treffen immer lauter und schneller auf den Rumpf. Die gesamte Besatzung kann sie hören. Eine elektrische Leitung verglüht mit einem Funkenregen, einer auflodernden Flamme und einem plötzlichen, beißenden Geruch. Das erweckt bei den Männern Todesangst, bis der Elektriker einen Schalter betätigt und ein Matrose die Flamme löscht.

Der Kommandant geht auf 150 Meter Tiefe und gibt volle Kraft auf beiden Motoren. »Backbord 20«, befiehlt er dem Rudergänger. Er versucht, sich in den Mann auf der Brücke des Zerstörers hineinzudenken. Sie spielen ein tödliches Abhorchspiel – horchen, ein wenig bewegen, anhalten, horchen und wieder weiterfahren. Wenn der Kommandant des Zerstörers es schafft, sich auf die letzte Position des U-Bootes zu verholen und dann seine Wasserbomben direkt über ihnen abzuwerfen, dann ist der Kampf auf der Stelle vorbei. Aber das Asdic wird in einem Winkel ausgesendet und hat direkt unter dem Zerstörer einen toten Winkel.

Der Angriff wird unerbittlich fortgesetzt, und der Horcher zählt die Detonationen mit. Das U-Boot taucht noch tiefer, und Wasser dringt durch zahl-

All diese wiederkehrenden
Zusammentreffen, wie
Wachstum und Verfall, /
Licht und Dunkelheit,
werden ewig von neuem
beginnen. Und der ganze
Kreis dreht sich ohne Reue,
und das Vergangene wird
zur Zukunft und sorgt für
eine komplizierte Welt ...
für praktische Menschen.
– frei nach *Practical People*
von Robinson Jeffers

reiche Leckagen und steigt im Elektromaschinenraum auf eine gefährliche Höhe. Eimer werden von Hand zu Hand weitergereicht und das Wasser nach vorn in die Bilge geschüttet. Der Bug senkt sich. Die Toiletten können nicht belüftet werden, daher sind die Türen verschlossen. Eine Dose geht herum, in die die Männer ihre Notdurft verrichten können. Dabei geht einiges vorbei, vermischt sich mit dem Wasser auf den Planken, und der Gestank verdirbt die sowieso schon üble Luft. Im Vorschiff fühlt man sich jetzt wie in einer Kloake. In die Batterien eindringendes Wasser produziert Chlorgas. Um ihre Lungen und Schleimhäute zu schützen, klemmen sich die Männer ihre Nasen zu und atmen gefilterte Luft durch Gummischläuche.

So ein traumatisches Erlebnis kann Hysterie oder akute Neurosen verursachen. In der U-Boot-Waffe heißt das »Blechkoller«. Einige Männer haben geweint und andere haben geschrien. Viele Seeleute (und auch Flugzeugpiloten) haben sich in ihrer Todesangst unbeabsichtigt in die Hosen gemacht. Das war unter den gegebenen Unständen zwar vergleichsweise harmlos, aber es war für die betreffende Person beschämend und keine Hilfe für die Moral an Bord.

Es ist schwer abschätzbar, was die größere Gefahr ist, die feindlichen Wasserbomben oder der enorme Wasserdruck, der auf dem Boot lastet. Die Garantie, die die Werft bezüglich der Tauchtiefe gab, glich mehr dem Eröffnungsgebot in einem Auktionssaal als einer wissenschaftlichen Berechnung. Jeder weiß, daß sie oft übertroffen worden ist. Nur eine einzige Frage stellt sich: Wie tief ist zu tief? Ein Boot hatte gemeldet, daß es aus 280 Meter Tiefe wieder aufgetaucht war. Aber die einzigen Männer, die darüber hätten Auskunft geben können, wie tief ein Boot absinken kann, bevor das Wasser die Hülle zermalmt, haben dieses Geheimnis mit in den Tod genommen.

Viele Stunden später nimmt der Horcher den Kopfhörer von einem Ohr, schaut den Kommandanten an und ringt sich ein Lächeln ab. »Die Schraubengeräusche verschwinden in Peilung drei-vier-null.«

Der Kommandant nickt und wischt sich den Schweiß aus den Augen. Dann antwortet er: »Gut, wir warten noch ein wenig, um sicher zu gehen, daß sie kein Spiel mit uns treiben.«

Die Besatzung ist immer noch still. Aber die nachlassende Anspannung im Boot ist deutlich zu spüren.

Die englischen Gentlemen vom Lande galoppieren hinter einem Fuchs her – die Unaussprechlichen in Verfolgung des Ungenießbaren.
– frei nach *A Woman of No Importance*
von Oscar Wilde

»Alarm!« Der Befehl des Kommandanten ging im Kreischen der Glocke unter. U-557 tauchte seinen Bug in die tintenartige See. Ein Gepolter, ein Rauschen – und ohnmächtige Ungewißheit. Dann hob eine donnernde Explosion das Heck des Bootes, schüttelte es, drehte es um seine Achse und schleuderte es in totale Finsternis. U-557 war außer Kontrolle. Es sank schnell. ... Drei Wabos explodierten direkt über dem Turm. Krachender Donner. Dreimal sprang das Boot zur Seite, dreimal hüpften die Flurplatten und stießen uns die Füße in den Unterleib. Holz splitterte, Wasserstandsgläser zersprangen mit einem Knall, Büchsen flogen durch das Boot; alles war für Sekunden schwarz, bis die Hilfsbeleuchtung wieder aufflackerte. Der Sitz vieler Ventile hatte sich gelöst, Seewasser strömte rauschend in die Bilgen. Der Druck der Detonationen hatte das Boot tiefer gepreßt, und das eindringende Wasser belastete es mehr und mehr.
– aus *Die eisernen Särge*
von Herbert A. Werner

Oh! Ich wünschte, ich wäre tot / oder in meinem Bett, / um die Decke über den Kopf zu ziehen / und weinen zu können!
– frei nach *A Table of Errata* von Hood

Wenn du Tränen hast, sei bereit, sie jetzt zu vergießen.
– aus Julius Caesar, 2. Akt, 2. Szene von William Shakespeare

Eine scheue Person hat Angst, bevor die Gefahr kommt, ein Feigling hat währenddessen Angst und der Mutige hinterher.
– frei nach Jean Paul Richter

Die Augen der Männer, die kurz vorher noch fest geschlossen oder in unendliche Ferne gerichtet waren, blicken einander mit einem Ausdruck von Erleichterung an. Nun fliegt die Zeit, bis der Kommandant auf seine Uhr schaut und den Befehl gibt: »Auf Sehrohrtiefe gehen.« Die Männer bewegen sich auf ihre Stationen, und die E-Motoren summen. Schnell klettert das Boot aus der Tiefe, die Wassersäule im Papenberg sinkt, und die Außenhülle knackt mit dem abnehmenden Druck. Auf rund zwölf Meter kommt das Sehrohr an die Wasseroberfläche, und der Leitende steuert das Boot auf Sehrohrtiefe ein.

Der Kommandant klettert in den Turm, setzt sich rittlings mit dem Sehrohrschaft zwischen den Knien auf den Sattel, stellt die Füße auf die Pedale und preßt seine Wangen gegen die Gummiumrandung des Okulars. Er hält den Sehrohrausblick nur dicht über die Wasseroberfläche und dreht sich langsam um 360 Grad. Ab und zu stoppt er, dreht ein Stück zurück und hält einen Moment inne, während die Männer, die ihm zusehen, die Luft anhalten. Dann dreht er weiter. Zuletzt lehnt er sich zurück, klappt die Griffe nach oben, schaut den Leitenden Ingenieur an und zeigt mit dem Finger nach oben.

Das Ausblasen der Tauchzellen beginnt, und der Turm kommt an die Oberfläche. Wasser läuft von den Decks, und die Wache besteigt die Brücke. – Ein Moment, den jeder genießt. Tageslicht. Sie sind dem Tod noch einmal von der Schippe gesprungen. Der Himmel ist über ihnen und die wogende See um sie. Das Boot schwimmt noch, und sie sind alle am Leben. Die frische Luft, die ihnen entgegenschlägt, betäubt sie fast und raubt ihnen nahezu den Verstand. Plötzlich ist der Kommandant bei ihnen auf der Brücke. »Wie lange muß ich noch auf die Schadensmeldungen warten?« »Sofort, Herr Kaleu«, kommt die Antwort. Es stellt sich heraus, daß sie eine Antenne verloren haben, die Wintergartenreling ist verbogen. Der Turm ist eingebeult, und eines der Oerlikons wird wohl nie wieder einen Schuß abfeuern. Der Leitende Ingenieur meldet ein Problem mit den hinteren Tiefenrudern. Der Druckkörper ist aber einwandfrei. Verglichen mit der Prügel, die sie einstecken mußten, hätte es sehr viel schlimmer kommen können. Lediglich das Maschinengewehr kann nicht repariert werden. Nun können sie die Bilgen auspumpen, die schlechte Luft kann entweichen, die

Ansammlung von menschlichen Ausscheidungen und Müll gehen außenbords, und nasse Kleidung wird auf den heißen Rohren im Maschinenraum zum Trocknen aufgehängt. Wichtiger ist, daß nun die Batterien wieder aufgeladen werden können. Die Kolben beginnen zu stampfen. Als die Dieselmotoren das Boot wieder in Bewegung setzen, kräuseln sich die vertrauten Abgaswölkchen aus dem Auspuff.

Auf dem Allzwecktisch der Offiziersmesse studiert der Kommandant die Karte. Auf ihr kann man die Aufzeichnungsversuche des Obersteuermannes sehen, auf welchen exzentrischen Kursen das Boot während des Alarms den feindlichen Wasserbomben ausgewichen war. Der Kommandant zieht eine Linie in nordwestlicher Richtung. Irgendwo dort muß der Geleitzug langsam seine Fahrt fortsetzen. Es ist ihre Pflicht, ihn zu finden. Dazu hatte ihr Admiral ermahnt: »Angriff, Angriff, Angriff!« Sie haben noch alle Torpedos und mehr als die Hälfte ihres Treibstoffvorrates.

Das Chiffriergerät wird auf den Tisch gestellt, und sie verfassen eine datierte und codierte Nachricht für den BdU.

»Gegenangriff durch Zerstörer, geringer Schaden, setzen Feindfahrt fort.«

Notwendigkeit macht sogar den Ängstlichen tapfer.
– Sallust

Wenn das Haus deines Nachbarn brennt, ist dein eigener Besitz bedroht.
– Horaz

links außen: Test eines Tauchretters,
links: Die offensichtliche Belastung durch anhaltende Gefahr und die beklemmende Enge in einem U-Boot auf Kampfeinsatz.

NERVEN-AUFREIBENDE ROUTINE

DAS LEBEN DER U-BOOT-MÄNNER bestand aus Wache und Freiwache. Deren Länge richtete sich nach den verschiedenen Aufgabengebieten. Ein Techniker hatte einen Sechs-Stunden-Rhythmus, und die Wache der Seeleute dauerte drei bis vier Stunden, und zwar von Mitternacht bis vier Uhr, von vier bis acht und so weiter. Nur der Koch mußte nicht auf Wache gehen, und das hatte seinen guten Grund. Er mußte für jede Wache drei Mahlzeiten am Tag vorbereiten, eine wichtige Pflicht, die ihn ununterbrochen beschäftigte. Dabei wurde er ständig von Besatzungsmitgliedern gestört, die durch die enge Kombüse liefen.

Der Erste und Zweite Wachoffizier schoben mit dem Obersteuermann abwechselnd Wache. Sie wurden von einem Unteroffizier und zwei Matrosen unterstützt. Ihre vier Stunden dauernde Wache wurde auf zwei Stunden verkürzt, wenn das Wetter sehr schlecht war, schwere See das Deck unter Wasser setzte und der Regen horizontal, diagonal und vertikal auf die Brücke schlug. Unter diesen Bedingungen konnte sie keine Kleidung schützen. Weder Ölzeug, Lederhosen, die Südwester einer Kopfhaube, zwei paar Socken in den Seestiefeln noch Pullover und um den Hals gewickelte Handtücher konnten sie davor bewahren, schon kurz nach Wachbeginn bis auf die Haut durchzuweichen und bis ins Mark durchzufrieren. Bei solchem Wetter, zu dem noch ein plötzlich auftretender Sturm und Wellengang von achtern hinzukam, passierte es, daß die gesamte Deckwache von U-106 von einer Riesenwelle über Bord gespült wurde. Bis zu dem Zeitpunkt, als ein Mann aus der Zentrale auf die Brücke ging, hatte das niemand bemerkt.

Das Leben eines U-Boot-Mannes setzte sich, genauso wie das eines Bomberpiloten, aus ähnlichen, aber ungleich langen Abschnitten aus Langeweile und Monotonie sowie Entsetzen und höchster Spannung zusammen. Sie dachten nur in verschiedenen Zeiteinheiten: Der Pilot zählte Stunden und Minuten und der U-Boot-Fahrer Stunden und Wochen. Irgendwie hatte der geregelte Wachablauf auch etwas Beruhigendes. Jeder Mann kannte seine Pflichten und wußte jederzeit, wo er bei jeder Tages- oder Nachtzeit zu sein hatte. Allerdings konnte einen die Routine auch in ihrer Eintönigkeit und immerwährenden Wiederholung verrückt machen.

Eine gute Reisebegleitung gibt das Gefühl, daß der Weg kürzer ist.
– aus *The Compleat Angler* von Izaak Walton

Der einzige Weg, einen Freund zu finden, ist einer zu sein.
– aus *Of Friendship* von Ralph Waldo Emerson

rechts: Schlechtwetterkleidung war auf einer Fahrt unerläßlich. Die normalen Regenjacken wurden bei fast allen Wetterlagen getragen. Bei schwerer See war festeres Ölzeug (rechts außen) notwendig.

Einige von uns, die den Ozean mit Verständnis und Zuneigung betrachten, haben gesehen, daß er alt aussieht. Als ob der Bodensatz aus längst vergessener Zeit aus dem ungestörten Schlammboden aufgewühlt worden wäre. Denn es ist stürmischer Wind, der den Ozean alt aussehen läßt.
– frei nach Spiegel der See von Joseph Conrad

Stunde um Stunde starrten sie auf den Horizont, horchten ab, luden Batterien auf, beobachteten Skalen und Meßgeräte, ölten etwas ein und machten sauber. Wenn nicht so viel zu tun war, schälten sie Kartoffeln. Selbst die ganzen Übungen, wie Feueralarm, Fluchttraining, Angriffsübungen, Trimmversuche, Waffenübungen und Alarmtauchen mit immer wechselnden Offizieren, wurden mit der Zeit zur öden Routine.

Wenn das Boot bei kabbeliger See aufgetaucht fuhr, die Dieselzuluftleitungen geschlossen waren, damit kein Wasser eindringen konnte und die Diesel die Innenluft verbrauchten, dann stieg die Temperatur im Boot leicht auf 49 Grad Celsius. Süßwasser durfte nur zum Kochen und Trinken verbraucht werden. Niemand rasierte sich, es sei denn, der Kommandant war ein Spinner. Wenn überhaupt, dann wusch man sich mehrere Monate nur in einem Eimer. Die Kleidung stank nach Diesel und Schweiß. Keine Wäsche konnte sie je wieder sauber bekommen. Graue T-Shirts waren sehr beliebt, weil der Schmutz auf ihnen am wenigsten zu sehen war. Um die Gerüche ein bißchen abzumildern, rieben sich die Männer Kölnisch Wasser in ihre salzverkrusteten Gesichter, rubbelten sich Duftwasser ins fettige, verfilzte Haar und benutzten ölige Salben, um die trockene Haut zu reinigen. Trotz Pillen und Rizinusöl war Verstopfung verbreitet. Zähne und Zahnfleisch litten unter der mangelnden Pflege, und Entzündungen verursachten chronische Beschwerden im Mund. Viele Besatzungsmitglieder verloren schnell Zähne.

Wenn ein Boot nach mehrstündiger Tauchfahrt an die Wasseroberfläche zurückkam, entwich eine schmutzige gelbe Wolke aus dem Turm. Die Seeleute standen in der Zentrale unter dem geöffneten Turmluk, reckten ihre bleichen Gesichter nach oben, um die saubere Meeresluft zu inhalieren, und warteten auf die Erlaubnis, auf Deck entern zu dürfen. Dort konnten sie ihre schmerzenden Blasen in den weiten Atlantik entleeren und vielleicht eine Zigarette rauchen. Letzteres war ein Genuß, der ihnen, anders als bei ihren britischen Gegnern, im Boot verwehrt wurde.

Die Augen eines U-Bootes befanden sich auf der Brücke, denn dort schoben die Männer Wache. Sie glichen den Schützen in den Kanzeln der Bomber. Ihre Augen wanderten unablässig über ihren Sektor auf und ab, bis zum Horizont und über das Stück Himmel direkt darüber. Für sie galt, genauso wie für die bei Tageslicht fliegenden Schützen in den Bombern, daß die Überwachung des Abschnitts gegen das Sonnenlicht besonders anstrengend war. Das war auch genau die Richtung, aus der ein kampferfahrener Angreifer am wahrscheinlichsten auftauchte.

Ein Ausspruch des Admirals war: »Derjenige, der den Feind zuerst sichtet, hat gewonnen.« Alles, was um sie herum gesichtet wurde, mußte überprüft werden. War das eine Nimbostratuswolke rechts voraus oder Rauch eines näherkommenden Kriegsschiffes? Flog dort eine Möwe im Steuerbordsektor auf 70 Meter Höhe oder doch ein »Catalina«-Flugboot auf 4000 Meter. Wieder wurde das Fernglas an die Augen gesetzt, es schien von Stunde zu Stunde schwerer zu werden. Die Leute in den Zeiss-Werken mußten wahrscheinlich nie Wache gehen.

Die wachhabenden Männer hatten wenig Zeit, eine spektakuläre Morgen- oder Abenddämmerung zu bewundern. Sie staunten auch nicht über das ständig wechselnde Farbenspiel aus Licht und Schatten. Sie konnten weder die Sommerabende genießen, an denen das Deck wie vergoldet aussah, noch konnten sie die gefährliche Pracht eines starken Gewitters bestaunen, wenn die gezackten Blitze zwischen dem Ozean und dem grellgefärbten

unten: Deutscher Verbandskasten.

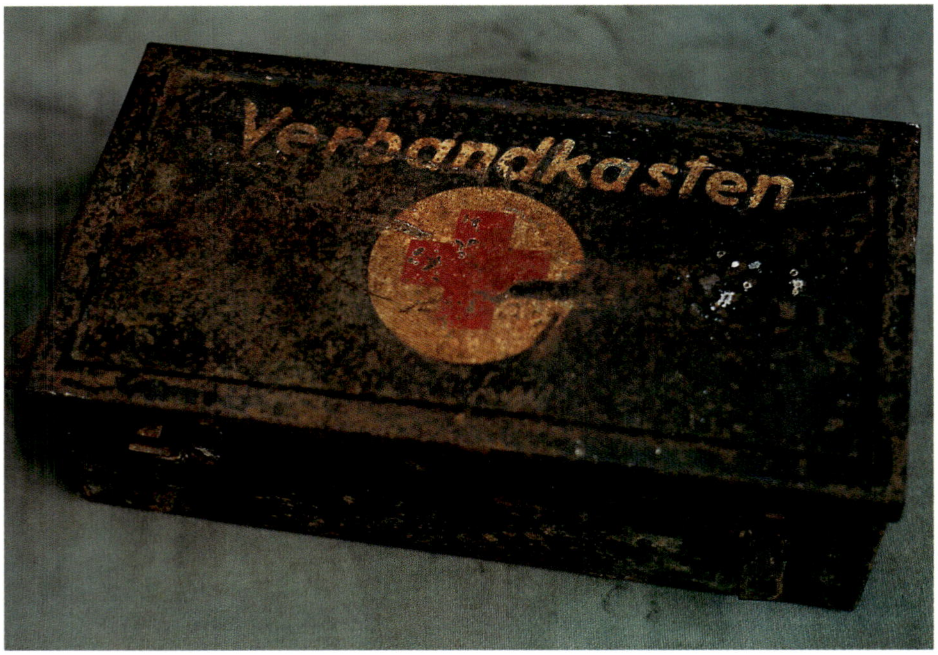

Himmel aufleuchteten. Sie konnten sich nicht erlauben, die Nordlichter anzustarren, die in vielen Farben am nördlichen Himmel funkelten. Dasselbe galt für die ferne Schönheit der Sterne über ihnen. Jede Ablenkung wurde sofort vom Wachoffizier bemerkt und scharf getadelt.

Die Augen eines U-Bootes waren auf der Brücke, das Herz in der Zentrale, die Ohren im Funk- und Horchraum und das Rückgrat im Maschinenraum. Nach dem Tauchen war das U-Boot völlig blind, und nur die Schallwellen, die von einer Reihe unter dem Bug montierter Mikrophone empfangen wurden, drangen in die Kopfhörer. Nur mit ihnen konnten Fahrzeuge in Reichweite ausgemacht werden. Der Horcher konnte ihren Kurs bestimmen und beurteilen, ob sie sich näherten oder entfernten. Unter optimalen Bedingungen konnte er ein zwölf Seemeilen entferntes Schiff ausmachen, die Geräusche eines Konvois waren sogar über 60 Seemeilen weit zu hören. Bei Unterwasserfahrt hatte der Kommandant immer ein offenes Ohr für den Horcher. Über Wasser funktionierte das Hydrophon nicht. Auf Sehrohrtiefe

übertönte das Röhren der Maschine alle Geräusche. Bei laufenden Motoren war es im Maschinenraum ohrenbetäubend laut, und die Maschinisten konnten sich nur per Zeichensprache miteinander verständigen.

Der Funker trat bei Überwasserfahrt in Aktion, wenn Kurzwellen gesendet und empfangen werden konnten. Dann übermittelte er dem BdU Berichte über Angriffe und Gegenangriffe, die Position des Bootes, Anzahl der Torpedos, Dieselvorräte und die Wetter- und Seebedingungen. Außerdem empfing er Einsatzbefehle und hörte manchmal Signale anderer U-Boote des »Wolfsrudels«. Bei jeder sich bietenden Gelegenheit lauschte er Funksprüche von Handelsschiffen ab.

Aufmerksame Kommandanten (zu denen auch Otto Kretschmer gehörte) tauchten vor der Morgendämmerung routinemäßig für etwa zwei Stunden. Damit verfolgten sie zwei Absichten: erstens, um das Hydrophon ungestört einsetzen zu können und um einen Zusammenstoß mit anderen Fahrzeugen zu vermeiden, die unbemerkt aus der Dunkelheit auftauchen könnten. Zum zweiten geschah das aus Rücksicht auf die angespannte Besatzung. Sie konnte sich dann ausruhen, aufräumen und ungestört frühstücken. Bei Überwasserfahrt und besonders bei rauher See waren die Mahlzeiten oft eine unsaubere Angelegenheit. Das aus der Kombüse herausgereichte Essen kam manchmal nicht in einem Stück am Ziel an, und die Schlingerleisten, die an den Tischen angebracht waren, verhinderten zwar, daß das Geschirr kaputtging, gewährleisteten aber nicht, daß die Teller und Schüsseln voll blieben.

Kretschmers Kamerad Günther Prien ist wohl weniger rücksichtsvoll gewesen. Er verfügte über eine gewisse Arroganz, die manchmal bei jungen Männern seiner Herkunft festgestellt werden konnte. Sie brachte ihm während seiner brillanten Karriere keine großen Nachteile, in einer Offiziersmesse der englischen Marine wäre er allerdings nicht weit damit gekommen. Ein Beispiel für seinen Führungsstil war, daß er seiner Besatzung während der Liegezeiten im Hafen Übungen befahl, an denen er selbst nicht teilnahm. Seine Leute respektierten ihn, aber sie hatten keinen Grund, ihn zu lieben. Die Bevölkerung liebte ihn, aber sie kannte ihn nicht, und sein Förderer Dönitz mußte nie mit ihm auf Fahrt gehen.

Unter Wasser bewegte sich ein U-Boot sanft und fast geräuschlos. Über Wasser wurde es bei Seegang von den Wellen hin und her geworfen, bäumte sich auf großen Wellenkämmen auf und stürzte wieder herab. Es schlingerte und rollte in Kreuzseen. Das rhythmische Dröhnen der Diesel, das Heulen der Decksreling und das gleichmäßige Klatschen der Wellen an den Schiffskörper waren genauso endlos monoton wie für den Flieger das Brummen der Motoren, das Pfeifen der Antennen und das Heulen des Windes am Leitwerk.

Es war egal, wie widerstandsfähig ein U-Boot-Fahrer während der Luft- und Seeangriffe oder wie hart im Nehmen er auf durchfrorenen Wachen war. Seine Moral konnte leicht von den entnervenden und ständig wiederholten Marotten der Kameraden untergraben werden. Da gab es den Funker, der stundenlang denselben langweiligen Walzer auf dem Plattenspieler dudelte, oder den Heizer, der sich nach jedem Essen die Zahnzwischenräume mit der Gabel reinigte und die herausgepulten Reste herunterschluckte, oder den Torpedomixer, der nach jedem lauten Furz mit steifem Hitlergruß salutierte. Zu diesem lästigen Benehmen der Leute erschienen dann regelmäßig noch, Tausende von Meilen vom Stützpunkt entfernt, drei oder vier Schmeißfliegen regelmäßig zu den Essenszeiten. Wenn einer der Männer zu schlafen versuchte, wichen sie irgendwie jedem Schlag aus und lieferten damit jedem an Bord eine irritierende Lektion in der Kunst des Überlebens.

Die Gespräche in den Mannschaftsquartieren waren oft derb oder sogar obszön, wie so oft, wenn Soldaten beisammen sind.

Sexuelle Erlebnisse, die entweder erlebt oder erdacht waren, wurden in aller Länge und mit sämtlichen Details erzählt; sexuelle Abenteuer wurden für den nächsten Landgang geplant und lüstern erwartet. Über Winston Churchill wurde regelmäßig gelästert, die Schreibtischoffiziere der eigenen Flottille wurden schonungslos verhöhnt, und sogar der Führer entging den Verunglimpfungen nicht (aber wehe dem Offizier, der öffentlich das Hitlerregime kritisierte. Ein kühner U-Boot-Kommandant wurde denunziert und daraufhin aus dem Verkehr gezogen und erschossen). Wie in allen festgefügten Gruppen machten sich die Männer gegenseitig übereinander lustig. Meistens wurden diese Scherze so aufgenommen, wie sie eigentlich gemeint waren,

Schiffsroutine hatte bald die Begeisterung der Jagd abgelöst. Und es war eine völlig verrückte Routine. Das kleine Boot rollte und schlug, holt über und schüttelte sich ohne Unterlaß – endlos, ewig. Kochgegenstände, Ersatzteile, Werkzeug, Konservenbüchsen flogen fortwährend durch die Räume. Porzellantassen und Teller zerbrachen auf den Flurplatten oder in den Bilgen, und wir aßen unsere Mahlzeiten direkt aus den Büchsen. Die Männer, in der stampfenden, schwitzenden Trommel zusammengepfercht, nahmen die Bewegungen und die Monotonie mit stoischer Ruhe hin. Gelegentlich ging das Temperament des einen oder anderen durch, aber die Moral der Besatzung war und blieb ausgezeichnet. Wir waren nunmehr alle, ohne Ausnahme, geduldige Veteranen der Atlantikschlacht. Wir alle hatten manches gemeinsam. Ein jeder schaute aus wie der andere, roch wie der andere, hatte dieselben Phrasen und dieselben Flüche und dieselben Bewegungen. Wir ertrugen die Fehler des anderen und wurden Fachleute unserer gegenseitigen Gewohnheiten ... Die nervöse Spannung stieg mit jedem Tag, der ereignislos dahinschlich, konnte sich aber beim Sichten eines fetten Geleits spontan in ein gemeinsames Angriffsfieber verwandeln.
– aus *Die eisernen Särge* von Herbert A. Werner

links: Das Einhaken am Netzabweiser gab Sicherheit an Deck.

Turnübungen brachten ein wenig Abwechslung in die Routine auf U-107, einem IXB-Boot, das im Juli 1942 von Kapitänleutnant Gelhaus kommandiert wurde.
rechts außen: Der Dieselmotorraum von U-65, September 1940.
unten: Ein Schnappschuß aus dem Film *Das Boot*.

M·A·N
DIESELMOTOR
Voraus

U-22 neigte sich gefährlich, als sich die Tiefenruder neigten, und die Wassermassen, die in die Tauchzellen tosten, hörten sich im Boot wie Donner an. Hashagen hatte Befehl gegeben, auf 15 Meter Tiefe zu gehen, aber wegen der unerwarteten Fehlfunktion in den Tiefenrudern fiel das Boot unter die 15-Meter-Grenze und sank stetig weiter. »Es bäumte sich wie ein durchgehendes Pferd auf, sank mal über den Bug und mal über das Heck nach unten – aber sank fortwährend.« Hoppe eilte in die Zentrale, aber weil der britische Kreuzer noch auf der Lauer lag, wagte er es nicht, die Trimmtanks auszublasen, und U-22 war dem kaputten Ruder hilflos ausgeliefert. Als das Boot auf über 60 Meter abgesunken war, wurde die Situation ernst, weil der Wasserdruck die Druckhülle des Bootes wie eine Streichholzschachtel zerdrücken konnte. Das Metall ächzte schon unter der Belastung, und der Stahl der Spanten begann sich zu verbiegen, und kleine Wasserperlen glitzerten um sich lösende Nieten. Aber etwas viel Beängstigenderes geschah in dem vollgestopften Batterieraum. »Alles verlor an Wichtigkeit ... Ich fing den ätzenden Geruch von Chlorgas auf, und jeder hustete, prustete und war am Ersticken«, erinnert Hashagen sich. Seewasser suchte seinen Weg durch die Ritzen, vermischte sich mit der Säure aus den Batterien und gab grüngelbe Dampfwolken ab.

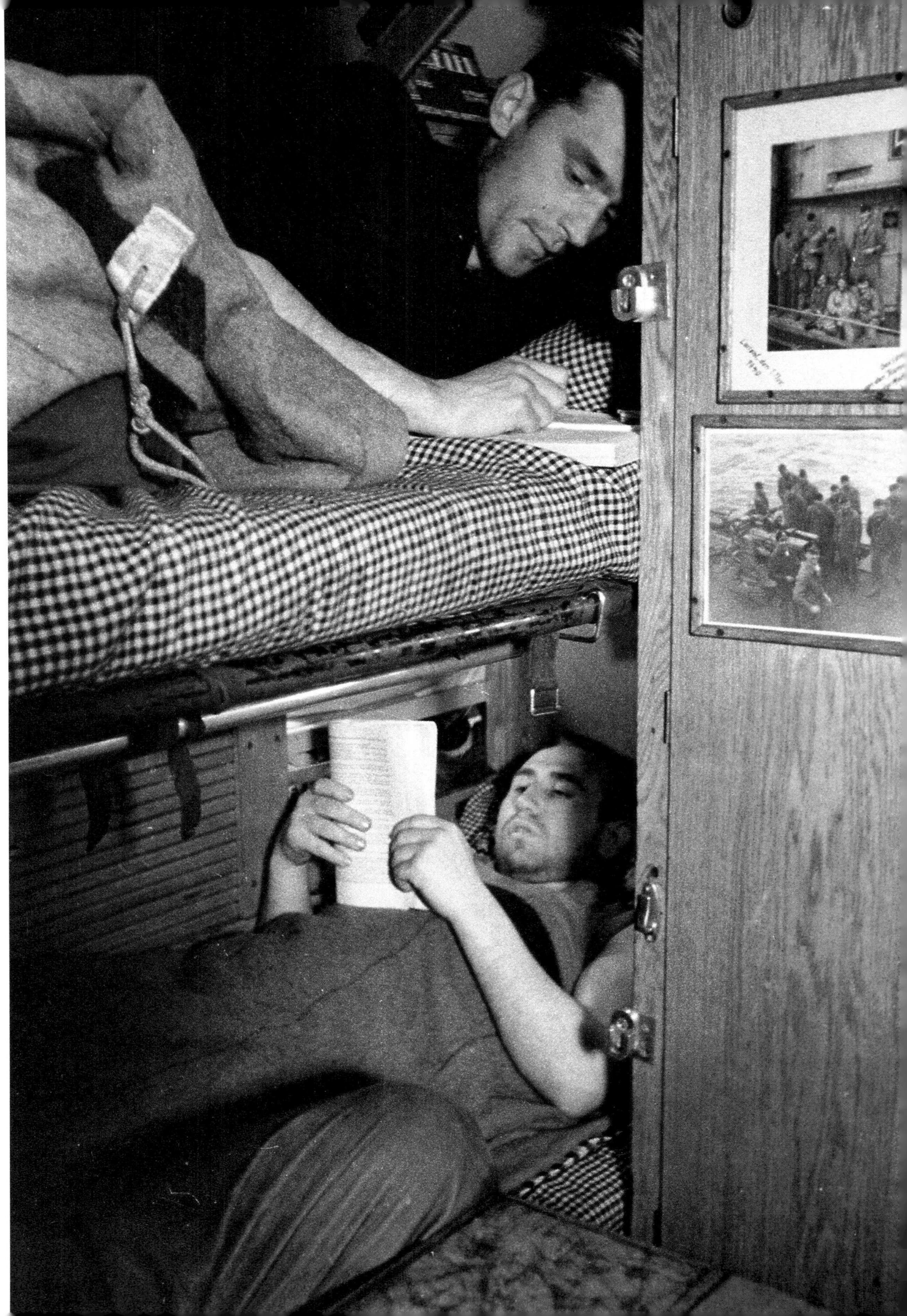

und es setzte Retourkutschen. Gelegentlich riß eine Bemerkung aber auch eine alte Wunde auf und wurde ungewollt zu einer schlimmen Beleidigung.

Ab Beginn 1943 konnten die Besatzungen mehrere Male in der Woche auf verschiedenen Frequenzen die Sendungen von Commander Robert Lee Norden hören. Das war der deutschsprachige Offizier der US-Marine. Er erzählte von den entsetzlichen U-Boot-Verlusten, nannte Namen und Nummern und beschrieb, wie unklug die Seeschlachten geführt worden waren. Obendrein erwähnte er empörende Skandale innerhalb der Nazi-Partei und beharrte darauf, wie schön alles sein könnte, wenn Hitlers wahnsinnige Eroberungslust nicht wäre. Das alles war scheinbar von soliden Beweisen untermauert und wurde ernst und freundschaftlich wie von einem Freund gesprochen. Die Briten führten einen ähnlichen Wortkrieg mit ihrem »Radio Atlantik«. Dieser Sender gab vor, von einer Widerstandsbewegung im Herzen Deutschlands ausgestrahlt zu werden. In Wirklichkeit wurde aus Woburn Abbey, der Residenz des Dukes von Bedford, gesendet. Beide Propagandasendungen zogen eine große Hörerschaft an. Auch wenn William Joyce, genannt »Lord Haw-Haw«, von Berlin aus sprach, zog es viele Briten, bisweilen aus purem Vergnügen, an ihre Radios. Manchmal sagten sie aber auch: »Verdammt, er hat recht!«

Jede kriegführende Staatsführung hatte das Problem, junge Männer, die ständig in Gefahr waren, getötet zu werden, bei guter Moral zu halten und vom Weiterkämpfen zu überzeugen. Jeder Versuch, die Gefahr herunterzuspielen oder ganz zu verheimlichen, wäre bald entlarvt worden. Mißtrauen gegen die Führer wäre sicherlich gefolgt. Die Geschichte hat gezeigt, daß manchmal die Wahrheit über die Gefahr die beste Methode ist: »Was auch kommt, wir stehen es gemeinsam durch und werden letztendlich siegen.« So flößte Winston Churchill den Briten Vertrauen ein und ermutigte sie in ihrer dunkelsten Stunde, in dem er gestand, daß »Blut, Plage, Tränen und Schweiß« ihrem Sieg vorangehen würden.

Den Angelsachsen, weniger den Deutschen, half ihr makaberer Humor, der hilfreich war, wenn ein Unglück durchgestanden werden mußte. Kabarettisten und Cartoonisten waren sich dessen schon lange bewußt. Der kämpfende Mann genoß diese Art von Humor, aber er reichte nicht aus, seinen Kampfgeist aufrechtzuerhalten und seine Entschlossenheit zu festigen. Manchmal hielt er durch, weil er wußte, daß sein Ziel erreichbar und das, was man von ihm verlangte, auch möglich war, und daß sein Leben nicht umsonst in die Waagschale geworfen wurde. Bisweilen konnten auch Worte von Shakespeare eine wirkungsvolle Anregung geben. Er beschrieb in seinem Werk »Henry V« einen Anführer, der um das Wohlergehen seiner Männer bemüht war und zeigte, daß er alle oder zumindest einige seiner Leute und ihre Familien mit Namen kannte und sich um sie sorgte.

Ein guter U-Boot-Kommandant war sich bewußt, daß es Ablenkung von der verrückt machenden Routine geben mußte. Das sollte überhaupt jeder fähige Anführer wissen. Er versicherte sich, daß die Bordbibliothek entsprechend sortiert war, daß irgendwer an Bord Akkordeon oder Harmonika spielen konnte und daß, den Nazipropagandisten zum Trotz, die Schallplattensammlung Platten enthielt, die die Seeleute liebten. Wenn einer Geburtstag hatte, schüttelte er für ihn eine Party aus dem Ärmel. Der Koch buk mit seinen Mitteln einen Kuchen, und es gab eine Flasche Bier oder sogar einen kleinen Cognac. Diese einfachen und kleinen Ablenkungen wirkten manchmal wie Sonnenstrahlen, die dunkle Wolken durchdringen. Diese kleinen Gesten gaben das Gefühl, daß das normale Leben auch in der seltsamen, einsamen Welt unter der Meeresoberfläche weiterging.

»Ich glaube nicht, daß es noch irgend etwas Beängstigenderes für einen U-Boot-Fahrer gibt, als den Gedanken, daß er in der eisernen Hülle gefangen ist, während erstickendes Gas nach und nach den Batterien entströmt. Kein Tod kann qualvoller sein.
– aus *The Killing Time The U-boat War 1914–18*
von Edwyn A. Gray

Ein Mann mag strenge humanitäre und demokratische Prinzipien haben, aber falls er als reinlicher, oft die Wäsche wechselnder Frischluftliebhaber aufgewachsen ist, wird er eine Menge Ekel zu bewältigen haben, bis er diese Prinzipien praktisch anwenden kann.
– aus *Jesting Pilate*
von Aldous Huxley

Ein Klatschmaul ist jemand, der zuviel über andere redet. Ein Langweiler ist jemand, der nur von sich selbst erzählt. Ein hervorragender Konversationtreiber ist jemand, der zu dir über dich spricht.
– Lisa Kirk, New York
Journal-Amerikan

DIE RUSSLAND-ROUTE

Wenn es ein Gericht gibt / Nach dem ich mich sehne / Mehr als nach allem andern / Wenn es ein Essen gibt, über das ich grüble / Wenn Du darbst oder depressiv bist, / Wenn etwas Leben spenden kann / Wofür es wert ist zu leben / Wenn es etwas gibt, / für das ich meinen letzten Penny hergeben würde /
das ist Wurst, mein Freund
das ist Wurst, mein Freund
das ist Wurst, mein Freund
und Kartoffelbrei
– aus *Sausage and Mash* von A. P. Herbert

IM JULI 1942 gab es eine der seltenen Kooperationen zwischen Deutschlands U-Booten, Überwasserschiffen und den Flugzeugen der Luftwaffe. Erfolgreich starteten sie einen gemeinsamen Angriff auf die Schiffe der Alliierten. Auf halbem Weg der 2500 Meilen langen Reise traf es einen Geleitzug nach Rußland. Die großen Schlachtschiffe der Deutschen kamen gar nicht zum Einsatz, ihre bloße Existenz reichte aus, um das Schicksal des Konvois zu besiegeln. Es war eine der schrecklichsten Episoden des Seekrieges.

Es gab zwei Routen nach Rußland. Eine nördliche lief am Rande des Polarkreises entlang und eine südliche führte durch den Persischen Golf. Die Nordroute war von jedem britischen Hafen aus die kürzeste. Die Konvois transportierten seit dem Herbst 1941 Waffen, Munition, Öl, Sprengstoff, Lastwagen, Flugzeuge und Ersatzteile zur Unterstützung der russischen Streitkräfte. Die Zusammenstellung der Geleitzüge und ihr Schutz bereiteten der Royal Navy viele Kopfschmerzen. Besonders betraf das den First Sea Lord, Admiral Sir Dudley Pound, der diese Aufgabe »einen Mühlenstein um unseren Hals« nannte.

Ein Problem war, daß die Anforderungen nach Geleitschiffen zu einem Zeitpunkt kam, als der Bedarf an Geleitschiffen im Atlantik und an Kriegsschiffen jeder Art im Mittelmeer am größten war. Zum zweiten lag die Route zu den russischen Häfen im Aktionsradius der Luftwaffe, deren Geschwader seit kurzem gewaltig verstärkt worden waren. Sie hatten ihre Stützpunkte in Norwegen und Finnland. Verstärkt wurde die Sowjetblockade durch ein Dutzend U-Boote aus dem Atlantik, die in arktischem Weiß gestrichen und mit einer Heizung ausgerüstet waren, die die Ventile und das Sehrohr eisfrei hielten. Drittens ließen Entschlüsselungen des deutschen Funkverkehrs darauf schließen, daß die 50 000 Tonnen große TIRPITZ, das mächtigste Schlachtschiff in der westlichen Hemisphäre, gemeinsam mit den Schlachtkreuzern ADMIRAL SCHEER und LÜTZOW, dem Schweren Kreuzer ADMIRAL HIPPER und einigen Zerstörern aus deutschen Häfen ausgelaufen waren, um im Fjord von Trondheim und in Narvik an der Nordküste Norwegens eine Kampfgruppe zu bilden.

Auch wenn die Fahrten im Winter risikoreich und mühselig waren, weil die Schiffe sich durch Eisdecken, Nebel und Schneestürme kämpfen mußten und sich zudem dicke Eisschichten auf den Decks und jedem

rechts: *Rußlandkonvoi* von Charles Pears.

unten: Konvoi auf dem Weg nach Großbritannien aus der Sicht eines geleitenden Zerstörers der Royal Navy.

Stück Takelage oberhalb der Wasseroberfläche bildeten, konnten sich die Schiffe in den langen Stunden der Dunkelheit zumindest verbergen. Das war in den Sommermonaten nicht möglich. Der Schutz des Geleitzuges PQ15 hatte die Royal Navy bereits die Schweren Kreuzer EDINBURGH und TRINIDAD gekostet, und die Admiräle baten die Regierung, weitere Fahrten zumindest bis in die Herbstmonate zu verschieben.

Winston Churchill hatte Stalin jedoch versprochen, daß alle Anstrengungen unternommen würden, die Konvois durchzubringen. Die Tatsache, daß es die Russen für all das, was für sie getan worden war, an Dankbarkeit fehlen ließen, entmutigte ihn keineswegs. Statt dessen forderten sie wegen ihrer entsetzlichen Verluste an der Ostfront mehr und größere Opfer. Churchill wollte die Nazis bezwingen und jeder, der sie bekämpfte, war sein Freund. »Wenn Hitler die Hölle angreifen würde«, sagte er, »würde ich dem Unterhaus sogar den Teufel empfehlen.« Der Premierminister hatte beschlossen, daß den Russen unter allen Umständen geholfen werden mußte, und Präsident Roosevelt hatte zugestimmt.

Am 27. Juni 1942 wurden 36 Handelsschiffe vier verschiedener Nationalitäten zu einem Konvoi zusammengestellt. Mehr als die Hälfte von ihnen fuhren unter amerikanischer Flagge, schwer beladen mit Panzern, Waffen, Flugzeugen und Lastwagen. Sie starteten ihre Reise gen Osten vor Reykjavik. Die Route führte sie nordöstlich um die Jan-Mayen-Insel, dann nach Osten, um südlich um die Bäreninsel zu fahren, um danach die Reise nördlich nach Spitzbergen fortzusetzen. Weiter ging es südöstlich durch

die Barentssee nach Murmansk auf der Kola-Halbinsel. Der Geleitzug bekam den Code PQ17.

Die unmittelbare Eskorte unter Jack Broome umfaßte, inklusive seiner HMS KEPPEL, sechs Zerstörer, vier Korvetten, drei Minensucher, die als Anti-U-Boot-Schiffe eingesetzt waren, zwei Flugzeugabwehrschiffe, vier Rettungstrawler und zwei U-Boote. Sowohl die englische Royal Navy als auch die amerikanische US Navy stellten eine weitere, weiträumiger operierende Streitkraft unter das Kommando des britischen Admirals »Turtle« Hamilton. Sie sollte aus seinem Flaggschiff HMS LONDON, dem britischen Kreuzer NORFOLK und der USS WICHITA und TUSCALOOSA, zwei USN-Zerstörern und sieben RN-Zerstörern oder Korvetten bestehen. Die englische Home Fleet war nordöstlich der Route präsent. Sie setzte sich aus

Admiral Sir John Tovey's Flaggschiff DUKE OF YORK, dem britischen Flugzeugträger VICTORIOUS, der USS WASHINGTON unter Admiral Giffen, zwei Kreuzern und vierzehn verschiedenen Zerstörern und Korvetten zusammen.

Obgleich die Munition auf den Handelsschiffen seit den letzten Winterfahrten verdoppelt worden war, reichten ihre Deckgeschütze für eine richtige Seeschlacht bei weitem nicht aus. Trotzdem schien PQ17, selbst wenn die großen deutschen Schiffe eingriffen, eine gute Chance zu haben, weil die Schiffe fast im Verhältnis eins zu eins beschützt wurden.

Der Geleitschutz und die Handelsschiffe trafen sich vor der Fahrt am 27. Juni in Hvalfjord. Das war der englische Marinestützpunkt auf Island. Zeitlich langte es nur für die gewöhnlichen Ermahnungen, wie die Position halten, verräterischen schwimmenden Müll vermeiden und den Rauchausstoß der Maschinen auf ein Minimum zu reduzieren (Rauch konnte weit übers Meer gerochen und gesehen werden und war so oft von den U-Booten in Lee eines Konvois ausgemacht worden). Commander Broome, ein Witzbold, verkehrte die übliche Warnung, kein Licht bei Dunkelheit zu zeigen, dahingehend, daß in dem andauernden arktischen Tageslicht auch nichts Dunkles gezeigt werden dürfe. Eine Neuigkeit war, daß Murmansk kürzlich von Bombern der Luftwaffe zerstört wurde und sie nun Archangelsk am Weißen Meer als Ziel genannt bekamen. Das bedeutete eine um 500 Seemeilen verlängerte Distanz.

An diesem Tag empfing Admiral Tovey einen langen Funkspruch vom Marineministerium, in dem Anweisungen für alle erdenklichen Eventualitäten aufgeführt waren. Als erstes nahmen sie ihm das Oberkommando der Operation. Wie sich später herausstellte, war dadurch PQ17 verdammt, bevor auch nur ein Schiff ausgelaufen war: »Da das Marineministerium wahrscheinlich vollständiger und schneller als Sie über die Bewegungen der Feinde informiert sein wird und Sie die Funkstille nicht brechen können, scheint es dem Marineministerium sinnvoll, die Bewegungen des Konvois zu kontrollieren, wenn sich diese Entscheidungen aus den Bewegungen der feindlichen Streitkräfte ergeben.«

Am Tag, an dem sie Reykjavik verließen, wurden zwei Frachter und ein Tanker durch Eisgang oder das

Geheimnisse vergrößern die Gefahr, wie Nebel die Sonne.
– Charles Caleb Colton

Wir haben den Bericht mit den Überlegungen von Mr. Harry Hopkins, den er uns nach seiner Rückkehr aus Moskau gab, zum Anlaß genommen, uns zu beraten, wie unsere beiden Länder die großartige Verteidigung ihres Landes gegen den Überfall der Nazis unterstützen können. Momentan tun wir alles, um sie mit einem Maximum der Güter zu versorgen, die sie am dringendsten brauchen. Viele Schiffsladungen haben bereits unsere Küsten verlassen, und weitere werden in Kürze folgen.
– aus »Message to Stalin«, Rede von Winston Churchill am 15. 8. 1941

Gott, falls es dich gibt, rette meine Seele, falls ich eine habe.
– *Prayer of a Skeptic*
von Ernest Renan

Ist Gott nicht genauso auf dem Ozean / wie auf dem Land?
– aus *Ballad of the Tempest*
von James T. Fields

Für den Gegner war ein derartig großer Ölfleck das sichere Zeichen eines direkten Treffers – einer Versenkung. Das war der Grund, weshalb die Briten die Verfolgung eingestellt hatten und so schnell verschwunden waren. Das Boot war ein Wrack. Zwei Außenbordbunker waren leck gesprungen. Die Steuerbordwelle war verbogen. Das Fundament des Steuerbord-Diesels war gerissen. Zahlreiche kleinere Schäden vervollständigten die Liste. Eine große Menge Treibstoff war Neptun geopfert worden. Die Fortsetzung unseres Unternehmens war damit unmöglich gemacht. Selbst die Rückkehr zum Stützpunkt schien in Frage gestellt.
– aus *Die eisernen Särge*
von Herbert A. Werner

rechts: *Convoy Air Cover* von Norman Wilkinson.

Auflaufen auf Felsen in der Nähe der isländischen Küste beschädigt und mußten umkehren oder sogar in den Hafen zurückgeschleppt werden. Die verbleibenden 33 Handelsschiffe, drei Rettungsschiffe, vier bewaffnete Trawler und ein Hilfstanker wurden von Commander Broomes Geleit dicht zusammengehalten. Sie fächerten über rund 65 Quadratkilometer auf dem arktischen Ozean aus und fuhren in geordneten Kolonnen gen Osten. Es wurde nach genauen Berechnungen navigiert, obwohl Daumenpeilung die bessere Bezeichnung dafür gewesen wäre. Magnetkompasse waren wegen der Nähe zum Nordpol jenseits des 70. nördlichen Längengrades unzuverlässig. Wenn die Sonne auf das Eis schien, stieg ein heller, leuchtender Nebel auf. Der Unterschied zwischen Mittagszeit, Dämmerung und Zwielicht war nur gering. (Ein U-Boot-Fahrer erinnerte sich: »Man hat jedes Zeitgefühl verloren.«) Die Sonne stand so tief und diffus am Horizont, daß die Positionsbestimmung mit dem Sextanten unmöglich war.

Am vierten Tag auf See wurde der Konvoi PQ17 von einigen dreimotorigen Aufklärungsflugzeugen vom Typ »BV 138« beschattet, und kurz nachdem sie aufgetaucht waren, wurden vom Geleit einige U-Boote ausgemacht und schnell vertrieben. »Dönitz' zweite Garde«, kommentierte Broome, der an entschlosseneres Vorgehen der nordatlantischen »Wolfsrudel« gewöhnt war. Sowohl die U-Boot-Befehlsstelle als auch die U-Boot-Kommandanten, die den Konvoi beschatteten, seit er die Jan-Mayen-Inseln passiert hatte, waren verwirrt. Die Aufklärer der Luftwaffe hatten fälschlicherweise die amerikanischen Kreuzer WICHITA und TUSCALOOSA als Flugzeugträger identifiziert und den britischen Kreuzer LONDON als Schlachtschiff gemeldet. Außerdem befand sich ein weiterer Konvoi, QP13, im selben Gebiet, obwohl nur PQ17 erwartet worden war. Es fiel die Entscheidung, daß sich die U-Boote im Osten neu gruppieren und bis dahin den Bombern der Luftwaffe eine Chance geben sollten. Inzwischen gingen blitzschnell chiffrierte Funksprüche über den Ozean: Kursänderungen, die neuesten Packeismeldungen, Befehle an die Kreuzer, nicht weiter als 25 Grad Ost zu gehen. Bald folgte die Meldung, genau das doch zu tun, und es gab einen wichtigen Bericht eines Luftaufklärers: »Luftaufnahmen zeigen, daß die TIRPITZ, HIPPER und vier Zerstörer Trondheim verlassen

NORMAN WILKINSON

Schsch! Sprich nicht so viel.
Schsch! Weiß nicht so viel.
Jack, sei nicht so unklug,
weil ein Ausrutscher deiner
Lippen ein Schiff versenken
kann.
– unbekannt

Je schlimmer die Fahrt,
desto schöner der Hafen.
– Thomas Fuller

haben.« Die Tirpitz war tatsächlich nach Altafjord aufgebrochen und lag dort vor Anker. Die Lützow war auf Grund gelaufen, und auch drei der begleitenden Zerstörer liefen irrtümlich auf Grund und waren für eine Weile außer Gefecht gesetzt. Der Kommandant der TIRPITZ hatte den Befehl, keinerlei Risiko einzugehen und die Marineflieger der britischen Flugzeugträger zu meiden. Ohne Hitlers persönliche Erlaubnis durfte er nichts unternehmen. Das Marineministerium in London wußte das nicht. Admiral Pound war am 4. Juli nur bekannt, daß mindestens drei schwere Überwasserschiffe mitsamt ihren Zerstörern in See waren und sich dem PQ17 näherten.

Während die Besatzungen der US Navy am frühen Morgen ihre Ahnen ehrten, indem sie ihre Flagge hißten und so gut es ging ihre kleine Feier abhielten, tauchte ein Heinkel-111-Bomber aus dem Nebel am Himmel auf und torpedierte das amerikanische Liberty-Schiff CHRISTOPHER NEWPORT. 47 Überlebende wurden von einem Rettungsschiff aufgefischt. Eines von Broomes U-Booten versenkte das Wrack. Am späten Nachmittag verteidigten sie sich erfolgreich gegen sechs weitere »Heinkels« mit Hilfe heftigen Flakabwehrfeuers. Ein paar Stunden später gelang es einer aus dem Westen kommenden Gruppe aus 25 »Fokker-Wulfs«, drei Frachter zu torpedieren und zu stoppen. Diese Schiffe wurden anschließend vom eigenen Geleit mit Kanonen versenkt, um zu verhindern, daß deren Frachten in feindliche Hände fielen. Der Anführer der Staffel flog

tapfer im Tiefflug in die Mitte des Konvois und torpedierte den Tanker ALDERSDALE. Dabei wich er der Ballonbarrikade der Frachter geschickt aus. Schließlich wurde seine Maschine vom Kanonenfeuer durchlöchert, und das brennende Flugzeug stürzte genau vor der anführenden KEPPEL in die See.

Drei weitere Torpedobomber wurden vom Geleitschutz abgeschossen, und Broome wußte ganz genau, daß sich der Konvoi von Stunde zu Stunde weiter von den Flugplätzen an der nordnorwegischen Küste entfernten. Ein Eintrag in sein Logbuch lautet: »Nach meinem Eindruck von der Entschlossenheit in Konvoi und Geleitschutz kann PQ17 überall hinkommen, vorausgesetzt, die Munition reicht.« Auch später hatte er nie einen Grund gesehen, diese Meinung zu revidieren.

In der Nacht kamen nach und nach weitere Funksprüche aus London. Der erste war vom Obersten Befehlshaber der Marine persönlich. Er befahl Admiral Hamiltons Kreuzern, die einige Meilen nördlich vor dem Konvoi fuhren, sich mit voller Geschwindigkeit nach Westen zurückzuziehen. Der nächste Befehl kam einige Minuten später und instruierte den Konvoi, sich zu teilen und getrennt russische Häfen anzufahren »wegen Bedrohung durch Überwasserschiffe«. Durch alle Ränge hindurch konnten viele Seeleute des unmittelbaren Geleits und auch Broome diese Order nicht billigen. Lauerte in feindlichen Gewässern nicht immer eine Gefahr durch Überwasserschiffe? Waren sie nicht gerade deswegen eingesetzt worden? Wenn dieser Befehl nicht ausreichte, das Schicksal des PQ17 zu besiegeln, dann tat es in jedem Fall der nächste als »geheim« und »dringendst« eingestufte Funkspruch. In ihm stand zu lesen: »Der Konvoi muß zerstreut werden.« Diese Order implizierte, daß die Gefahr so bedrohlich und nahe war, daß die Schiffe des Konvois nur Überlebenschancen hätten, wenn sie ihre Reihen sprengten und sich in alle Himmelsrichtungen verteilten.

In dem Moment sah Broome von der Brücke der KEPPEL aus, daß Hamiltons Kreuzer zurück Richtung Westen abdrehten und auf volle Fahrt gingen. Er kannte die Befehle aus London nicht, und daher sah es für ihn so aus, als ob diese Schiffe direkt in eine Schlacht fuhren. Er hielt es für seine Pflicht, zu helfen, wenn die TIRPITZ, SCHEER und HIPPER angegriffen werden sollten. Von diesen drei Schiffen nahm er an, daß sie dem Konvoi näherkamen. In diesem festen Glauben und in dem Durcheinander signalisierte er den Kapitänen des Konvois: »Lauft fächerförmig auseinander und geht auf Höchstgeschwindigkeit.«

Broome schickte eine letzte entschuldigende Nachricht an den Kommodore des Konvois auf der RIVER AFTON und bekam eine höfliche Antwort. Er ließ seine Zerstörer westwärts drehen, um zu den Kreuzern aufzuschließen. Er befahl den zurückbleibenden Schiffen des Geleits, nach Archangelsk zu fahren und den Handelsschiffen jede Hilfe zukommen zu lassen, die sie geben konnten. Bezüglich der letzten Order des Marineministeriums schrieb Broome später: »Sie mußte ausgeführt oder ignoriert werden. Zu meinem größten Bedauern habe ich sie befolgt.« Admiral Hamilton gab den Kreuzerkapitänen ein Signal: »Ich weiß, Sie sind darüber genauso besorgt wie ich, diese guten Schiffe zu verlassen und sie den Hafen allein anlaufen zu lassen.«

In den nächsten fünf Tagen schickten zunächst die Luftwaffe und dann die U-Boote, die von Kirkenes westlich von Murmansk eingesetzt waren, einen Öltanker, ein Rettungssschiff und 19 Frachter auf den Grund der Barentssee. Sie glichen eher Aasgeiern als einem »Wolfsrudel«. Einige wenige veraltete russische Flugzeuge erschienen über diesem heillosen Durcheinander. Die vorsichtigeren U-Boot-Kommandanten tauchten mehr aus Gewohnheit als aus Notwendigkeit ab, um sofort wieder aufzutauchen und sich eine neue Beute zu suchen, wenn das Flugzeug verschwunden war. Captain Samuel E. Morison beschrieb es später in seiner Zeitgeschichte als einen »via doloroso (qualvollen Weg) für jedes Handelsschiff«. Elf Schiffe, von denen die meisten schwer mit verfrorenen Überlebenden beladen waren, die sie aus dem eisigen Meer gezogen hatten, erreichten den rettenden Hafen. Einige von ihnen kamen erst sehr spät an. Dank der Arktiserfahrung eines der Frachterkapitäne war es ihnen gelungen, sich mit getarnten Decksaufbauten wochenlang zwischen den Eisbergen nördlich von Archangelsk zu verstecken.

Zusammen mit den 22 Schiffen, die je zur Hälfte von Flugzeugen und U-Booten versenkt worden waren, gingen auch 123 000 Tonnen Rüstungshilfe für die Russen unter. Im ganzen waren es 210 von 297 Flugzeugen, 430 von 594 Panzern und 3350 von

Die schlimmsten Berufe
haben schöne Seiten.
Wenn ich ein Totengräber
wäre oder ein Henker,
würde ich für ein paar
Leute mit großer Freude
arbeiten.
– aus *Ugly Trades*
von Douglas Jerrold

Die Tide war gekentert und
lief stark gegen die alliierten
Schiffe ... Es war wie ein
dunkler Schandfleck auf
dem ganzen Meer. Sichere
Gebiete wurden immer
weniger, das vergiftete
Wasser, in dem kein Schiff
von einer Stunde zur
nächsten mit Sicherheit
rechnen konnte, zog einen
immer weiteren Kreis ...
– aus *The Cruel Sea*
von Nicholas Montserrat

links: Wasserfontäne, verursacht durch eine Wasserbombe. Abgefeuert wurde sie von dem US-Küstenwachkutter SPENCER unter dem Kommando von Harold Berdine. Ziel war U-175 unter dem Kommando von Gerhardt Muntz. Er hatte zuvor den Konvoi HX-233 angegriffen, bis die SPENCER ihn mit Hilfe des Sonars fand.

4246 Fahrzeugen. 153 Männer starben, viele weitere waren verkrüppelt oder hatten Erfrierungen. Eine Gruppe war zehn Tage in einem Rettungsboot gerudert, um dann feststellen zu müssen, daß sie das besetzte Norwegen erreicht hatten. Sie gerieten sofort in Kriegsgefangenschaft.

Die Reise von PQ17 war vorüber. Die TIRPITZ hatte nur den Ankerplatz gewechselt, und irgend jemand in London – vielleicht sogar jeder in London – hatte dieses Zeichen fehlgedeutet. Typisch für ihn, fragte Stalin die englische Marine, ob sie denn ihren Schneid verloren hätte. In den nächsten Jahren folgten Rechtfertigungen, gegenseitige Beschuldigungen und Diskussionen. Winston Churchill sagte, daß dies »einer der traurigsten Abschnitte des gesamten Krieges war«. Der nächste Konvoi fuhr erst im September nach Rußland. Zwölf Handelsschiffe wurden auf den Meeresgrund geschickt, aber die Deutschen verloren dabei drei U-Boote und 22 Bomber. Nach der Rückkehr dieses Konvois nach England gab es neue Instruktionen: Keines der großen Kriegsschiffe sollte die Rußlandroute mehr befahren, statt dessen sollten Zerstörer, Trawler und Korvetten die Konvois auf dem ganzen Weg begleiten. Als der deutsche Widerstand zur See und aus der Luft schwächer wurde, kamen mehr und mehr Schiffe nach Rußland durch.

Die riesige TIRPITZ blieb bis zum 12. November 1944 eine Bedrohung aller nördlichen Gewässer. Nach vielen tapferen Versuchen der Royal Navy fanden sie 32 »Lancaster«-Bomber der 9. und 617. Squadron im Fjord von Tromsö. Sie wurde von zwei 12000-Pfund-»Tallboy«-Bomben direkt getroffen und sank mit tausend Mann ihrer Besatzung auf den Grund des Fjords.

Kein britisches Handelsschiff wurde jemals von der Besatzung im Hafen zurückgehalten; noch nicht einmal während des Höhepunktes der Atlantikschlacht, als ihnen während der Überquerung des Ozeans mit den langsam fahrenden Handelsschiffen jede Minute des Tages oder der Nacht der Tod ins Gesicht starrte. Sie zuckten auch nicht zurück, als die sowjetische Armee über die Arktikroute unterstützt werden mußte. Deutsche Überwasserschiffe und Flugzeuge, die in Nordnorwegen stationiert waren, fielen ohne Gnade über sie her, während die immer gegenwärtigen U-Boote fortwährend wie Höllenhunde nach ihnen schnappten. Von denen, die getötet wurden – und es waren Scharen –, fielen die Glücklichen durch Kanonen und Torpedos des Feindes. Die weniger Glücklichen erfroren in Minutenschnelle im eisigen Wasser der Arktis. Diejenigen, die entkamen, erreichten ihr Ziel und mußten im Hafen rund um die Uhr die Bombardierung durch deutsche Flugzeuge ertragen. Aber die größte Beleidigung, die viele dieser Männer ertragen mußten, war, daß sie von den sowjetischen Bündnispartnern wie Aussätzige behandelt wurden, die von der furchtbaren Krankheit »Kapitalismus« angesteckt waren.
– aus *The Merchant Navy Goes To War*
von Bernard Edwards

links: U-309 auf Patrouille im Atlantik von John Hamilton.
nächste Seite: Eis auf einem Typ-IIB-Boot im Nordatlantik.

Die Bedingungen in diesem Krieg ändern sich, und mit ihm auch die Menschen. Zu Beginn gab es Zeit für alle möglichen Dinge, ... die Menschen verstehen, ihnen Zugeständnisse machen, darüber nachdenken, ob sie zufrieden waren ... sogar, ob sie dich mochten oder nicht. Nun haben Gefühle im Krieg keinen Platz mehr. Nun zählt nur noch die Vernichtung des Feindes.
– aus *The Cruel Sea*
von Nicholas Montserrat

Ich war weiter draußen, als Du dachtest, / und ich habe nicht gewunken, sondern bin ertrunken.
– frei nach *Selected Poems* von Stevie Smith

IN FREIHEIT

WENN EINE U-BOOT-BESATZUNG auslief, sah sie sehr gepflegt und glatt rasiert aus, und die Haare waren frisch geschnitten. Wenn sie nach ihrer Fahrt wieder in den Hafen einliefen und das Boot am Kai festmachte, standen sie in zwei Reihen angetreten an Deck, hatten eine große Ähnlichkeit mit Attilas schlimmsten Horden und rochen wahrscheinlich noch schlimmer. Vom Kommandanten bis zum rangniedrigsten Seemann waren sie dreckig, ausgezehrt, schäbig und ungepflegt. Die einzigen Männer ohne Stoppeln im Gesicht waren diejenigen, die zu jung waren, um auf einem sechs Wochen langen Törn einen Bart anzusetzen. Nur das glückliche Glühen ihrer Augen zeigte, wie froh sie waren, daß sie aus der kleinen, abgedunkelten Welt unter Wasser zurückkehren durften.

Ihre Kleidung stand im auffallenden Kontrast zu den maßgeschneiderten Uniformen, den blanken Schuhen und Knöpfen, den gesunden und strahlenden Gesichtern bei der Begrüßung auf der Pier. Anwesend waren der Flottillenchef und sein Stab, die Repräsentanten des FDU- West (Führer der U-Boote West) und des BdU, die Heeresgarnison und die Abgesandten der Schiffswerft, die Marinehelferinnen, Krankenschwestern aus dem Lazarett und, ein wenig entfernt, die Frauen aus der Stadt in ihren hellen Kleidern, lächelnden Lippen und schimmerndem Haar.

In den letzten Tagen der Rückreise gab es wenig Möglichkeit zum Ausruhen. Neben der ewig präsenten Gefahr von Angriffen und der Notwendigkeit, ständig auf der Hut zu sein, mußte nun eine Menge Schreibarbeit erledigt werden. Dazu gehörte zum Beispiel das Nachtragen des Kriegstagebuchs, die Bestellisten für Proviant, Auflistungen von notwendigen Ersatzteilen oder Reparaturen, Aufzeichnungen über Funksprüche und das Ausfüllen von Urlaubs- und anderen Anträgen in dreifachen, vierfachen oder noch mehr Durchschlägen. Gerade noch rechtzeitig hatte die Besatzung die Bettdecken vom Netzabweiser genommen, wo sie zum Lüften aufgehängt worden waren, um danach für jedes versenkte Schiff einen Erfolgswimpel zu hissen.

Jetzt konnten sie für eine Weile der Enge des Bootes entkommen und wieder zu Menschen werden. Sie fühlten sich wie neu geboren und tauchten aus der Dunkelheit in helles Licht auf. Wenn sie erst ihre Seebeine los waren und ein luxuriöses Bad genossen hatten, rasiert und die Haare geschnitten waren, bekamen sie ein herrliches Festessen. Dabei gab es patriotische Reden, französischen Wein, deutsches Bier oder beides und das allerbeste Essen. Am meisten freuten sie sich aber auf das Lesen der aufbewahrten Post von zu Hause.

Wenn das Boot zur Überprüfung und Reparatur im Bunker war, konnten sie sich ein paar Wochen von den Gefahren der See erholen. Auch für diese Zeit galt ein Dienstplan. Ein Drittel der Crew durfte nach Hause fahren, ein Drittel kam »auf die U-Boots-Weide« – in eines der Erholungslager, während das letzte Drittel Dienst auf dem Boot hatte, um es zu warten und zu reinigen. Die Männer, die nach Hause fuhren, konnten für ihre Familien in speziellen Läden für U-Boot-Fahrer seltene Waren kaufen. Dann reisten sie mit einem der regelmäßig zwischen Westfrankreich und Norddeutschland fahrenden Versorgungszüge in ihre Heimat.

Liebende in Friedenszeiten, / die noch fünfzig Jahre zu leben haben, / haben Zeit zu necken und zu streiten / und stellen in Frage, was sie einander geben wollen. / Aber Liebende in Kriegszeiten verstehen besser. / Die Intensität des Lebens / mit dem Tod auf den Fersen.
– frei nach *The White Cliffs* von Alice Miller

links außen: U-Boot-Kapitän Adelbert Schnee wird 1942 an Land im Hafen von Saint-Nazaire willkommen geheißen. Nach vielen Wochen auf See in einem schaukelnden U-Boot hat er weiche Knie.
links: Kapitänleutnant Schepke feiert seine Rückkehr von einer Patrouille im September 1940.

O Kapitän! mein Kapitän!
Unsere angsterfüllte Fahrt ist beendet. / Das Schiff hat jede Qual überstanden, der Preis, den wir suchten, ist gewonnen.
– Walt Whitman

Obwohl die offiziellen Freizeit- und Erholungslager Möglichkeiten zum Sporttreiben und zur Unterhaltung boten und normalerweise auch außerhalb der Gebiete lagen, die von den Alliierten bombardiert wurden, zogen es viele Besatzungsmitglieder trotzdem vor, ihre freie Zeit an einem selbstgewählten Ort zu verbringen. Das war oft dort, wo Frauen, Wein und gutes Essen immer schnell verfügbar waren – egal in welcher Reihenfolge. Wenn sie diesen Neigungen nachgingen, kam ihnen der Vorteil des Lebens als U-Boot-Fahrer zugute. Während er auf See war, hatte er keine Möglichkeiten, Geld auszugeben. Nach seiner Rückkehr in den Hafen reichte die Nachzahlung seiner Heuer aus, jede Laune zu befriedigen. Wenn sein größter Wunsch weibliche Begleitung war, gab es keinen Mangel, obwohl das Landpersonal der Flottille weit weg von den dunklen Tiefen des Atlantiks schon die erste Auswahl getroffen hatte (so ging es allen Männern von der Front). Es gab noch genug deutsche Krankenschwestern, Büroangestellte und Schreibkräfte, die in den Stützpunkten arbeiteten und außerdem das Personal der U-Boot-Wohnheime. Des weiteren waren da noch eine Menge junger Französinnen, die im Gegensatz zu ihren britischen Geschlechtsgenossinnen nicht eingezogen wurden, um die Felder zu bestellen und ihren Beitrag in den Munitionsfabriken zu leisten.

Wenn alles schiefging, gab es immer noch die einheimischen Prostituierten. Vor diesen Mademoiselles waren die U-Boot-Fahrer aber gewarnt, weil sie in Kontakt mit der Résistance standen. Die Männer mußten immer aufpassen, was sie sagten. Die kleinste Bemerkung über die Besatzung, Pflichten, Ausrüstung, U-Boot-Bewegungen und sogar Hoffnungen und Erwartungen konnten unerwünschte Ohren in London erreichen.

In Lorient, »dem As der Stützpunkte«, schien die Bevölkerung der Bretagne den U-Boot-Besatzungen nicht unfreundlich gegenüber zu stehen. Daher behandelten die Soldaten sie auch entsprechend freundschaftlich, aber mit einer Spur von Verachtung. Deutschland und Paris waren weit weg. Küstenpatrouillen und die Feldpolizei waren immer präsent und ungeliebt, aber es gab zumindest keine Gestapoleute, die in den Straßen umherschlichen.

Brest war eine hübsche, aber etwas verfallene Stadt, ungefähr 100 Kilometer nordwestlich von Lorient.

rechts: Besatzungsmitglieder von U-29, einem Typ-VII-A-Boot, genießen eine Mahlzeit an Deck, während sie in Brest liegen, Oktober 1940.
oben: Ein Bild von Brest 1996.

links außen: U-Boot-Männer tanzen und trinken in einer Bar in Frankreich im Sommer 1942.
Mitte: Eine Schießscharte im U-Boot-Bunker von La Pallice.
links: Der alte Stadtkern von La Rochelle,
unten: Der Hafen, gesehen von der alten Schleuse in La Pallice.

Die Biene, die Honig in ihrem Mund trägt, hat einen Stachel in ihrem Hinterteil.
– aus *Euphues* von John Lyly

Dort befanden sich Bunker für 50 U-Boote der dort stationierten Flottillen. Das Personal und die zur See fahrenden Offiziere waren im Hotel »Beau Séjour« untergebracht, einem feinen vierstöckigen Gebäude am Marktplatz. Die ehemalige französische Präfektur und die palastartige Marineschule dienten als Hauptquartier und als Offiziersmesse. Die Unteroffiziere und Mannschaften fanden im »Pigeon Blanc« oder einem der vielen anderen sie willkommen heißenden Etablissements Unterhaltung. Eines der beliebtesten war die Casinobar. Während alle dort ihren Durst löschten, konnte die freundliche, dunkelhaarige Dame des Hauses davon überzeugt werden, das Grammophon abzustellen und einen Film vorzuführen, der darauf ausgerichtet war, das Interesse ihrer Gäste auf die Begleitung von Mädchen zu lenken. Dort gab es junge Damen aller Hautfarben, Figuren und Größen, und sie waren alle willig (Fliegerbesatzungen, die zu ihren Stützpunkten im Osten Englands zurückkehrten, konnten sich selten, wenn überhaupt, auf einen ähnlichen Empfang freuen).

Für die U-Boot-Männer war es (genauso wie für die Flieger) normal, daß sie sich beim Landgang amüsierten, ihre Beziehungen zu anderen Kameraden auffrischten und neue Treffen vereinbarten. Traurigkeit kam auf, wenn sie nach ihrer Rückkehr feststellten, daß ihre neu gefundenen Freunde gefallen waren. Zu solchen Zeiten haben bestimmt einige Männer beschlossen, daß es weniger traumatisch ist, wenn sie ihre Freundschaft auf die beschränkten, die mit ihnen fuhren oder flogen. Wenn diese Freunde fielen, war die Chance groß, daß sie selbst mitgingen.

Ein Urlaub Zu Hause in Deutschland auf dem Lande oder in einer Stadt, die nicht von den Bombern der Alliierten angegriffen wurde, war immer die beste Art auszuruhen und neue Kräfte zu sammeln. Es war jedoch sehr lästig, daß liebende Eltern ihren tapferen Sohn in Uniform und mit Orden bei allen Verwandten und Bekannten wahnsinnig gern herumzeigen wollten, während dessen einziger Wunsch war, die U-Boote und den Krieg zu vergessen. Trotzdem waren diese Heimaturlaube vielleicht weniger traumatisch als ein Urlaub in einer Stadt, die schwere Bombenangriffe erlitt und fortwährend bedroht war.

Dort konnte der Seemann Straßen voller Trümmer sehen, zerstörtes Glas und Metall und Millionen kleiner Metallstreifen, die die Bomber fallen ließen, um das Radar zu überlisten. Gebäude, die er gut kannte, standen mit fehlenden Mauern und Dächern da. Der Geruch des Rauches haftete ihnen noch an, und überall lagen verbrannte Trümmer. Tausende von Menschen, deren Häuser zerstört worden waren, suchten Nahrung und Schutz. Vielleicht hatten sich seine Frau oder Verlobte oder Familienmitglieder sehr verändert oder waren verkrampft, entmutigt und nervös und fast andere Menschen als die, die er liebte und nach denen er sich gesehnt hatte. Noch schlimmer war es, wenn sie sich unter den Toten oder Verletzten befanden. So manch ein U-Boot-Fahrer, der die längste Zeit seines Urlaubs inmitten verängstigter Menschen in einem Luftschutzbunker verbracht hatte, zog es vor, lieber wieder auf See zu sein.

Deshalb wurde das von Deutschen besetzte, aber bombenverschonte Paris ein Magnet für U-Boot-Fahrer auf Urlaub. Obwohl es keinesfalls von Bomben, den V1 und Raketen verschont wurde, zog London auf gleiche Weise die alliierten Flieger, die ihren Stützpunkt in Großbritannien hatten, an.

Herbert Werner war Erster Wachoffizier und später Kommandant auf einem U-Boot. Er fuhr zehn Unternehmungen und verbrachte 101 Tage auf See. Später beschrieb er seine Erfahrungen in dem Buch »Die eisernen Särge«. Seine Heimatstadt war das bombenzerstörte Frankfurt. 1943 stellte er aber für sich fest, daß die französische Hauptstadt die entspannende Atmosphäre bot, die er brauchte, wenn er von seinen Pflichten auf U-230 entbunden war. Er schrieb: »Ich hatte den Wunsch zu vergessen, daß ich ein Zahnrad in einer Kriegsmaschinerie war ... Nur ein Ort schien das Gefühl von Ruhe und Frieden zu geben, das ich ersehnte – Paris. Ich wurde nicht enttäuscht. Ich fühlte den Zauber der Stadt, wie ihn Menschen verschiedener Nationen gespürt hatten ... Ich war für zwölf volle Stunden total vom Krieg abgeschnitten.« Später konnte er in Frankfurt den Gegensatz zur Pariser Atmosphäre beobachten. »Es war eine Ironie, daß die Franzosen, die den Krieg verloren hatten, wie die Könige aßen, während wir, ihre Bezwinger, von Kartoffeln und Ersatz lebten.«

Als der Krieg ins vierte Jahr ging und die Nachrichten aus dem Osten, Westen und Süden gleich schlecht waren, gab es wenige glückliche Gesichter am Pier, wenn die U-Boote in den Hafen einliefen.

An ihrem ersten Abend an Land aß die Besatzung wie gewöhnlich mit Kretschmer im Beau Séjour, und nach den Trinksprüchen – einige mehr als gewöhnlich, um ihren Erfolg zu feiern – wurde ihnen mitgeteilt, daß ein mit Sport- und Unterhaltungseinrichtungen ausgestattetes Erholungslager in Quiberon bei Lorient vorbereitet worden ist. Am nächsten Tag wurden sie für eine Woche dorthin gebracht.
– aus *The Golden Horseshoe* von Terence Robertson

Nur die erste Flasche ist teuer.
– französisches Sprichwort

Branntwein am Morgen ist wie Blei, am Mittag wie Silber und am Abend wie Gold.
– deutsches Sprichwort

links: Kapitänleutnant Erich Topp, Kommandant von U-552, bei einer herzlichen Begrüßung nach seiner Rückkehr von einer Patrouille in seinen französischen Heimathafen am 19. 6. 1942.

Die Einlauffeste waren nicht mehr so vergnügt und das »Zum Wohl!« und »Prosit« kam auch nicht mehr so von Herzen wie vorher. Es gab leere Plätze an den Tischen in der Messe, und die einheimischen Mädchen, die sich zuvor freundlich und zugänglich gezeigt hatten, waren nun besorgt, wie sie nach der Befreiung Frankreichs behandelt werden würden. Sie gingen auf Distanz. Wenn ein U-Boot zur Feindfahrt

aufbrach, wünschten nur wenige vom Ufer aus viel Glück. Keine Blaskapelle spielte, und Blumen gab es auch nicht mehr. Trotzdem ging der Krieg weiter, und Goebbels' Radiosendungen versuchten die kämpfenden U-Boot-Fahrer mit Nachrichten über Wunderwaffen, mit denen der Krieg gewonnen werden könnte und die bald gegen die Briten und natürlich gegen die Amerikaner eingesetzt würden, aufzumuntern.

Viel zu schnell ging die Zeit an Land vorbei. Das lange graue U-Boot schwamm im Bunker und war repariert, gesäubert, gestrichen, vollbeladen mit Torpedos, Treibstoff, Lebensmitteln und Munition und bereit, sie auf eine erneute lange und gefährliche Reise zu führen. Wenn sie ihre Sachen an Bord verstauten, hofften sie inständig, daß es sie auch wieder nach Hause bringen möge.

links: Kapitänleutnant Hoffmann von U-447 mit Frau und Kind.
unten links: U-95 in Saint-Nazaire im März 1941.
unten: Eine flotte Militärkapelle verabschiedet U-29 im Jahr 1940 aus Lorient.

DER PILOT Delap, Kommandant der 82. Squadron des RAF Bomber Command, griff am 11. März 1940 mit seiner zweimotorigen »Bristol Blenheim« ein aufgetauchtes U-Boot in der Helgoländer Bucht nahe Wilhelmshaven an. U-31 wurde von Delaps Bomben getroffen und versank vor der Insel Borkum. Sie wurde jedoch geborgen und repariert (nur um acht Monate später vom Zerstörer ANTELOPE im Atlantik für immer auf den Grund geschickt zu werden). U-31 war dennoch das erste U-Boot, das im Zweiten Weltkrieg durch einen Luftangriff versenkt wurde. Fast fünf Jahre später war U-320 das 196. und letzte U-Boot, das vom Himmel aus angegriffen und versenkt wurde. Es wurde von einer PBY Catalina des englischen Coastal Command bombardiert.

Seit den ersten Jahren des Krieges griffen die schweren Bomber der RAF, seit 1942 unterstützt von der USAAF, regelmäßig die Schiffswerften und U-Boot-Stützpunkte in Kiel, Hamburg, Wilhelmshaven und Bremen an. Sie setzten ihre Attacken bis zur deutschen Kapitulation fort. Tausende von Minen wurden in der Nähe der U-Boot-Stützpunkte verlegt. Beim Ein- und Auslaufen mußten die U-Boote von Trawlern oder Patrouillenbooten durch die gefährlichen Gewässer gelotst werden. Mit voranschreitendem Krieg setzten die Flugzeuge der alliierten Marineflieger den U-Booten immer härter zu.

Die Marineflieger der RAF wurden 1938 der Royal Navy angeschlossen. Im Dezember 1940 hatte das Luftfahrtministerium nach langem Zögern entschieden, daß die Flieger des Coastal Command, die Eigentumsrechte und ihre Verwaltung blieben beim Air Ministry, ab dem ersten April 1941 dem Marineministerium unterstellt werden sollten. Diese Entscheidung war revolutionär. Die britische Luftwaffe zeigte damit ein besseres Verständnis für Zusammenarbeit der Streitkräfte als Reichsmarschall Hermann Göring. Seine Philosophie lautete: »Alles, was fliegt, gehört mir.« In der Praxis funktionierte dieser Plan der Briten einige Zeit nicht sonderlich gut. Der Befehlshaber des Coastal Command, Marschal Sir Philip Joubert, beschrieb diese Zusammenarbeit als »höfliche Fiktion«. Im September 1942 forderte er »ein einziges übergeordnetes Kontrollorgan für die U-Boot-Abwehrkampagne, das das Vorgehen der britischen, kanadischen und amerikanischen Marine- und Luftstreitkräfte koordinierte«. Allgemein stimmte man ihm zu, daß solch ein Vorhaben wünschenswert und sogar notwendig war. Trotzdem war es politisch nicht durchsetzbar: Der Posten eines U-Boot-Abwehr-Oberbefehlshabers wäre sicherlich einem britischen Admiral zugefallen. Weder Präsident Roosevelt noch jeder andere gute Amerikaner wollte das zulassen.

Die Flieger des Coastal Command waren das »Aschenputtel« der RAF: Jagdflieger- und Bomberkommandos hatten mehr Prestige, kämpften an vorderster Front und hatten eine höhere Priorität innerhalb der Flugzeug- und Waffenindustrie. So fiel dem Coastal Command in den frühen Kriegstagen die Pflicht zu, mit den zur Verfügung stehenden Flugzeugen Aufklärungsflüge zu unternehmen. Ortungen von Feinden gingen sofort per Funk an die Marine. Die 17 Geschwader des Coastal Command waren hauptsächlich mit zweimotoriger »Avro Ansons« ausgestattet, die aus den frühen 30er Jahren stammten. Diese Flugzeuge ließen sich wunderbar fliegen, waren aber langsam, hatten eine begrenzte Reichweite und waren beklagenswert unterbewaffnet. Nur drei Geschwader waren mit besseren Flugzeugen bestückt: den Typen »Short Sunderland« und amerikanischen »Lockheed Hudson«. Diese Maschinen waren in der Lage, während ihrer Patrouillen, bewaffnet mit Wasserbomben und Maschinengewehren, weit auf den Atlantik vorzudringen und jedes U-Boot anzugreifen, falls sie eines finden sollten.

Zumindest diese Flugzeuge waren sehr effektiv. In einem Gefecht mit acht »Junkers 88« schossen die Kanoniere einer »Sunderland« drei feindliche Flugzeuge ab, und das große Flugboot war danach bei den deutschen Piloten unter dem Namen »das fliegende Stachelschwein« bekannt. Eine »Hudson« vom 269. Squadron griff auf einer Patrouille von Island aus am 27. August 1941 U-570 an. Der Angriff war so vehement, daß der Kommandant, Kapitänleutnant Rahmlow, Alarmtauchen befahl, und dabei versäumte, einige Ventile und Luken zu schließen. Die gefluteten Batterien produzierten daraufhin eine Chlorgaswolke, und das Boot mußte unverzüglich auftauchen. Ein Dutzend erstickender Besatzungsmitglieder kämpften sich vom Turm auf das Deck. Der »Hudson«-Pilot sagte später: »Zuerst dachten wir, daß sie zu ihren Waffen eilten. Deshalb

MORS AB ALTO

Nachdem ich aus dem Sturzflug herauskam und das U-Boot wieder zu sehen war, schien es abzusinken, bis es sich vor dem Turm aufbäumte, in die Luft schoß und dann eine kegelförmige Explosion vom Boot ausging, die das gesamte Umfeld verhüllte. Das Boot ragte hoch in die Luft. Als sich alles wieder beruhigt hatte, schien alles vom Meer verschluckt zu sein.
– Lieutenant Samuel K. Taylor aus seinem offiziellen Einsatzbericht über die Versenkung eines U-Bootes mit seinem »Liberator«-Bomber im Januar 1944.

links: U-848 wird von vier »PB4Y« und zwei »B-25« im Südatlantik vor den Ascension-Inseln angegriffen. Das Typ-IXD2-U-Boot wurde von den angreifenden Flugzeugen versenkt.

Die Menschen sind auf ihrem langen Weg nach Hause.
– altes Testament
Ecclesiastes, XII, 5

schossen wir heftig weiter. Das gefiel ihnen gar nicht, und sie versuchten wieder zurückzustürzen. Der Rest der Besatzung versuchte aber durch das Luk auszusteigen. Sie stießen aufeinander und fingen an zu streiten. Für einen Moment herrschte ein heilloses Durcheinander.«

Der Pilot zog im Tiefflug Kreise um das U-Boot, und seine Kanonen waren auf den Turm gerichtet. Ein Stück weißes Tuch wurde als Zeichen der Kapitulation geschwenkt. Später stellte sich heraus, daß es sich um das gestärkte Frackhemd des Kommandanten handelte. Die »Hudson« hatte nicht mehr viel Treibstoff, und der Funker rief nach Unterstützung, während der Pilot weiter seine Kreise flog. »Praktisch die gesamte Besatzung«, meldete er später, »schien im Turm so dicht aneinandergedrängt zu stehen, daß sie sich kaum noch bewegen konnten. Wir waren nahe genug dran, um ihre Gesichter zu erkennen. Einen niedergeschlageneren Haufen habe ich meinem Leben nie gesehen.« Ein Flugzeug der Ablösung übernahm die Bewachung der Beute, bis ein Zerstörer ankam, um bis zum Hafen die Bewachung zu übernehmen. Es war das erste U-Boot, das völlig intakt erobert wurde. U-570

wurde nach Island geschleppt, dort repariert und diente der Royal Navy später als HMS GRAPH. Die Flagge von U-570 übergab die Navy dem 269. Geschwader als Erinnerung an ihre Meisterleistung. Der Erste Wachoffizier wurde von seinen mitgefangenen Kameraden als Feigling bezeichnet und bei dem Versuch, seine Ehre durch Flucht wiederherzustellen (mit dem Ziel, sein erobertes U-Boot in Barrow-in-Furness zu versenken), von einer Wache der britischen »Home Guard«, die auch »Dad's Army« genannt wurde, erschossen. Nach dem Krieg hat man dem unglücklichen Kommandanten Rahmlow eine Mitgliedschaft im Veteranenverein der U-Boot-Fahrer verweigert. In den Memoiren von Dönitz ist das Schicksal von U-570 nicht aufgeführt, obwohl er fast jedes U-Boot erwähnt hat, das jemals unter seinem Kommando stand.

In der Zwischenzeit sammelten sich Hunderte und Tausende lizensierte Privatpiloten in Amerika für die nationale Verteidigung. Am 1. Dezember 1941, sechs Tage vor dem Angriff der Japaner auf die Schiffe der

»Ich nehme an, es wird eine dieser von Yankees gebauten Consolidated ›Catalina‹-Flugboote oder vielleicht eine der großen viermotorigen britischen ›Short Sunderland Flying-boats‹«, fügte Dave spekulativ hinzu. »Na ja, eine von beiden paßt mir. Beides sind Tipptoppkisten. Aber das bedeutet Aufklärungsflüge in Küstengewässern und Jagd nach U-Booten. Was soll's, wenn die Dinger nicht auseinanderfallen und man in den Bach fällt, scheint der Job nicht sehr gefährlich zu sein.«
– aus Dave Dawson *on Convoy Patrol* von R. Sidney Bowen

links außen: Ein wunderschön restauriertes Consolidated PBY »Catalina«-Flugboot im San-Diego-Luftfahrtmuseum.
links: HMS PURSUER, ein britischer Geleitträger, dessen »Grumman Wildcat«-Kampfflugzeuge im Jahr 1944 erfolgreich einen wertvollen Konvoi gegen einen Nachtangriff von »Heinkel«- und »Focke-Wulf«-Flugzeugen, 600 Kilometer westlich von Kap Finisterre, verteidigten.

US Navy in Pearl Harbor, gründeten sie die »Civil Air Patrol (CAP)«. In der besten Tradition der »Minutemen« des Unabhängigkeitskrieges standen sie in allen Oststaaten auf den Flugfeldern und waren bereit, auf der Stelle zur Verteidigung Amerikas loszufliegen. Nachdem sich General Arnold von ihrem Potential überzeugt hatte, versorgten die Luftstreitkräfte sie mit Treibstoff. Washington bezahlte jedem Piloten ein bißchen widerwillig acht Dollar am Tag (das Bodenpersonal bekam fünf Dollar). Davon mußten sie selbst für Uniformen, Wartung, Nahrung und Unterkunft aufkommen.

Sie wurden aber nicht von der Wehrpflicht befreit.

Im Laufe der Zeit waren die meisten jüngeren Männer und Frauen einberufen worden, aber die älteren füllten immer die Lücken. Mit ihrer bunten Sammlung aus rot-gelben »Stinsons«, »Fairchilds«, »Tailorcraft« und »Wacos« patrouillierten sie von Sonnenauf- bis Sonnenuntergang, paarweise im Tiefflug, vor der Ostküste mit bis zu fast 100 Kilometer Entfernung vom Land. Sie hatten Einkanal-Funkgeräte, und ihre Rettungswesten waren Schläuche aus Autoreifen.

Als die CAP-Flieger ihren Wert unter Beweis gestellt hatten, indem sie U-Boote, Schiffe in Seenot oder treibende Rettungsboote gesichtet und deren Position gemeldet hatten, schlossen sich die großen Ölkonzerne zusammen und spendeten eine große Summe Bargeld. Das Air Corps stellte 100-Pfund-Bomben und 350-Pfund-Wasserbomben zur Verfügung, die unter den Tragflächen der patrouillierenden Flugzeuge montiert wurden. Im Juli 1942 flog eine so ausgerüstete »Widgeon« aus Atlantic-City ab und wurde das erste dieser Flugzeuge, das 25 Meilen vor der Küste von New Jersey ein U-Boot angriff und versenkte. In den 18 Monaten, bevor die US Navy jegliche U-Boot-Abwehr übernahm und die CAP auf Rettungseinsätze beschränkte, waren die fliegenden Patrioten 86 685 Einsätze geflogen, hatten 173 U-Boote

links außen: »Grumman Avengers« greifen ein U-Boot an.
unten: Eine RAF »Lockheed Hudson« mit Besatzung.

gesichtet, 82 Bomben oder Wasserbomben abgeworfen und konnten die Zerstörung oder Beschädigung von zwei U-Booten für sich verbuchen. Sie verloren 90 Flugzeuge und 26 Piloten. Der Oberbefehlshaber der Navy, Admiral King, sprach ihnen seine Anerkennung über ihren »wertvollen Beitrag« aus. Seine Mitarbeiter bemerkten weniger überschwenglich, daß dieser Einsatz »eine interessante Form von Militärdienst« gewesen sei.

In den letzten Monaten des Jahres 1941 erlitten die italienischen Schiffe, die Feldmarschall Rommels Afrikakorps versorgt hatten, schwere Verluste durch die Kriegsschiffe der Royal Navy und die britischen Marineflieger, die vom Flugzeugträger ARK ROYAL aus operierten. Hitler wollte seinem Bündnispartner helfen und befahl Dönitz, den Großteil seiner U-Boote aus dem Atlantik in das Mittelmeer und zur Meerenge von Gibraltar zu verlegen. Mussolini würde einen Stützpunkt in La Spezia an der Nordwestküste von Italien zur Verfügung stellen. Dönitz war nicht nur über die Auswirkungen, die das für seine Strategie im Atlantik haben würde, bestürzt, er war sich auch darüber im klaren, daß die Aufgaben für seine Besatzungen im Mittelmeer heikel werden würden. Die U-Boote konnten von Flugzeugen aus in dem klaren blauen Wasser sogar noch ausgemacht werden, wenn sie auf 60 Meter getaucht waren. Sie mußten also auftauchen, schnell die Torpedos abfeuern und sofort wieder tauchen. Sie hatten keine Möglichkeit, ihre Ergebnisse zu überprüfen.

Trotzdem hatte ihr Einsatz Wirkung auf die Nordafrika-Operation der Alliierten. Innerhalb eines Monats wurde die ARK ROYAL von U-81 torpediert und sank, bevor sie nach Gibraltar geschleppt werden konnte. U-331 erledigte den 31 000-Tonner HMS BARHAM (das einzige Schlachtschiff, das jemals auf hoher See von der U-Boot-Waffe versenkt wurde) und U-557 schickte den Kreuzer GALATEA auf den Meeresgrund. Der Wegfall der Luftangriffe, die von der ARK ROYAL gegen die Versorgungslinien des Africakorps geflogen wurden, trug dazu bei, daß Rommels Divisionen im Januar 1942 weiter nach Osten vordringen konnten. In der Zwischenzeit genossen die Konvois auf dem Atlantik eine kurze und willkommene Phase der Ruhe.

Für einen Flieger, der mit der Bekämpfung von U-Booten bauftragt war, war es sehr frustrierend, daß

Es können drei bis vier U-Boote in dem Gebiet von 32 000 Quadratkilometern sein, das du permanent beobachtest, und du siehst sie womöglich nie. Wenn sie Glück haben und fünf Minuten, nachdem du über sie hinweggeflogen bist, auftauchen, um ihre Batterien aufzuladen, dann bleiben ihnen zwei Stunden, in denen sie ohne Gefahr aufgetaucht bleiben können. Der einzige Weg zu garantieren, daß in einem solchen Gebiet keine U-Boote sind, ist die konstante Überwachung jedes Quadratkilometers über einen Zeitraum von 36 Stunden. In dieser Zeit wäre jedes U-Boot gezwungen aufzutauchen und die Batterien neu aufzuladen. Aber eine von Flugzeugträgern operierende Staffel kann das ganze Gebiet nicht die gesamte Zeit abdecken. Allerdings haben unsere vier in der Nacht operierenden »Turkeys« (Truthähne) ca. sechs Prozent des gesamten Gebietes auf ihren Radarschirmen. Bei einer Fluggeschwindigkeit von 280 km/h über einen Zeitraum von vier Stunden hatten wir eine hohe Wahrscheinlichkeit, ein aufgetauchtes U-Boot zu orten, aber sicher war man nie.
– aus *Twenty Million Tons Under The Sea* von Rear Admiral Daniel V. Gallery, USN

links: *»Sunderland« greift ein »Wolfsrudel« an* von Norman Wilkinson.

er seine erreichten Ergebnisse nicht exakt einschätzen konnte. Dazu eine Beschreibung aus einer offiziellen Veröffentlichung des Coastal Command, die 1942 von einem Büro des englischen Königs publiziert wurde: »Der Angriff erfolgte so schnell und die Resultate, wenn es denn welche gab, folgten so prompt, daß die Wasseroberfläche sich wie ein Vorhang zu schnell schloß, bevor Treffer erkannt und aufgenommen werden konnten. Obwohl große Ölflecken auf der Wasseroberfläche zu sehen waren und Luftblasen auftauchten und platzten, konnte es sein, daß das U-Boot nicht zerstört worden war.

Es konnte immer noch in der Lage sein, einen der vielen Stützpunkte zu erreichen, die zwischen Nordnorwegen und dem Südwesten Frankreichs zur Verfügung standen. Andererseits ist es genausogut möglich, daß das Gegenteil eintrat und die Bomben oder Wasserbomben ihr Ziel trafen. Dann sank das U-Boot mit seiner erstickenden und ertrinkenden Besatzung seinem Ende entgegen.«

Nach den »Sunderlands« und »Hudsons« erhielt das Coastal Command die weiterreichenden und mit britischem Radar und Bombenhalterungen ausgerüsteten American PBY's. Dazu kamen Kampfbomber mit mittlerer Reichweite wie die »Bristol Blenheim«, der »Beaufighter« und die »Vickers Wellington« für Langstrecken, ein zweimotoriger Bomber, der in Marschall Harris' Einheiten durch viermotorige Flugzeuge ersetzt wurde. Auch die Waffen wurden erheblich besser. Es gab neue Wasserbomben von 300 Pfund, Bomben von 600 Pfund, Torpedos mit akustischem Leitsystem und neue effektivere Bombenzielgeräte für den Tiefflug. Allein die Sichtung eines Flugzeuges, das zum Angriff ansetzte, reichte aus, um ein U-Boot zum Tauchen zu zwingen und es so von seiner Beute zu trennen.

Am wichtigsten war das neueste elektronische Hilfsmittel, ein PPI (Plan Position Indicator), von dem vierzig wertvolle Exemplare, die der Oberkommandierende der Bomberflotte requirieren konnte, in die »Wellingtons« des Coastal Command installiert wurden. Der Bediener des Gerätes saß in seiner Kabine in rund drei Kilometer Höhe und konnte die Oberfläche der See fast über 4000 Quadratmeilen absuchen. Ein kleiner leuchtender Punkt, von der rotierenden Antenne auf seinem Bildschirm gezau-

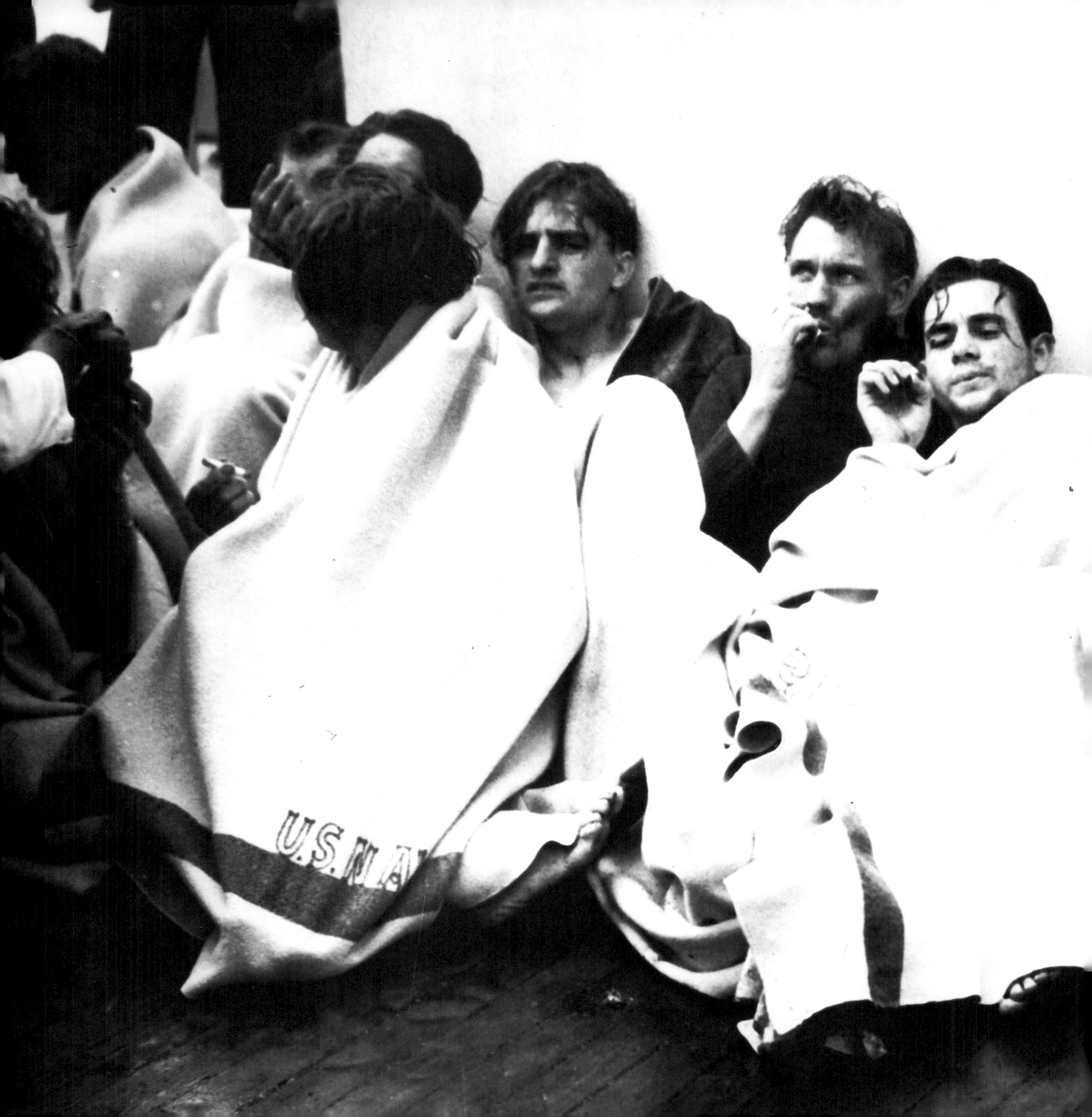
U.S.NAV

bert, zeigte ihm die Entfernung und den Kurs zu dessen Verursacher. Die Auswirkungen folgten sofort. Für die Wache auf der U-Boot-Brücke war es ein unangenehmer Schock, wenn sie ein Flugzeug ausmachten, das sie nicht mehr suchte, sondern vom Horizont oder manchmal aus einer dicken Wolke heraus direkt auf sie zukam. Wenn ein Luftradar auf sie gerichtet war, erwarteten sie eine Warnung durch ihren »Metox«-Detektor, aber der war gegen die Kurzwellen der neuen Suchradars unwirksam. In vielen Funkmeldungen an den BdU war zu lesen: »Alarmtauchen. Flugzeugangriff. Keine Radarwarnung.«

Wenn sein U-Boot eines von denen war, das mit mehr und besseren Flugzeugabwehrwaffen ausgerüstet war, konnte ein Kommandant sich dazu entschließen, aufgetaucht zu bleiben und zu kämpfen. In diesem Fall konnte der Pilot das Feuer

vorige Seiten: Gefangene Besatzungsmitglieder von U-175 an Bord des US-Coast-Guard-Kutters SPENCER, der gerade ihr Boot mit Wasserbomben versenkt hatte.
links: 19 Besatzungsmitglieder von U-175 wurden von der SPENCER gerettet, und weitere 22 wurden vom Kutter DUANE aufgenommen.

... wir gaben dem RAF Coastal Command den Befehl, die Mündung vom Mersey und Clyde und die Gewässer vor Nordirland zu beherrschen. Keine Mühe durfte gescheut werden. Es hatte oberste Priorität. Die Bombardierung Deutschlands war zweitrangig. Alle einsatzfähigen Maschinen, Piloten und Material mußten für unsere Gegenoffensive konzentriert werden. Jagdflugzeuge gegen feindliche Bomber und Überwasserschiffe, unterstützt von Bombern, mußten diese engen lebenswichtigen Gewässer gegen die U-Boote verteidigen. Viele andere wichtige Unternehmungen wurden zur Seite gefegt, verschoben oder nur halbherzig durchgeführt. Wir mußten uns Atem verschaffen.
– aus The Second World War: Their Finest Hour von Winston S. Churchill

Der weise Mann bittet Gott im Sturm nicht um Sicherheit vor Gefahr, aber um Erlösung von Angst.
– aus *Journals*
von Ralph Waldo Emerson

entweder erwidern oder außer Reichweite kreisen und die nächste Korvette oder den nächsten Zerstörer rufen. Wenn der Kommandant sich zum Tauchen entschloß, konnte die Flugzeugcrew durch das Fernglas sehen, wie der erste Mann im Turm verschwand. Dann blieben ihnen vielleicht noch 30 Sekunden für einen Angriff mit Wasserbomben, Flugzeugbomben oder Torpedos. Wenn sie geschickt und schnell genug waren, konnten sie den Feind in seinem verwundbarsten Moment erwischen.

Wegen dieser Bedrohung änderten die U-Boot-Kommandanten ihre Taktik. Bei Tageslicht blieben sie länger getaucht. Erst in der Dunkelheit kamen sie an die Oberfläche und starteten ihre Angriffe. Eine der Maßnahmen gegen diese nächtlichen Angriffe waren die »Snowflake«-Raketen. Sie wurden von Schiffen abgefeuert und erleuchteten die Umgebung. Eine weitere und wirksamere Abwehr war das »Leigh«-Licht (benannt nach dem RAF-Kommandanten, der es erfand). Es wurde im Spätsommer 1942 in zwei »Wellington«-Staffeln, den PBY und den B-24 installiert, als diese in die U-Boot-Abwehrmaßnahmen integriert wurden. Wenn ein Flugzeugradar ein aufgetauchtes U-Boot ortete, näherte sich der Pilot ihm im Tiefflug und schaltete in rund 45 Meter Höhe das »Leigh«-Licht ein. Der extrem helle Lichtstrahl, der direkt auf den Turm gerichtet war, machte die Nacht zum Tage und blendete die Wache, während das Flugzeug den Bombenanflug machte.

In den frühen Jahren des Krieges wurden die

U-Boote bei langen Einsätzen auf See von Tankern mit Treibstoff versorgt. Ende 1941 waren alle Versorger von der Royal Navy auf den Meeresgrund geschickt worden – ein Schicksal, das für die Kriegsmarine nicht völlig unerwartet kam.
1942 waren zehn große Typ-IX-U-Boote gebaut worden, die den Booten auf See Waffennachschub, Nahrungsmittel und Diesel lieferten. Sie versorgten die kleineren Boote auch mit Medikamenten und Ersatz für verwundete oder kranke Seeleute. Die 1600-Tonnen-»Milchkühe«, wie sie genannt wurden, hatten eine Reichweite von 12 000 Seemeilen bei einer Geschwindigkeit von zehn Knoten, und jedes einzelne transportierte genügend Diesel, um die Seezeit von fünf Wölfen eines Rudels zu verdoppeln. Dieses Konzept war gut, aber die Probleme bei der Ausführung waren riesig. Allein um sich in den unermeßlichen Weiten des Ozeans zu treffen, war eine äußerst exakte und fachmännische Navigation erforderlich. Es nahm Zeit in Anspruch, wenn beide Schiffe aufgetaucht den Treibstoff und die Versorgungsgüter umluden oder Torpedos von einem Boot zum anderen hoben oder zogen. In diesem Augenblick waren sie gut mit Hilfe des Radars oder dem bloßen Auge auszumachen. Rettungswesten wurden um die Treibstoffleitung herum angebracht, damit sie schwamm, aber sie brach leicht, wenn der Diesel zu schnell floß. Die alliierten Streitkräfte erkannten diese Schwäche schnell und konzentrierten sich auf diese Versorgungs-U-Boote. Die ersten zehn waren schnell versenkt, und zehn weitere, die für das Jahr 1943 geplant waren, wurden storniert, als dem BdU klar wurde, daß die »Milchkühe« mit zunehmender U-Boot-Abwehr eher zu toten Enten mutierten.

Die Flieger des Coastal Command konnten sich gut in die Royal Navy hineinversetzen und arbeiteten eng mit ihren Kameraden zur See zusammen. Das tat die Luftwaffe außer über der Ostsee bei Angriffen auf russische Konvois eher selten. Die einzige Unterstützung aus der Luft, die Admiral Dönitz zur Verfügung stand, waren ein paar »Focke-Wulf-Condor«-Maschinen, die ihren Stützpunkt in Bordeaux hatten. Diese umgebauten zivilen Transportflugzeuge hatten weder Stehvermögen noch Ausrüstung und auch keine Besatzungen mit der notwendigen Erfahrung für Aufklärungsflüge mit großer Reichweite. Dönitz versuchte diese Situation zu verbessern, indem er für einen Moment seine Aversion gegen den massigen Reichsmarschall überwand. Er besuchte Görings riesiges Jagdgebiet an der litauischen Grenze und trug seine Bitte um Hilfe zwischen reichlich vorkommenden Elchen, Wölfen und Bisons vor. Die weite Reise brachte ihm die zeitweise Unterstützung von 24 zweimotorigen »Junkers-88-C«-Kampfbombern zur Verstärkung der »Condors«.

Es sollte nicht ausreichen. Zu Beginn des Jahres 1943 hatten die alliierten U-Boot-Jäger Stützpunkte in Island, Schottland, Nordirland, Südwestengland, Gibraltar, Westafrika, Kanada und an der Ostküste Amerikas. Im Frühjahr wurden sie durch einige »Consolidated Liberator«-Flugzeuge mit großer Reichweite, die an der afrikanischen Front überflüssig wurden, verstärkt. Jedes von ihnen war in der Lage, eine Ladung von 24 Wasserbomben von je 300 Pfund mitzuführen und die Lücke im Mittelatlantik zu schließen. Von 41 U-Booten, die im Mai versenkt wurden, wurden 23 Opfer von Luftangriffen, und die Verlustrate von Dönitz' Flotte lag bei unerträglichen 63 Prozent. Er beklagte sich bei Hitler: »Es ist völlig unbegreiflich, daß die deutsche Marine in diesem zwanzigsten Jahrhundert, dem Jahrhundert der Flugzeuge, zum Kampf gerufen wird, ohne Marineflieger und eigene Luftaufklärung zu haben.« Es sollte noch schlimmer werden. Ein Abkommen mit den Portugiesen, ihren ältesten Verbündeten, verschaffte den Briten im August Zugang zu zwei Luftstützpunkten auf den Azoren, rund 1600 Kilometer westlich von Gibraltar im Nordatlantik gelegen. Außerdem war der Oberbefehlshaber der Luftstreitkräfte, Marschall Harris, wie man berichtet, gelegentlich willens, der U-Boot-Abwehrkampagne seine Unterstützung zukommen zu lassen. Eine neue Bombercrew, die ihren ersten Einsatz flog, wurde oft zum »Gärtnern« (das war die codierte Bezeichnung für das Minenlegen) geschickt. Sie sollten eine Reihe »Gemüse« in die von U-Booten benutzten Wege vor der Küste der Biscaya »pflanzen«. Zum Beispiel sammelte Jack Curries »Lancaster«-Besatzung ihre erste Erfahrung mit feindlichem Beschuß, als sie das Abwurfgebiet vor La Pallice suchten. Sie kamen zu nahe an die Geschütze von La Rochelle. Die Ergebnisse solcher Einsätze konnten selten eingeschätzt werden, aber sie wurden geflogen, um es der U-Boot-Waffe so schwer wie möglich zu machen, ihre Einsätze zu fahren.

Mut ist alles. Wenn der Mut geht, geht alles.
– J. M. Barrie

Viele wären Feiglinge, wenn sie genug Mut hätten.
– aus *Gnomologia* von Thomas Fuller

links außen: Unter großem Risiko durch Luftangriffe übernimmt U-107 Treibstoff von einem Tanker im Südatlantik im Mai 1941.
links: Am 24. 5. 1941 landete RAF-»Whitley«-Pilot Sergeant Clifford Chatten einen Treffer auf U-523 und zwang es nach Lorient zurück zur Reparatur.

Das Schicksal des Wurmes widerlegt die vorgetäuschte ethische Lehre des Sprichwortes, das vorgibt, den Vorteil des frühen Aufstehens zu erläutern, weil ja gerade das für den Wurm extrem gefährlich ist.
– aus *Asides: Writers and Talkers, Ponkapog Papers* von Thomas Bailey Aldrich

Sergeant Clifford Chatten war noch in der Ausbildung und flog eine »Whitley«. Am 21. Mai 1943 sichtete er ca. 900 Kilometer vor der Küste Frankreichs ein aufgetauchtes U-Boot und griff es aus rund 15 Metern Höhe mit fünf Wasserbomben von 250 Pfund an (die fünfte verfing sich und verblieb in der Maschine). Der Angriff kam zu spät. Das U-Boot verschwand, dreißig Sekunden bevor die Bomben fielen, unter der Wasseroberfläche.

Drei Tage später fand Chatten auf der gleichen Patrouille ein anderes Ziel und startete seinen Angriff aus der Sonne aus rund dreißig Metern Höhe. Dieses Mal lösten sich alle Wasserbomben aus den Halterungen, und die Photos, die mit einer automatischen Kamera aufgenommen wurden, zeigten, daß mindestens eine das Ziel getroffen hat. »Es ist sicher«, wurde in einem folgenden Bericht des Kommandos festgestellt, »daß schwerer Schaden angerichtet wurde. Aller Wahrscheinlichkeit nach ist das U-Boot versenkt worden.«

Die beanspruchte Versenkung wurde durch Fakten widerlegt. U-523 war nur beschädigt worden und mußte zur Reparatur nach Lorient umkehren. »Ich bin sicher, daß wir es versenkt hätten, wenn wir Flugzeugbomben gehabt hätten«, erinnerte sich Chatten. Als er seinen OTU-Lehrgang beendet hatte, wurde Chatten zum 83. Geschwader der »Pathfinder Force« versetzt und bewährte sich als guter »Lancaster-Pilot«, aber seine Leistung als U-Boot-Jäger ließ ihn in die Geschichte eingehen. Es gab viele hocherfahrene Piloten beim Coastal Command, die Hunderte von Flugstunden über dem Wasser verbrachten, ohne jemals ein U-Boot zu sehen, geschweige denn eines anzugreifen. Chatten, der »Neuling«, hingegen hatte innerhalb von vier Tagen zweimal diese Gelegenheit.

Chattens Einheit, die 10. Operational Training Unit, war elf Monate speziell für U-Boot-Abwehrflüge eingesetzt worden. Während ihrer 1848 Erkundungsflüge verbuchten die Anfänger 91 Ortungen für sich und griffen 54mal an. Das Ergebnis war ein »nachweisbar versenktes Boot«, eines, das »wahrscheinlich beschädigt« wurde, und zwei, die »vermutlich leicht beschädigt« wurden. Das schien in Anbetracht der Tatsache, daß sie 33 Flugzeuge verloren hatten, ein beklagenswert schlechtes Resultat zu sein. Der Oberbefehlshaber der Seestreitkräfte schrieb allerdings dazu: »Die konstanten und hartnäckigen Bemühungen haben den U-Booten Schwierigkeiten beim Passieren der Biscaya bereitet und so zu den nachfolgenden U-Boot-Ortungen und -Versenkungen beigetragen.«

In einer klaren Nacht im Juni 1944, wenige Stunden nachdem die Invasion in der Normandie begonnen hatte, entdeckte eine »Liberator« auf Erkundungsflug zwischen den Scilly-Inseln und Ushant ein aufgetauchtes U-Boot und versenkte es mit einem perfekten Abwurf von sechs Wasserbomben; drei auf jeder Seite des Rumpfes. Zwanzig Minuten später tauchte eine zweite dunkle Silhouette gegen das Mondlicht aus dem Wasser. Es wurde eine ergiebige Nacht für die Flugzeugbesatzung. Ihr Feuer wurde vom Deck des U-Bootes aus heftig erwidert, aber der Angriff wurde fortgesetzt. Vier Wasserbomben fielen auf die Backbordseite und zwei auf Steuerbord. Das U-Boot versank mit dem Heck und bekam Schlagseite nach Steuerbord. Die Flugzeugbesatzung beobachtete das gespannt, denn sie hatte ihre Bomben verbraucht.

»Wir wollten gerade eine Nachricht an den Stützpunkt senden«, sagte der Pilot, »in der Hoffnung, daß irgendeiner kommen und dem U-Boot den Rest geben würde, als der mittlere Schütze schrie: ›Es geht unter. Es ist genau wie in einem Hollywoodfilm.‹ Das Boot hatte eine Neigung von 75 Grad, der Bug ragte in die Luft, und es glitt langsam in die Tiefe. Wir hatten das ›Leigh‹-Licht für den Angriff gar nicht gebraucht, aber nun schalteten wir es ein. Man konnte drei mit Deutschen besetzte Rettungsboote sehen, die zwischen Trümmern und Öl trieben. Es ging alles so schnell, daß der Funker, der noch damit beschäftigt war, den ersten Bericht zu senden, gar nicht merkte, was los war, und dachte, wir würden ihn an der Nase herumführen.«

Obwohl die Einsätze der alliierten Marineflieger nicht so oft in den Schlagzeilen standen, wie die der Bomber- und Jagdflieger, war ihr unermüdlicher Beitrag zu den Atlantikschlachten enorm. Die Besatzungen des Coastal Command der RAF flogen 800 000 Stunden über dem Ozean und griffen 1 300 feindliche Schiffe und Boote an. 1 700 Flugzeuge gingen bei diesen Missionen verloren und 5 800 Besatzungsmitglieder, davon 1 600 aus den britischen Kolonien und aus den europäischen verbündeten Ländern, verloren auf diesen Flügen ihr Leben.

Im Januar 1943 wurden zwei Dinge in bezug auf die Bombardierung der U-Boot-Stützpunkte klar. Frühere Annahmen über die Unzerstörbarkeit der Bunker waren nun bewiesen worden. Selbst mit schwersten panzerbrechenden Bomben wurde es als zweifelhaft angesehen, den Bunkerblocks einen wesentlichen Schaden zufügen zu können. Folglich konnte von den Bombardierungen der Stützpunkte nur erhofft werden, daß sie den Betrieb stören und das erneute Auslaufen von U-Booten verlangsamen könnten. Zum zweiten mußte man, um die funktionierenden Stützpunkte zu lähmen und sie so den Deutschen zu verleiden, viel größere Streitkräfte einsetzen und viel öfter bombardieren, als es bisher möglich war. Als Antwort auf eine direkte Frage aus Washington erwiderte das Hauptquartier der 8. Air Force, daß für die Ausschaltung der fünf Stützpunkte insgesamt 250 Einsätze pro Woche gegen jeden der Stützpunkte über einen Zeitraum von acht Wochen nötig wären.
– aus The Army Air Forces in World War II von Wesley F. Craven and James L. Cate

links: Ein Besatzungsmitglied von U-175 ist gerettet, als er ein Rettungsnetz des Kutters DUANE erreicht.

Als Gott die Menschen erschuf, gab er ihm zwei Enden; eines zum Daraufsitzen und eines zum denken. Seit diesem Tag hängt der Erfolg oder Mißerfolg des Menschen davon ab, welchen Körperteil er am meisten benutzt. Es war immer und ist heute noch gleich: Kopf gewinnt und Hinterteil verliert.
– aus *Tee Emm*, RAF publication

Kind der Lust! Mit sonnenhellem Haar / und meerblauen Augen; / Geist voller Seeligkeit, was bringt dich her / unter diesen verdrossenen Himmel?
– aus *The Two Children* von Emily Bronte

links: Ein U-Boot-Mann von U-175 ruft die SPENCER um Hilfe an, kurz nachdem der Kutter sein Boot versenkt hatte. Ruhiges und relativ warmes Wasser erleichterte die Rettung der deutschen Besatzung.

DIE VERLIERER

BIS AUGUST 1945, als zwei Atombomben die Japaner zur Kapitulation zwangen, wurde allgemein akzeptiert, daß Kriege nie gewonnen waren, bis die feindliche Armee auf dem Feld besiegt war. In Europa schien diese Regel drei Monate zuvor noch zu gelten, als die Soldaten der Westalliierten und der Sowjetunion Berlin einschlossen. Einige Fragen waren jedoch noch offen geblieben. Es gab zum Beispiel Grund zur Frage, ob dasselbe Resultat nicht unter geringeren Verlusten hätte erzielt werden können, wenn die Bomber der Alliierten all ihre Kraft in den Jahren 1943 und 1944 darauf konzentriert hätten, den Deutschen den Ölhahn abzudrehen. Andererseits konnte argumentiert werden, daß alles vielleicht anders ausgegangen wäre, wenn Dönitz in den Jahren 1940 oder 1941 in der Lage gewesen wäre, die dreihundert U-Boote einzusetzen, die er wollte, und wenn er Unterstützung aus der Luft bekommen hätte; oder wenn Hitler nicht, vom Patt im Westen frustriert, 1941 Rußland angegriffen hätte. Egal, wie es hätte kommen können, der Sieg der Alliierten bewahrte die Welt vor dem Alptraum der Naziherrschaft.

Von allen moralischen, physischen, militärischen, technischen, strategischen und taktischen Faktoren, die zum alliierten Sieg beitrugen, war keiner so wichtig wie der unendlich lange Einsatz, der die Ozeane für den Verkehr offenhielt. Ohne ihn hätte Großbritannien nie überleben, geschweige denn das Sprungbrett für die Invasion der Normandie sein können. Dem Mut und der Ausdauer der Seeleute der Handelsflotte muß ein Ehrenplatz in der Geschichte eingeräumt werden (die Tatsache, daß viele von ihnen Fremde waren, die ihr Leben für die Westalliierten aufs Spiel setzten, konnten die deutschen U-Boot-Fahrer nie verstehen). Zweitens erhielt Großbritannien massive Unterstützung aus Nordamerika. Es gab das sogenannte »Cash and Carry« (Zahl's und nimm's mit) Programm und das »Lend-Lease«-(leihweise Überlassung) Paket aus Zerstörern, einem Geschwader »Liberatos«, zwei Geschwader »Flying Forttresses«, die Teilnahme der Kanadier und Amerikaner an den Geleitzügen und an den Einsätzen der »Tenth Fleet«. Im Gegenzug dazu konnten die Briten Hilfe bieten, indem sie ihre jahrelangen Erfahrungen im Geleitschutz weitergaben, eine Flotte von bewaffneten Trawlern zur Verfügung stellten, ihr »huff-duff«-(HFDF) Peilgerät weitergaben und einen tollen Geheimdienst hatten.

Bei Kriegsende wurden alle deutschen Marinefahrzeuge unter den vier sogenannten Großmächten verteilt; England, Rußland, USA und Frankreich. Jeder bekam ungefähr ein Dutzend U-Boote mit der Übereinkunft, nach der alle diese Fahrzeuge innerhalb von zwei Jahren auf hoher See versenkt oder verschrottet werden sollten. Als diese zwei Jahre fast um waren, machten wir uns daran, die Übereinkunft umzusetzen, und mich erreichte die Nachricht, daß U-505 zusammen mit den erhaltenen U-Booten versenkt werden sollte. Ich widersprach sofort, daß U-505 nicht unter den Entschluß der vier Mächte fiel, die nur U-Boote betraf, die gegen Ende des Krieges kapituliert hatten. Dieses Boot war in einer Schlacht

auf hoher See eingenommen worden. U-505 hatte nicht kapituliert und war daher US-Eigentum und an keine Bedingungen gebunden. Wir konnten sie behalten, solange wir wollten. Ich hatte zu der Zeit keine unmittelbaren Pläne für das U-Boot, aber meine Jungs hatten viel Ärger auf sich genommen, um es vor der Versenkung vor der Küste von Afrika zu bewahren, und die Aussicht, sie nun zu versenken, ärgerte mich wahnsinnig. Die Bürokraten der Regierung möchten immer gern etwas wie einen Präzedenzfall haben oder ein Stück Papier, um zu rechtfertigen, was sie tun. Für diesen Fall gab es keinen Präzedenzfall. Aber ich verursachte einen solchen Wirbel, daß die Navy schließlich ihre Meinung änderte und bezüglich des Befehls ein Veto einlegte.
– aus *Twenty Million Tons Under The Sea* von Konteradmiral Daniel V. Gallery, USN

Der Engländer, das muß festgehalten werden, wird selten gewalttätig; wenn er genügend angestachelt wird, öffnet er sich ganz einfach wie eine Auster und verschlingt seinen Gegner.
– aus *The Wisdom of the Heart* von Henry Miller

vorige Seite: Die *CAMPBELL trifft auf ihren Feind* von Anton Otto Fischer.

Ein dritter Faktor war, daß Flugzeuge mit extrem großer Reichweite genau zum richtigen Zeitpunkt entwickelt wurden. Sie waren mit hochmodernem Radar ausgerüstet und konnten die Lücke im Mittelatlantik schließen. Es gab keine Zweifel an der Effektivität des Radars, speziell bei schlechter Sicht oder tiefhängenden Wolken. Mehr U-Boote wurden jedoch mit dem »huff-duff« oder mit dem guten alten menschlichen Auge ausgemacht als mit dem »sehenden Funkgerät« (wie es Henry L. Stimson, der US-Kriegsminister, treffend nannte). Dönitz und sein Stab überschätzten seine Wichtigkeit. Sie wurden von den eigenen Wissenschaftlern schlecht beraten und trafen untaugliche Vorsichtsmaßnahmen gegen das Feindradar. Es war die Kombination aus Rundsuchradar und das massive Anwachsen der Luftstreitkräfte, die aus den Meeren einen U-Boot-Friedhof machte.

Der vierte Beitrag wurde von Commander (später Captain) Frederick John Walker geleistet. Um 1943 wurde die von ihm gegen die »Seewölfe« entwickelte Offensivtaktik sowohl von den U-Boot-Jägern der Royal- als auch der US-Navy benutzt, um die »Wolfsrudel« zu dezimieren. Walkers Black-Swan-Schaluppen bewegten sich auf dem Ozean wie ein Eimer in einem Strudel (sogar der härteste Seemann konnte auf einer Schaluppe seekrank werden). Sie waren aber extrem manövrierfähig, und wenn sie in Aktion waren, glichen sie einer Hundemeute, die Fährte aufgenommen hatte. Er ließ bei jedem Auslaufen aus Liverpool laut »A-hunting we go« (wir gehen auf die Jagd) über die Lautsprecheranlage seiner HMS STARLING abspielen. Seine 2. Support Group versenkte 24 U-Boote, davon allein sechs während einer Mission. Er versenkte selbst U-264, das erste U-Boot mit Schnorchelanlage.

Gemeinsam mit Captain Donald Macintyre wurde »Johnny« Walker als der erfolgreichste Mann der U-Boot-Abwehr angesehen. Seine Leistungen wurden durch die sehr seltene Auszeichnung des »Distinguished Service Order« mit drei Balken – jeder gleichbedeutend mit einem weiteren DSO – ausgezeichnet. Erschöpft von der permanenten Anstrengung starb Walker kurze Zeit nach dem D-Day im Alter von 48 Jahren und fand auf See seine letzte Ruhestätte.

Der letzte Faktor waren sehr wertvolle nachrichtendienstliche Informationen über U-Boot-Bewegungen aus der »Government Code and Cypher School – GC&CS« (Staatliche Schule für Ver- und Entschlüsselung). Wahrscheinlich hat diese Einrichtung einen genauso großen Beitrag zum Ausgang des Zweiten Weltkrieges geleistet, wie jede andere einzelne alliierte Einheit des Militärs oder auch zivile Dienste.

Der Abhördienst der GC&CS sammelte, verglich und verbreitete Informationen, die aus abgehörtem feindlichen Funkverkehr stammten. »Ultra« wurde der Codename für den Dienst, der aus Codes und extrem hohen Verschlüsselungsgraden nutzbringende Informationen gewann. Die Leute vom »Sigint« (Signal Intelligence, der Fernmeldeaufklärung) kämpften mit dem Problem, daß der gesamte geheime Funkverkehr der deutschen Streitkräfte durch ein hochentwickeltes Kodierungsgerät, Schlüssel-M oder »Enigma«, geschützt war. Auf der »Enigma« wurden die Nachrichten auf einer normalen Tastatur getippt und dann durch elektrische Schaltkreise an drei Walzen weitergegeben. Diese Walzen hatten separate elektrische Kontaktstellen für jeden einzelnen Buchstaben des Alphabets in einer unterschiedlichen Reihenfolge. Jeder Buchstabe der Nachricht wurde über die erste Walze an die zweite und dann an die dritte Walze weitergegeben und so verschlüsselt. Der so codierte Buchstabe wurde auf einem Bildschirm über der Tastatur angezeigt und dann im Morsealphabet ausgesendet.

Beim Empfänger stand ein gleiches Gerät und eine Liste mit den Einstellungen der Walzen für den jeweiligen Tag. Der Decodierungsvorgang verlief genau umgekehrt. Weil die Walzen nach Belieben verändert werden konnten und die Anzahl der elektrischen Schaltkreise erhöht werden konnte, waren die möglichen Variationen fast unendlich groß. Die Maschine war kompakt und einfach zu bedienen und ihr Code praktisch nicht zu brechen.

Das Bletchley Park House war ein großes und fast häßliches Haus im ländlichen Gebiet von Buckinghamshire. Die Regierung seiner Majestät hatte es auf Zeit von einem Industriemagnaten geliehen, nach dessen Laune es gebaut worden war. Die Unterkünfte waren durch eine Gruppe praktischer, aber noch häßlicherer Nissenhütten auf dem Gelände vergrößert worden. Dort wagten sich die Codeknacker – Akademiker, alte Kriegsveteranen, Schachexperten und Kreuzworträtsellöser – an die Herausforderung,

Die Engländer mögen vielleicht keine Musik, aber sie lieben ihren Lärm.
– Sir Thomas Beecham

Ein Ire kämpft, bevor er nachdenkt; ein Schotte denkt nach, bevor er kämpft; einem Engländer ist diese Reihenfolge egal, solange seine Kunden zufrieden sind.
– aus *Lacon* von Charles Caleb Colton

links: Ein Dockarbeiter zeigt einem US-Soldaten den Schaden, der diesem U-Boot-Bunker in Brest bei Angriffen von schweren Bombern der RAF zugefügt worden ist.

den undurchschaubaren »Enigma«-Code zu brechen. Stunde um Stunde hörten sie den deutschen Funkverkehr ab, waren aber nicht in der Lage, irgendein Muster zu erkennen. Das überraschte nicht sonderlich. Nicht nur, daß jeder Bereich der deutschen Streitkräfte eine eigene Walzeneinstellung hatte, sondern der Marinecode, der sogenannte »Hydra«- Code, wurde auch jeden Tag geändert. Außerdem waren die Rechenmaschinen, die seinerzeit zur Verfügung standen, genauso groß wie die Tiefkühltruhen in einem großen Supermarkt und hatten weit weniger Kapazität als ein Laptop der neunziger Jahre. Der erste Anhaltspunkt für die Entschlüsselung kam aus Polen, wo eine frühe Version der »Enigma« gebaut worden war. Der polnische Geheimdienst hatte die Entwicklungen beobachtet. Diese Beobachtungen, die nach London gelangten, waren keineswegs der einzige Beitrag, den die Polen zur Niederlage der Deutschen beigetragen haben. Man hatte einen Anfang, aber die GC&CS brauchte verzweifelt mehr Informationen über die Walzen und die Codes. Die Royal Navy wurde mit der Eroberung eines Schiffes, das mit diesen Instrumenten ausgerüstet war, beauftragt und hatte Erfolg.

Im Februar 1940 wurde U-33 erobert, während es im Meeresarm von Clyde Minen legte, und drei »Enigma«-Walzen fielen in britische Hände. Einen Monat später wurde auf dem bewaffneten Trawler KREBS Chiffrierpapier und eine weitere Walze gefunden, und am 7. Mai 1941 entdeckte man auf dem eroberten Wetterschiff MÜNCHEN die Codeeinstellungen für die folgenden drei Monate. In jedem Fall wurde die Nachricht lanciert, daß die Schiffe gesunken waren, bevor sie geentert werden konnten.

Allmählich fügte man aus den Teilen ein Bild zusammen, und am 9. Mai 1941 gelang der große Durchbruch. Ein Typ-IX-Boot, U-110 unter dem Kommando von Fritz-Julius Lemp, griff einen Konvoi vor der Küste von Grönland an und traf mit einem Fächer aus drei Torpedos zwei Handelsschiffe. Lemp, der stark getadelt worden war, weil er am ersten Kriegstag das britische Passagierschiff ATHENIA mit 138 Zivilisten an Bord versenkt hatte, machte nun einen erneuten Fehler, und es sollte sein letzter sein. Während er für einen Moment auf Sehrohrtiefe ging, um das Ergebnis seines Angriffs zu überprüfen, wurde sein Sehrohr aus dem Krähennest eines Kriegsschiffes aus dem Geleit gesichtet

IO, dieses ist ein großer Moment. Wir haben den Feind vorher nie gesehen. Sie sehen nicht viel anders aus als wir, oder?
– aus *The Cruel Sea*
von Nicholas Montserrat

Zu sterben ist extrem bitter, aber der Gedanke zu sterben, ohne gelebt zu haben, ist unerträglich.
– frei nach *Man for Himself*
von Erich Fromm

Jeder kleine Teil von uns wehrt sich gegen das Sterben und hofft, für immer zu leben.
– Ugo Betti

links: Ein Rettungstrupp des US-Coast-Guard-Kutters CAMPBELL nimmt im Jahr 1943 Überlebende aus ihrem U-Boot auf.
– ein Bild von Anton Otto Fischer.

Die Korvette AUBRETIA griff sofort mit Wasserbomben an, und U-110 war zum Auftauchen gezwungen. Sofort wurde sie von der AUBRETIA und zwei weiteren Schwesterschiffen unter Beschuß genommen. Lemp und ein Großteil seiner Besatzung mußten das Boot verlassen. Der Zerstörer BULLDOG nahm Anlauf, um das U-Boot zu rammen, als sein Kapitän sich an die Order erinnerte und die goldene Gelegenheit ergriff, das Boot einzunehmen, anstatt es zu versenken. Ein bewaffneter Trupp enterte das Boot und fand die Schlüsselunterlagen und die unversehrte »Enigma« Maschine. Es ist nicht klar, was mit Lemp passierte. Entweder ertränkte er sich selbst oder wurde erschossen, während er wieder aufs Boot zurückzukehren versuchte. Als König Georg VI. das »Distinguished Service Cross« an die Brust des BULLDOG-Trupps heftete, der das U-Boot geentert hatte, war er gut informiert: Er beschrieb die Eroberung von U-110 als »das wichtigste Ereignis des Seekrieges«.

Als nun das Gerät und die Dokumente im Bletchley Park untersucht worden waren, kannte die GC&CS viele der Geheimnisse der »Enigma« und sie konnten den »Hydra«-Code der deutschen Marine entziffern. Die Deutschen waren ahnungslos. Jeder der Männer, der Zeuge der Enterung von U-110 geworden war, mußte absolute Geheimhaltung schwören. Dieses Geheimnis wurde über dreißig Jahre bewahrt.

In den folgenden neun Monaten leistete der Ultra-Geheimdienst den Briten gute Dienste. Die Position eines jeden U-Bootes wurde im Marineministerium festgehalten, und die Schiffsverluste wurden geringer. Dann wurde der »Hydra«-Code am 1. Februar 1942 geändert – nicht weil Dönitz annahm, daß er gebrochen worden war, sondern aus reiner Routine. In den folgenden drei Monaten verdoppelten sich die Verluste, bis Ultra (nun waren auch die Amerikaner mit von der Partie) wieder entziffern konnte. Im Frühjahr 1943 gab es eine weitere bittere Lücke, weil der »Enigma« eine weitere Walze hinzugefügt wurde. Die Entzifferungsexperten in Bletchley benötigten 14 Tage, um die Lösung zu finden. Zwei Konvois traf es währenddessen – den langsamen SC 122 mit 54 Schiffen und den schnelleren HX 229 mit 40 Schiffen. Sie kamen aus New York und verloren 22 Schiffe durch Angriffe des »Wolfsrudels«. Dieses Gemetzel war aber der letzte Triumph der U-Boot-Waffe. Der Mai des Jahres 1943 wurde in Deutschland als der »Monat der U-Boot-Verluste« bekannt. Von diesem Zeitpunkt an lag Ultra nie mehr falsch. Kein Wunder, daß Winston Churchill sie »das kostbarste Geheimnis« nannte.

Die U-Boote waren zwar nach wie vor eine Bedrohung, aber die Alliierten stellten ihnen hunderttausend Männer, über 40 Flugzeugträger und Hunderte von Zerstörern, Schaluppen und Korvetten entgegen. Aber weder die Einführung des Schnorchels noch alle anderen technischen Neuentwicklungen, die von der deutschen Industrie für die späteren U-Boot-Typen gegen Ende 1944 und im Frühjahr 1945 geliefert wurden, konnten verhindern, was längst klar war: Deutschland hatte die Schlacht um die Seewege der Welt verloren.

Obgleich 24 Handelsschiffe der Alliierten zwischen September und Dezember 1944 versenkt worden waren, verlor Deutschland 55 U-Boote. Tapfer, wie sie waren, und loyal, wie sie dem Vaterland gegenüberstanden, wußten die U-Boot-Kommandanten und ihre Besatzungen, daß sie geschlagen waren. Einige beharrten nach wie vor darauf, erfolgreiche Angriffe gegen die überwältigende Übermacht zu versuchen. Andere gingen hingegen umsichtiger vor und gaben sich mit kleineren Zielen zufrieden. Als der Krieg seinem Ende entgegenging, vermischte sich das bittere Gefühl der Niederlage mit einem gewissen Gefühl der Erleichterung. Obwohl all die Entbehrungen und Gefahren, die sie durchlebt hatten, vergeblich waren und obgleich dem Führer sein Traum vom tausendjährigen Reich nicht in Erfüllung ging, wollten sie zumindest ihr Leben nicht so beenden, wie viele ihrer Kameraden es getan hatten, nämlich hoffnungslos nach Luft schnappend auf dem Meeresgrund.

Es war ein langer und fürchterlicher Kampf gewesen, der auf beiden Seiten tapfer, standhaft und generell mit Ehrgefühl gekämpft worden war. Es gab Ausnahmen, wie zum Beispiel ein britisches U-Boot, das die Besatzung eines sinkenden deutschen U-Bootes unter Beschuß nahm, oder 1944, als das Feuer eines deutschen U-Bootes auf die Rettungsboote eines torpedierten griechischen Frachters gerichtet wurde. Die beiden U-Boot-Kommandanten, die für diese Aktionen verantwortlich waren, wußten nun, was es bedeutet, im Krieg auf der Gewinner- oder

... heute abend lautet unser Befehl: »Bombardiert das Zentrum von Bremen; macht es für Arbeiter unbewohnbar.« England! Cricket! Huh! Ist das zu rechtfertigen? Ich weiß es nicht. Ich weiß nur, daß ich bald Frauen und Kinder umbringen soll.
– aus *Journeys Into Night*
von Donald Charlwood

Praktisch gesehen war der Zweck von Flächenbombardements, einen anvisierten Punkt anzugreifen, der im Zentrum eines bestimmten Gebietes lag, dessen Zerstörung nützlich schien. Mit anderen Worten, die Methode, Bomben abzuwerfen, die ihr Ziel verfehlten, trug dazu bei, die deutsche Kriegsmaschinerie zu zerstören. Da fast alle Bomben ihr Ziel verfehlten, lag eine gewisse Logik in diesem Vorgehen.
– aus *The Bombing Offensive Against Germany*
von Noble Frankland

links: Die Ruinen von Bremen nach Einstellung der Bombardierung durch die Alliierten. Schlüsselindustrien, wie die großen U-Boot-Werften, wurden gezielt angegriffen.

Gegen den Krieg kann vielleicht gesagt werden, daß er den Sieger dumm und den Besiegten rachsüchtig macht.
– frei aus *Menschlich allzu menschlich*
von Friedrich Nietzsche

Solange der Krieg als böse gilt, wird er immer seine Faszination behalten. Wird er als vulgär angesehen, wird er aufhören, so beliebt zu sein.
– aus *The Critic as Artist*
von Oskar Wilde

rechts: Beschädigte U-Boote nach einem USAAF-Bombenangriff auf den Hamburger Hafen.
nächste Seite: Typ-XXI-U-Boote auf den Slipanlagen von Blohm & Voss gegen Ende des Krieges.

Verliererseite zu stehen. Der Offizier der Royal Navy bekam für eine andere ehrenwehrtere Leistung einen Orden. Der U-Boot-Kommandant, Kapitänleutnant Heinz-Wilhelm Eck, und vier seiner Leute wurden hingegen vor dem Militärgericht des Kriegsverbrechens schuldig gesprochen und am 30. November 1945 von den Briten erschossen.

Während die Verfehlungen der Royal Navy lautlos in der Geschichte verschwanden, wurden die U-Boot-Ereignisse ein Cause célèbre. Es gab Argwohn, daß die Briten diesen Umstand nur dazu nutzten, um das Nürnberger Tribunal zu überzeugen, daß Dönitz diese Brutalitäten duldete und somit eines Kriegsverbrechens schuldig war. Falls dieser Verdacht wahr gewesen ist, ging dieses Vorhaben gründlich daneben. Dönitz mißbilligte die Vergehen, bot aber eine akzeptable Erklärung an. Seinen Kommandanten war nicht die Tötung der Seeleute befohlen worden, sondern die Beseitigung der Wracks auf dem Wasser. Sie sollten keine Spuren hinterlassen, die einer U-Jagd-Einheit hätten helfen können, ein U-Boot zu jagen und zu versenken. Das Tribunal wog die Beweise ab und befand in diesem Punkt für den Admiral.

Die erbärmliche Tat von Eck muß anderen Fällen gegenübergestellt werden, denn es gab U-Boot-Kommandanten, die längsseits eines Rettungsbootes gingen und die Tonnage und den Namen des versenkten Schiffes erfragten. Sie versorgten die Überlebenden mit Zigaretten und Getränken (manchmal Cognac) und nannten ihnen einen Kurs, mit dem sie das Land ansteuern konnten. Im November 1940 hatten die Überlebenden der torpedierten LAURENTIC, einem bewaffneten Handelskreuzer (die Seeleute nannten solche Schiffe »von der Marine gebauter Sarg«), eine solche mißverstandene Begegnung. Martin Middlebrook beschrieb in seinem Buch »Convoy«, wie ein U-Boot auftauchte und die Männer in den Rettungsbooten eine Stimme aus der Dunkelheit hörten, die sie fragte, ob sie Lebensmittel brauchten. Aus Angst vor einer Falle gaben die Seeleute keine Antwort. Kurze Zeit später hörten sie die Stimme wieder. »Gute Nacht, Engländer« rief die Stimme von Otto Kretschmer, und U-99 stahl sich leise davon.

Es entsprach der Wahrheit, daß Dönitz Befehl erteilt hatte, nur abgeschossene Flieger (weil sie möglicherweise brauchbare Informationen geben konnten) aus der See zu retten. In Anbetracht der beengten Verhältnisse auf einem U-Boot war das verständlich, aber ihm konnte nie nachgewiesen werden, daß er die Abschlachtung von Überlebenden guthieß. Wenige Kommandanten hätten ein Geleitschiff angegriffen, das gerade Überlebende von einem getroffenen Schiff aufnahm. Das hatte keine besonders altruistischen Gründe – ein Geleitschiff, das so beschäftigt war, konnte nicht mehr in die Offensive gehen.

Mindestens ein U-Boot-Kommandant vergaß oder ignorierte die Regeln bezüglich der Überlebenden. In der Nacht des 16. März 1942 befand sich ein allein fahrendes Handelsschiff, der 5000-Tonner ALLENDI, vor der Elfenbeinküste von Westafrika auf dem Weg nach Freetown. Dort sollte es zu einem Konvoi stoßen. Plötzlich hörte die Crew ein Geräusch, das sich wie laufende Dieselmotoren anhörte. Sie vermuteten, daß ein aufgetauchtes U-Boot ganz in der Nähe seine Batterien wieder auflud, und damit lagen sie richtig. Am nächsten Morgen wurde die ALLENDI von einem Torpedo getroffen und begann zu sinken. Der Cheffunker, Frank Lewis, beschrieb, was dann passierte: »Der Skipper kam in den Funkraum und sagte, daß es Zeit wäre, in das verbliebene Rettungsboot zu steigen. Wir verloren keine Zeit, weil das Schiff schon tief im Wasser lag. Wir hatten Glück, denn wir waren nicht weit weggerudert, als ein weiterer Torpedo traf und es innerhalb von wenigen Minuten sank. Da waren wir dann dreizehn in einem kleinem beschädigten Boot, das voll Wasser stand.«

Zu diesem Zeitpunkt machte der U-Boot-Kommandant sein Angebot. Er kam längsseits und rief den Überlebenden von oben etwas zu. Er stellte sie vor die Wahl, dazubleiben, wo sie waren, oder sie als Kriegsgefangene mit nach Deutschland zu nehmen. Die Männer, die meist Handelsmarineoffiziere waren, wollten es wagen, lieber in ihrem Boot zu bleiben. »Als das U-Boot uns verließ«, setzte Lewis fort, »verursachte es einen solchen Schwell, daß unser Boot kenterte und wir schwimmend zurückblieben. Wir hatten es gerade geschafft, auf das gekenterte Boot zu klettern, als die nächste Welle kam, die das Boot wieder umdrehte und uns nochmals ins Wasser riß.« Trotz allem hat der Ausgang des Vorfalls

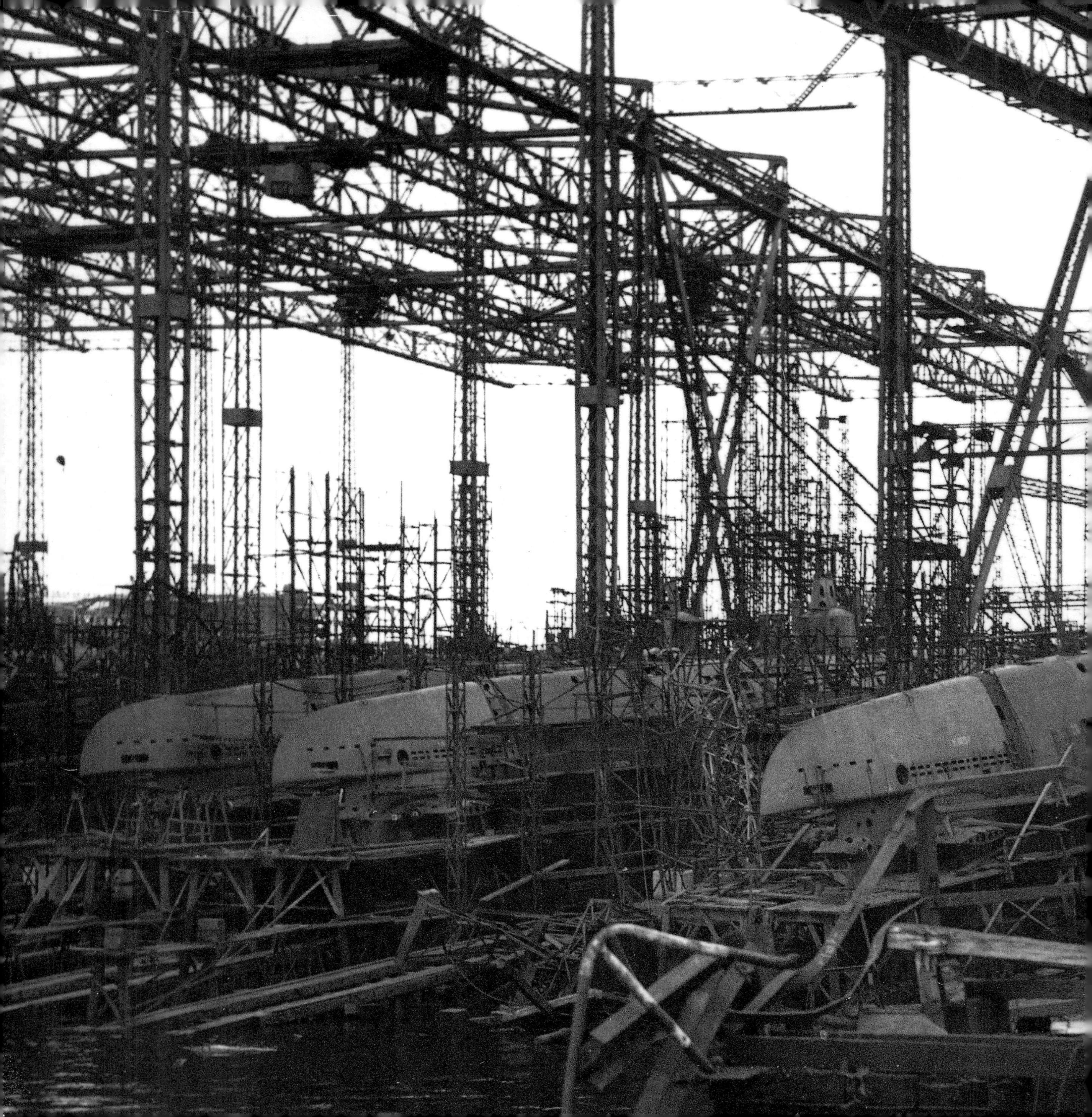

Sammel Rosenblüten, solang es geht / Die Zeit fliegt dahin / Und die Blume, die heute lächelt / Wird morgen schon sterben / Die große Himmelsleuchte, die Sonne / Je höher sie steigt / Desto schneller wird das Rennen gelaufen sein / Und der Sonnenuntergang ist nahe / Jugend ist das beste Alter / Wenn das junge Blut noch warm ist, / Ist sie vergangen, wird's schlimm und schlimmer / Die Zeit obsiegt immer.
– frei nach Robert Herrick

links: Der große U-Boot-Bunker in Bordeaux im Jahr 1996.

Jungs sind das Bargeld des Krieges. Wer immer behauptet, wir wären nicht freigiebig, kennt uns nicht.
– John Ciardi

bewiesen, daß die Männer der Handelsmarine die richtige Wahl getroffen hatten. 36 Stunden später erreichten sie die Elfenbeinküste und machten sich schließlich auf den weiten Weg nach Hause.

In der ersten Woche des Jahres 1944 wußte jeder Deutsche, der auch nur entfernt wahrnahm, was um ihn geschah, daß die Alliierten sich darauf vorbereiteten, die große Invasion zu starten, und daß die Unternehmung irgendwo an der französischen Küste stattfinden würde. Einige dachten, daß die Wehrmacht die Invasoren auslöschen würde, bevor sie den Strand erreichten, und selbst wenn einige durchkämen, der ruhmreiche Atlantikwall nie durchbrochen werden könnte. Innerhalb des deutschen Oberkommandos gab es jedoch Zweifel, wo der Schlag stattfinden würde. Feldmarschall von Rundstedt, der Armeebefehlshaber im Westen, war der Meinung, daß die Alliierten die kürzeste Seequerung, zwischen Dover und Calais, wählen würden. Feldmarschall Rommel und der Führer waren hingegen davon überzeugt, daß die Landung in der Normandie erfolgen würde. Egal, wo sie stattfand, sie sollte auf sie zukommen und mußte abgewehrt werden. Erwin Rommel war der Ansicht, wenn die Schlacht vor den Stränden verloren wird, ist der Krieg verloren.

Von Rundstedt kommandierte 58 Divisionen im Westen. Sie wurden entlang der Küste und dem Hinterland zwischen Hoek von Holland und der spanischen Küste verteilt. Allerdings war die deutsche Armee nach dem Gemetzel an der russischen Front so geschwächt, daß sie nur noch halbe Sollstärke hatte. Die Luftwaffe war von den seit mehreren Monaten andauernden Angriffen der USAAF-Formationen und den alliierten Kampfflugzeugen übel zugerichtet worden. Sie hatten viel zuwenig Piloten und Treibstoff. Genauso erging es der Kriegsmarine. Dönitz wußte seit dem Untergang der TIRPITZ im November 1944, daß die wenigen übriggebliebenen Überwasserschiffe keine weitere Rolle im Zweiten Weltkrieg spielen konnten. Er war gezwungen auf seine ihm ewig treu ergebene U-Boot-Waffe zurückzugreifen – er hatte keine andere Wahl. Laut seinen Memoiren enthielten seine Befehle folgende Worte: »Jedes feindliche Fahrzeug, das der Landung dient, auch wenn es nur ein halbes Hundert Soldaten oder einen Panzer an Land bringt, ist ein Ziel, das den vollen Einsatz des U-Bootes verlangt. Es ist anzugreifen, auch unter der Gefahr des eigenen Verlustes ... Jeder

rechts: U-185 schlingert im August 1943 hilflos im Nordatlantik. Es wurde Opfer eines Fido-Akustiktorpedos, der von einem alliierten Flugzeug abgeworfen wurde. Mit fortschreitendem Krieg überflügelte die alliierte Technologie die der Deutschen.

rechts: Eine »Enigma«-Maschine der Marine.

Nichts bleibt im Krieg oder bei Militärwaffen statisch, und es ist deshalb oft gefährlich, sein Handeln auf in der Vergangenheit gemachten Erfahrungen zu begründen.
– Flottenadmiral Ernest J. King

Unser Pendant im britischen Marineministerium, eine Abteilung der »Naval Intelligence Division«, 17-Zed genannt, nahm an einem sensationell erfolgreichen Propagandacoup teil, der »Atlantik-Sender« genannt wurde. Es war eine Radiosendung, die den ganzen Tag über dauerte und vorgab, irgendwo aus Deutschland zu stammen und von ein paar patriotischen deutschen Nazigegnern ausgestrahlt zu werden. Tatsächlich wurde es von Woburn Abbey aus gesendet, dem palastartigen Sitz des Dukes of Bedford, den die britische Regierung für die Dauer des Krieges requiriert hatte.
– aus *The Tenth Fleet*
von Ladislas Farrago

links Mitte: »Enigma«, die deutsche Codierungs- und Decodierungsmaschine.
oben links: Bletchley Park, wo die Briten die »Enigma«-Codes knackten.
links: Der Funkraum von U-124 mit der »Enigma«-Maschine im Vordergrund.
oben Mitte: Woburn Abbey, der Sitz des »Atlantik«-Senders.

oben: Acht deutsche Saboteure, die von U-Booten an der Ostküste der USA abgesetzt wurden, um Ziele wie die »Alcoa«-Aluminium-Fabriken zu zerstören. Alle acht wurden festgenommen, bevor sie ihre Aufträge ausführen konnten; sechs wurden auf den elektrischen Stuhl geschickt, die anderen kamen ins Gefängnis.

Das Leben ist voller Gelegenheiten und Veränderungen, selbst die wohlhabendsten Männer kann am Ende ihres Lebens noch großes Unglück ereilen.
– Aristoteles

links: Captain Daniel V. Gallery, ein Commander der US Navy »Hunter-killer«-Einsatzgruppe, entschied, U-505 zu erobern, als sich am 4. Juni 1944 die Gelegenheit ergab. Sein Trupp griff an, enterte und nahm das U-Boot ein. Er schleppte U-505 dann zurück bis in die USA. Seit 1815 war es das erste Mal in der amerikanischen Geschichte, daß ein ausländisches Kriegsschiff auf hoher See geentert und eingenommen wurde. Dank der Mühe von Gallery ist U-505 heute im »Museum of Science and Industry« in Chicago ausgestellt.

Mann und jede Waffe des Feindes, die vor der Landung vernichtet werden, verringern die Aussicht des Feindes auf Erfolg ... Das Boot, das dem Feinde bei der Landung Verluste beibringt, hat seine höchste Aufgabe erfüllt und sein Dasein gerechtfertigt, auch wenn es dabei bleibt.« Das war ein Zeichen dafür, wie tief der Stern der Nazis seit dem Blitzkrieg und der »glücklichen Zeit« gesunken war. Die U-Boote, einst Deutschlands Hauptangriffswaffe, waren nun, genau wie zuvor die Luftwaffe, zur Verteidigung befohlen.

36 U-Boote befanden sich noch in den Biscaya-Bunkern, weitere 22 lagen in den Fjorden Norwegens. Von der 1. Flottille hatten 15 einen Liegeplatz in Brest, als die Kommandanten an einem herrlichen Morgen im Mai, als die Bäume in frischen Blättern standen und die ersten Blumen ihre Farben zeigten, von ihrem Admiral darüber unterrichtet wurden, was er von ihnen verlangte, wenn die Invasion käme. Herbert Werner schrieb in seinem Buch »Die eisernen Särge«: Der Befehl lautete »Die Invasionsflotte ist rücksichtslos anzugreifen und zu versenken ... ich erwarte, ... daß Sie Ihre Boote in den Angreifer oder das nächste Ziel ... rammen.« Wenn Werners Erinnerungen richtig waren (und Erich Topp unterstützte sie, obwohl andere sie bestritten), dann ergaben diese Worte eine endgültig scheinende, dunkle Analogie zu den Kampffliegern – nicht mit den Bombercrews der Alliierten, sondern zu den japanischen Kamikaze-Piloten.

Die Kommandanten warteten grimmig auf ihre Befehle, die schließlich um Mitternacht des 6. Juni eintrafen. Werners U-415 war eines von acht U-Booten ohne Schnorchel, die den Hafen verließen. Sie wurden von Trawlern und Geleitbooten in die Bucht eskortiert. Laut Werner war die Order, auf Höchstgeschwindigkeit zu gehen und aufgetaucht an die Südküste Englands zu laufen. Dort sollten sie ihre Befehle erfüllen, auch wenn das den glatten Selbstmord bedeutete. Zwei Tage später kam U-415 schwer beschädigt nach Brest zurück – eines von drei Booten, das diese Feindfahrt überlebt hatte.

Inzwischen waren sieben mit Schnorchel ausgerüstete Boote in die Bucht der Seine vorgedrungen, aber den Schlag, den sie der gewaltigen Armada von 4 000 Landungsbooten und 800 Kriegsschiffen zufügen konnten, war gering. »Am 30. Juni«, schrieb Werner, »waren unsere U-Boot-Operationen seit Beginn der Landung ein vollständiges Dilemma. Um die geringe Zahl von sechs Frachtern und vier

Der Tod hat nur einen Schrecken, es gibt kein Morgen.
– aus *The Passionate State of Mind* von Eric Hoffer

Eines ist sicher, es gibt nur zwei vernünftige Arten zu sterben. Eine ist durch Altersschwäche und die andere ist durch Unfall.
– aus *The Philistine* von Elbert Hubbard

Unser letztes Gewand hat keine Taschen.
– italienisches Sprichwort

links: Als der Flugzeugträger GUADALCANAL (im Bild nicht zu sehen) die Lose aus der Schlepptrosse nimmt, hebt U-505 sich langsam, und die lange Reise in die Gefangenschaft beginnt. nächste Seite: U-Boote, die in Wilhelmshaven festgemacht haben.

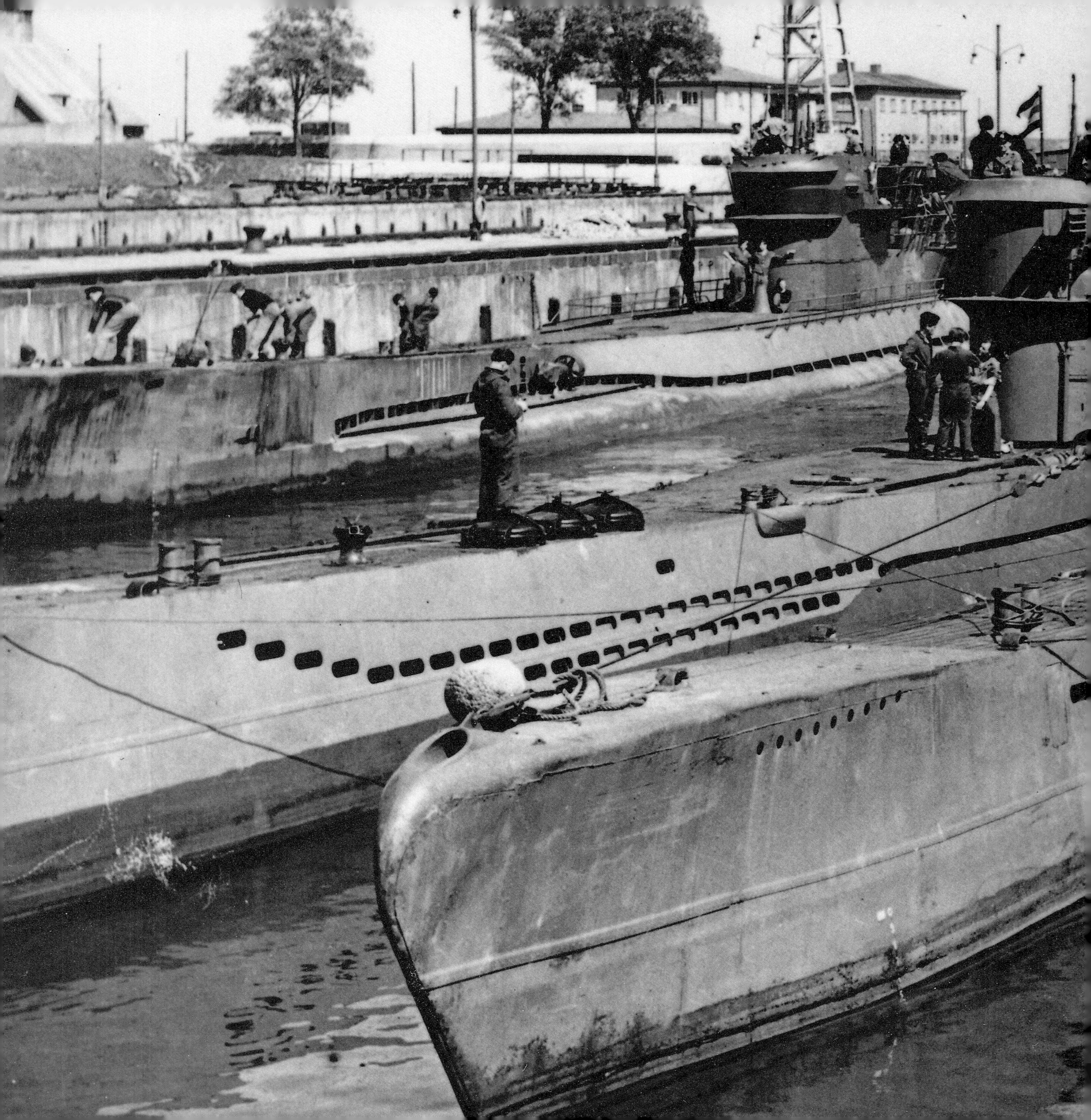

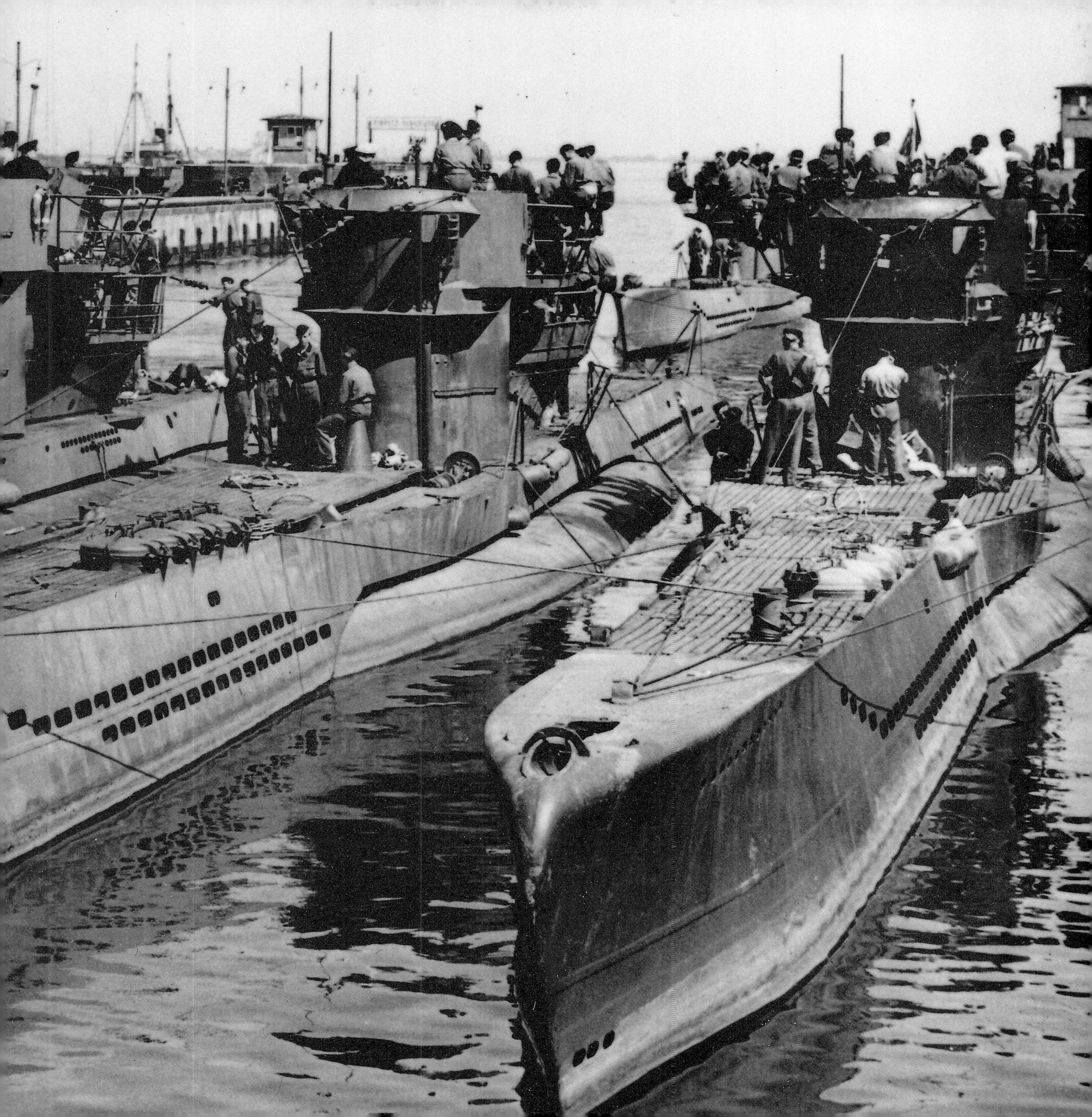

U-3008

Fregatten zu vernichten, wurden in der entscheidenden Kampfphase 22 U-Boote geopfert.«

Amerikanische Panzer rollten in die Bretagne, und die RAF bombardierte unablässig Saint-Nazaire, Lorient und Brest. Im September wurde Brest belagert und von der 6. US-Panzerdivision eingekesselt. Die Biscayabunker konnten nicht länger gehalten werden. Die übriggebliebenen U-Boote wurden auf eine risikoreiche sechswöchige Fahrt um die irische Küste herum geschickt, durch den Nordkanal, an den Orkneys und Shetland-Inseln vorbei, um dann im Bergenfjord an der südwestlichen Küste von Norwegen vor Anker zu gehen. Auf dem gesamten Weg wurden sie von Flugzeugen und Kriegsschiffen bedrängt. Der Kontrast zwischen Bergens karger, eisiger Landschaft, dem grauen Wasser und den kühlen Nebeln und der Erinnerung an den Sonnenschein, anmutige Promenaden und Cafés, die sie hinter sich gelassen hatten, betonten das dahingeschwundene Glück der U-Boot-Waffe. Obwohl sie in den folgenden Monaten noch einige Angriffe in den britischen Küstengewässern unternahmen und im Frühling 1945 noch eine letzte verzweifelte Mission an die Ostküste Amerikas vollzogen, war der Rückzug aus Frankreich das effektive Ende des Wirkens der U-Boot-Waffe im Zweiten Weltkrieg.

Die Kommuniqués aus Berlin waren nach wie vor äußerst optimistisch. Im September wurde das

oben links: U-3008, ein Typ-XXI-Boot, in der Hand der US-Navy bei New London, Connecticut, im späten August 1945.
unten: Ein Boot mit Schnorchel, U-234, ergab sich und wurde am 19. 5. 1945 nach Portsmouth, USA, gebracht.
unten links: U-505, wie es schließlich im »Museum of Science and Industry« in Chicago aufgestellt wurde.

Der Schwimmer des Schnorchels klemmte in geschlossener Lage, vom Wellenschlag festgerammt. Die Luftzufuhr war unterbrochen, der Backbord-Diesel saugte in Sekundenschnelle die Luft aus dem Boot. Bevor der Diesel abgestellt werden konnte, verdünnte sich die Luft zu einem undurchsichtigen Nebel. Plötzliche Atemnot. Die Befehle des L.I. erstarben in der dünnen Luft. Mit hervortretenden Augen rangen die Männer nach Sauerstoff. Der L.I. ließ das Boot auf größere Tiefe durchsacken, in der Hoffnung, den Schwimmer lösen zu können. Vergeblich. Der gewaltige Unterdruck im Boot, der Mangel an Sauerstoff, ließ unsere Kräfte schnell erlahmen. Der L.I., wild gestikulierend, gab seinen Leuten Zeichen, den Schnorchelmast niederzulegen. Diese Maßnahme mochte den Schwimmer lösen. Mit letzter Kraft erhoben sich

die Leute, drehten, der Ohnmacht nahe, an den Handrädern, betätigten die Winde, legten den Mast an Oberdeck und richteten ihn wieder auf. Qualvolle Minuten verstrichen. Alles röchelte, rang nach Luft. Dann hoben die E-Maschinen das Boot wieder auf Schnorcheltiefe. Das Seewasser im Luftmast rauschte in die Zentralbilge – und endlich löste sich der Schwimmer mit einem dumpfen Schlag, und frische Seeluft rauschte wie ein Wirbelwind ins Boot. Die Trommelfelle knackten und rissen beim plötzlichen Druckausgleich. Die Männer gingen in die Knie, fielen auf die Flurplatten und wälzten sich vor Schmerzen.
– aus *Die eisernen Särge*
von Herbert A. Werner

Und das hasse ich – nicht Menschen oder Flagge oder Rasse, / nur den Krieg mit seinem wilden grimmigen Gesicht.
– aus *The Hymn of Hate*
von Joseph Dana Miller

Wenn viele Schlachten geschlagen sind. / Beide Gegner schließlich ermüdet Frieden schließen, / was bleibt fürs Volk? / Na! Steuern, Witwen, Holzbeine und Schulden.
– aus *Almanack*
von Francis Moore

deutsche Volk informiert, daß eine neue verheerende Waffe, die V2-Rakete, die zu dem Zeitpunkt auf England fiel, auch bald gegen Amerika eingesetzt und die Alliierten zum Frieden zwingen würde. Im Dezember wurde die Nachricht verbreitet, daß die große Ardennenoffensive die Briten und Amerikaner zurück in die See drängen würde. Im Februar 1945 wurde verkündet, daß der Führer persönlich das Kommando über die Verteidigung der Hauptstadt übernommen hatte. Im April hieß es, daß der Tod des amerikanischen Präsidenten, der immer ein Freund der Briten gewesen war, zu einem Bruch des Bündnisses der Westalliierten führen müsse. Tatsache war, daß die Briten den fliegenden Bomben und Raketen mit der gleichen Ausdauer standhielten wie schon zuvor allen anderen Angriffen, daß die Ardennenoffensive innerhalb von zehn Tagen aufgehalten wurde und in sich zusammenbrach. Zudem bekam Franklin D. Roosevelt im Weißen Haus einen Nachfolger, der den Kampf gegen Deutschland nicht weniger engagiert führte als er. Hitler blieb in seinem Bunker in Berlin nur noch das Kommando über den inneren Kreis seines Gefolges. Kurz vor Mitternacht, am 1. Mai, gingen dunkle Wagnerklänge, die meist nichts Gutes bedeuteten, einer Sondersendung voran, in der die Nazis ein letztes Mal eine ihrer Fiktionen verbreiteten: »Aus dem Führerhauptquartier wird gemeldet, daß unser Führer Adolf Hitler heute nachmittag in seinem Befehlsstand in der Reichskanzlei, bis zum letzten Atemzug gegen den Bolschewismus kämpfend, für Deutschland gefallen ist.«

Gegen Ende des Ersten Weltkrieges hatten die deutschen U-Boote in Scharen kapituliert, während 70 gefangengenommene Überwasserschiffe des Kaisers in einem letzten trotzigen Akt von ihren Besatzungen bei Scapa Flow versenkt worden waren. Die deutschen Seeleute dachten 1945, daß die Naziflotte einschließlich der U-Boote diesem Beispiel folgen sollte. Das entsprechende Signal für die Kommandanten war das Stichwort Regenbogen, aber der Großadmiral hat dieses Signal nie gegeben. Die Briten hatten ihn wissen lassen, daß eine Beschädigung oder Versenkung von Fahrzeugen nicht geduldet würde, ansonsten wäre die Bombardierung von strategischen Punkten – oder das, was von ihnen übrig war – fortgesetzt worden. Dönitz hatte keine Wahl. Am 5. Mai 1945 gab er den U-Booten Befehl, unverschlüsselt ihre Position zu senden und Häfen der Alliierten anzulaufen. »Ungeschlagen und makellos«, fügte er der Nachricht hinzu, »legt ihr nach einem heldenhaften Kampf die Waffen nieder.«

Zu diesem Zeitpunkt verfügte Deutschland noch über 350 U-Boote einschließlich XXIer- und XXIIIer-Typen, die nie zum Einsatz gekommen waren. Von ihnen lagen die meisten in deutschen Häfen oder ankerten in den Fjorden. Von denen, die auf See übrigblieben, wurden zwei von ihren abgebrühten Kommandanten nach Argentinien gefahren, während der Rest Großbritannien oder Amerika ansteuerte. In Anlehnung an ihre Befehle hißten sie die schwarze Piratenflagge, die in diesem Fall das Zeichen der Kapitulation war. Viele Boote wurden jedoch von Männern geführt, die den letzten Befehl ihres Admirals nicht akzeptieren konnten. Sie schickten sich untereinander auf ihren alten Frequenzen Nachrichten, und das Wort, das untereinander weitergegeben wurde, war Regenbogen. In Nord- und Ostsee wurden über 200 U-Boote von ihren eigenen Besatzungen versenkt.

Bis September 1945 hatten 156 U-Boote kapituliert und von denen, die in die Hände der Royal Navy gefallen waren, wurden 110 entweder versenkt oder durch Kanonenfeuer auf den 100 Meter tiefen Meeresboden vor der Nordküste Irlands geschickt, wo sie noch liegen.

Im Jahr 1943 hatte der Oberbefehlshaber der Luftstreitkräfte, Marschall Harris, bei einem Essen Winston Churchill versprochen, daß, wenn ihn die 8. Luftarmee der USAAF in der Luftschlacht gegen Berlin unter seinem Kommando unterstützen würde, es zwar »500 Flugzeuge kosten könnte, aber Deutschland wird es den Krieg kosten«. Im selben Jahr hat Dönitz versucht, seinem Führer mit umsichtigen Worten klarzumachen, daß es der U-Boot-Waffe gelingen würde, die Alliierten in die Knie zu zwingen, wenn er mehr und bessere Fahrzeuge, einen angemessenen Geheimdienst und Luftaufklärung zur Verfügung hätte. Wahrscheinlich hat Churchill genickt und sich einen weiteren Brandy eingeschenkt, während Hitler das Thema auf die russische Front brachte. Niemand wird jemals wissen, ob der Marschall oder der Admiral recht hatten. Sicher ist nur, daß keiner von beiden seinen Willen bekam.

Der Tod ist ein schneidiger Verehrer / der zuletzt gewinnt – / zuerst umwirbt er verstohlen / mit blassen versteckten Andeutungen / und er erscheint schwach, / aber zuletzt kommt er tapfer mit schallenden Trompeten.
– Emily Dickinson

links: Ein U-Boot-Mann wird Ende 1944 nach der Versenkung seines Bootes durch die kanadische Fregatte SWANSEA gerettet.

unten links: Gefangene aus der Besatzung von U-175 wurden von britischen Marinesoldaten in Gourock, Schottland, an Land geführt. Im Hintergrund sind die Schiffe zu sehen, die an der Versenkung und ihrer Rettung beteiligt waren, die SPENCER und die DUANE.
unten: Männer von U-858 in Kriegsgefangenschaft.

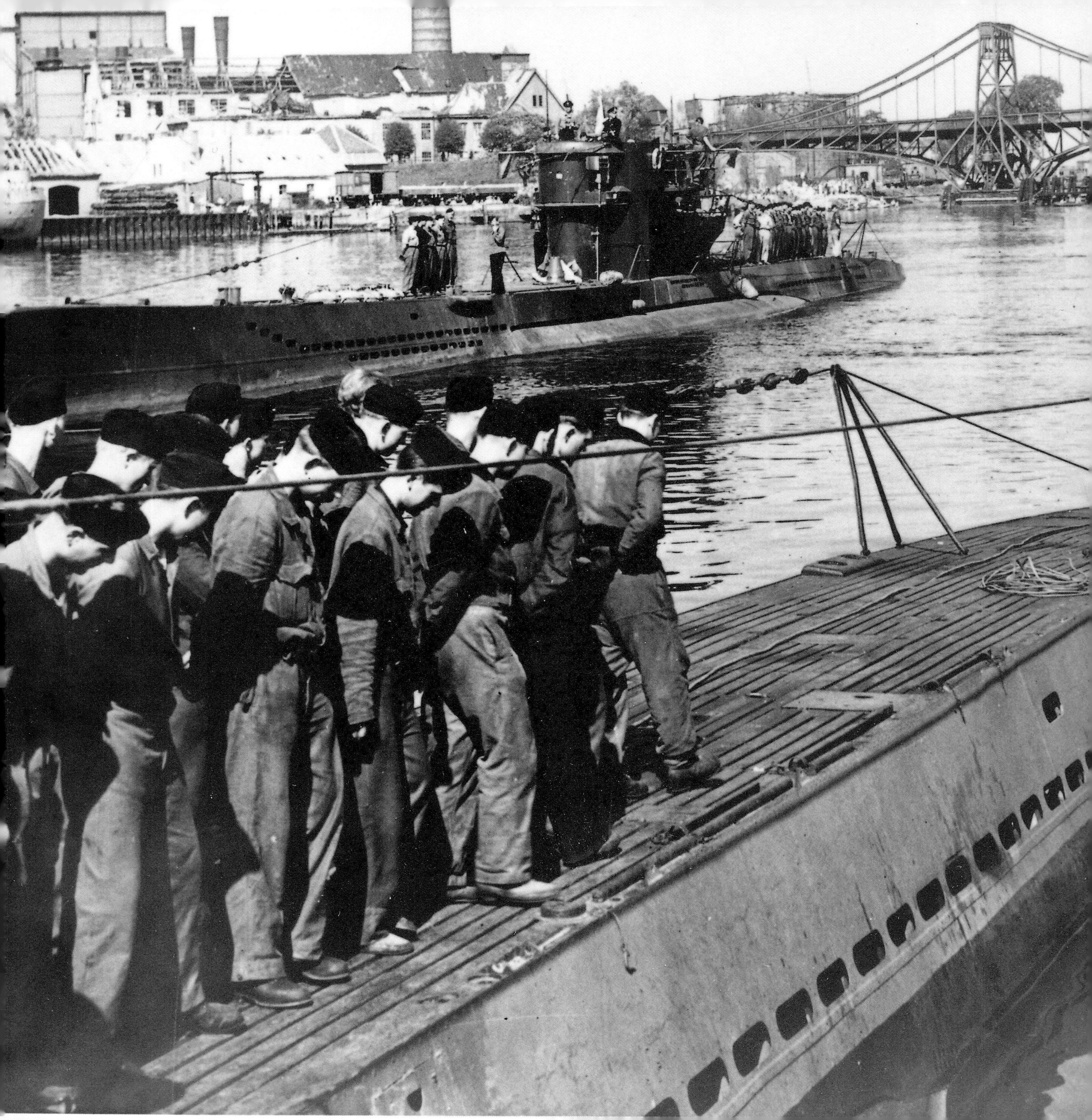

Viele Hiebe, auch wenn sie nur mit einer kleinen Axt versetzt werden, fällen die härteste Eiche.
– aus *Henry VI, Teil III, 2. Akt, 1. Szene* von Shakespeare

links: Besatzungsmitglieder von U-291 unter dem Kommando von Hermann Neumeister, als ihr Boot am Pier in Wilhelmshaven festmacht.

U-BOOT

AM 7. MAI akzeptierte Feldmarschall Montgomery Deutschlands bedingungslose Kapitulation gegenüber den alliierten Mächten durch General Jodl.

An dem Abend passierten der kanadische Dampfer AVONDALE PARK gemeinsam mit der norwegischen SNELAND I, die den Horror des Konvois SC7 im Oktober 1940 und viele andere Kriegseinsätze durchlebt hatte, die Lichter von Edinburgh und liefen durch den Firth of Forth in die Nordsee. Kurz nach 23.00 Uhr waren beide Schiffe gesunken – zerstört von den Torpedos des allein operierenden U-2336.

Entweder hat Kapitänleutnant Emil Klusmeier den Befehl zum Waffenstillstand nie bekommen oder wollte ihn ignorieren. Sicher ist, daß er den letzten Schuß im europäischen Seekrieg abgab.

Im Durchschnitt versenkten die U-Boote an jedem Tag der 68 Kriegsmonate ein Schiff. Auf ihr Konto gingen 69 Prozent aller alliierten Schiffsverluste. Die Tonnagen, die von ihren Kommandanten angegeben wurden, waren gelegentlich übertrieben. Im November 1942 behauptete die U-Boot-Waffe zum Beispiel, eine Milllion Tonnen versenkt zu haben. Die Alliierten

links außen: Buntglasfenster im Marineehrenmal von Laboe bei Kiel.
Mitte: Das U-Boot-Denkmal bei Kiel.
unten: U-995

unten: U-94 kommt am 31. 5. 1941 in Saint-Nazaire an. Das Kommando hat Kapitänleutnant Herbert Kuppisch.

Gott und unsere Seeleute verehren wir, / wenn Gefahr droht, nicht vorher. / Wenn die Gefahr vorbei ist, wird es beiden vergolten. / Gott ist vergessen, der Seemann geringgeschätzt.
– alte Weisheit

Es ist nicht das Auslaufen aus dem Hafen, sondern das Einlaufen, das den Erfolg einer Reise bestimmt.
– aus *Proverbs from Plymouth Pulpit*
von Henry Beecher

gaben 750 000 Tonnen zu, obwohl die richtige Zahl bei 637 000 lag. Solche Unterschiede kamen nicht völlig überraschend – die Erfolgsmeldungen der alliierten Kampfbomberpiloten und der Bomberbesatzungen waren ebenfalls selten richtig geschätzt. Es war gut möglich, daß in der Dunkelheit und im Eifer des Gefechts mehr als ein Angreifer dasselbe Ziel unter Beschuß nahm. Jeder konnte annehmen, daß er für den Abschuß verantwortlich war. Die nackten Zahlen waren katastrophal: Der Verlust belief sich auf 2603 Handels- und 175 Kriegsschiffe mit einer Verdrängung von 14 500 000 Tonnen. 30 246 Männer der Handelsmarine (davon 5000 Amerikaner) verloren ihr Leben. Das war jeder vierte, der zur See fuhr. Diese Rate an Verlusten war vergleichbar mit der der alliierten Soldaten, die Kriegsgefangene der Japaner wurden.

Ich bin nicht mehr der, der
ich einst war.
– aus *Childe Harold* von
George Gordon Lord Byron

links außen: Ausruhen auf dem »Wintergarten« auf U-100 in der Nähe von Lorient im September 1940.
Mitte links: Segelboote in einer der Boxen des Bunkers von Bordeaux.
links: Schießscharten in der bombensicheren Saint-Nazaire-Schleuse.
unten links: Einer der Torpedobunker in La Pallice, 1996

Ein Mann hat seinen bezeichnenden persönlichen Geruch, den seine Frau, seine Kinder und sein Hund erkennen. Eine Menge hingegen stinkt.
– W. H. Auden

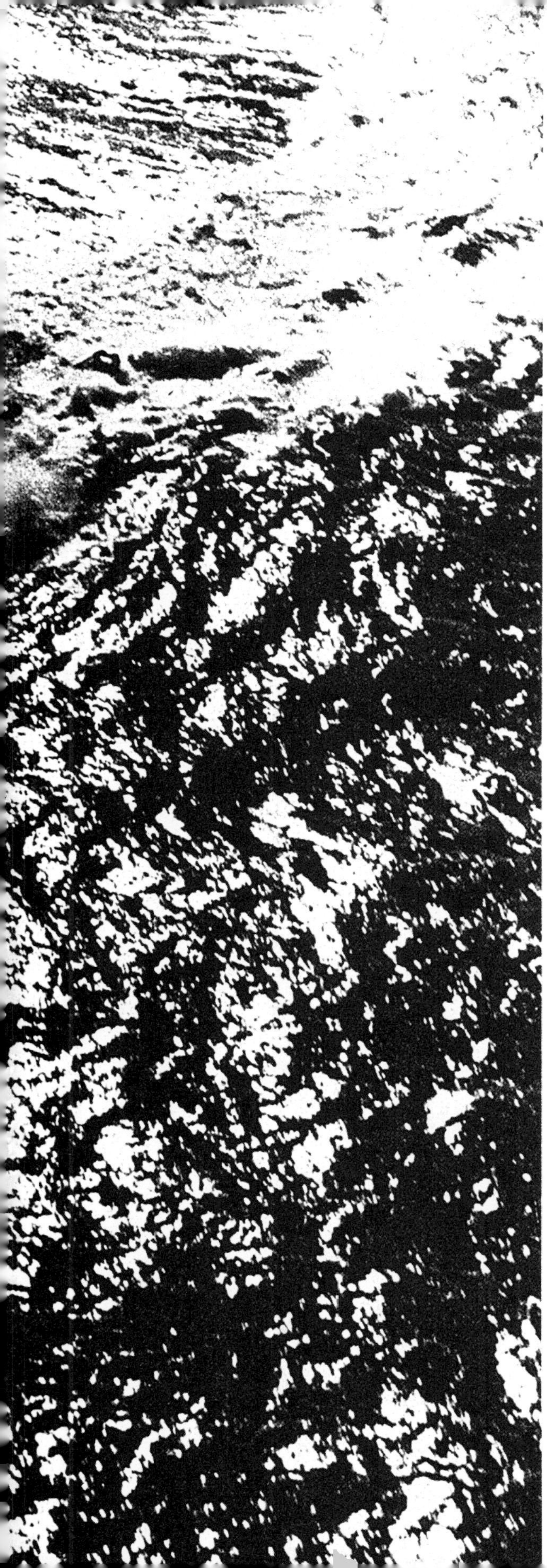

Die Verluste der U-Boot-Waffe waren noch schlimmer. Obwohl die dokumentierten Zahlen über die Gefallenen leicht voneinander abweichen, kann gesagt werden, daß von den 39 000 Männern, die im Zweiten Weltkrieg auf U-Booten dienten, am Marinedenkmal bei Kiel 27 491 als gefallen aufgeführt sind. Außerdem ist bekannt, daß weitere 5000 in Kriegsgefangenschaft gerieten. Von den 863 eingesetzten U-Booten gingen 754 verloren. Diese Verluste waren viel katastrophaler als die des Ersten Weltkrieges. Damals wurden 800 U-Boote gebaut, 343 U-Boote kamen zum Einsatz, von denen 199 verlorengingen und in denen 5249 Seeleute starben. Eine weitere Statistik wirkt ein wenig merkwürdig, und in ihrer Art ist sie für die U-Boot-Waffe fast tragisch. Von den 1162 U-Booten, die im Zweiten Weltkrieg gebaut wurden, die Versorgungs- und Ausbildungsboote ausgenommen, versenkten 550 nie ein Schiff.

Seit den ersten Kriegstagen, in denen sie mit dem Lied »Wir fahren gegen Engelland« auf den Lippen und in den Herzen aus dem Hafen fuhren, wurden

links außen: Ein U-Boot wird aus der Luft angegriffen.
unten: Eine druckwellensichere Tür des Lorient-Keroman-III-U-Boot-Bunkers.

Wie sind die Mächtigen gefallen!
– 2. Buch Samuel. I.25

oben: U-373 überquert die Biscaya im April 1942 unter dem Kommando von Oberleutnant zur See Loeser.
rechts und rechts außen: Das Museums-U-Boot U-995 in Laboe bei Kiel.

U 995

Diesen Trinkspruch möchte ich ausbringen / auf einen Kameraden, den ich niemals kennenlernen werde; / auf den Kameraden, der meinen Platz einnehmen wird, / wenn meine Zeit gekommen ist.
– *To My Successor*
von Louis E. Thayer

Hinter jedem Glaubensbekenntnis kann etwas Schreckliches und Hartes stecken, das dem Gläubigen eines Tages Leiden abfordert.
– E. M. Forster

Auf Chinesisch setzt sich das Wort »Krise« aus zwei Schriftzeichen zusammen – das eine bedeutet Gefahr und das andere Gelegenheit.
– John F. Kennedy

die U-Boot-Fahrer vom deutschen Volk als »Ritter der Tiefe« romantisiert, die ihre »grauen Wölfe« in den Krieg fuhren oder wie ein »Bund von Brüdern« in ihren Stahlhaien kämpften. Später, als die Zahl der Opfer stieg, nannte man es den »Kreuzzug der Kinder«, die in ihren »eisernen Särgen« ausfuhren.

Wenn man Propaganda und Romantik beiseite läßt, dann verbleibt die Tatsache, daß die Männer auf Ihren U-Booten einen langen und zähen Kampf gegen die immer überlegeneren Waffen der alliierten Streitkräfte kämpften – ein Kampf, von dem sie zumindest im letzten Kriegsjahr wußten, daß er aussichtslos war. In den späteren Tagen schien es für sie weniger eine Frage zu sein, ob sie sterben würden, sondern eher wann und wo. In ihrer »kleinen, abgedunkelten Welt unter der Meeresoberfläche« zeigten sie großen Mut, Ausdauer, Loyalität und innere Stärke – Qualitäten, die einen besseren Zweck verdienten. Zu ihrem Unglück war das Ziel, für das sie kämpften, abscheulich und für den großen Rest der Menschheit unakzeptabel. Wenn die U-Boote in der Atlantikschlacht erfolgreich gewesen wären, und in den ersten sechs Monaten des Jahres 1942 sah es ja so aus, wäre mit Sicherheit der Tod für Millionen gefolgt, und die grausame Unterwerfung von weiteren Millionen wäre unvermeidbar gewesen. Ihr Sieg und der der Nazis und ihrer Verbündeten hätte mit Sicherheit die Dämmerung eines neuen dunklen Zeitalters herbeigeführt. Während der bemerkenswerte Einsatz und die standhafte Pflichterfüllung der U-Boot-Fahrer in der langen Geschichte der Kriegführung immer bewundert und mit Respekt anerkannt werden kann, muß doch auch bejubelt werden, daß sie verloren haben.

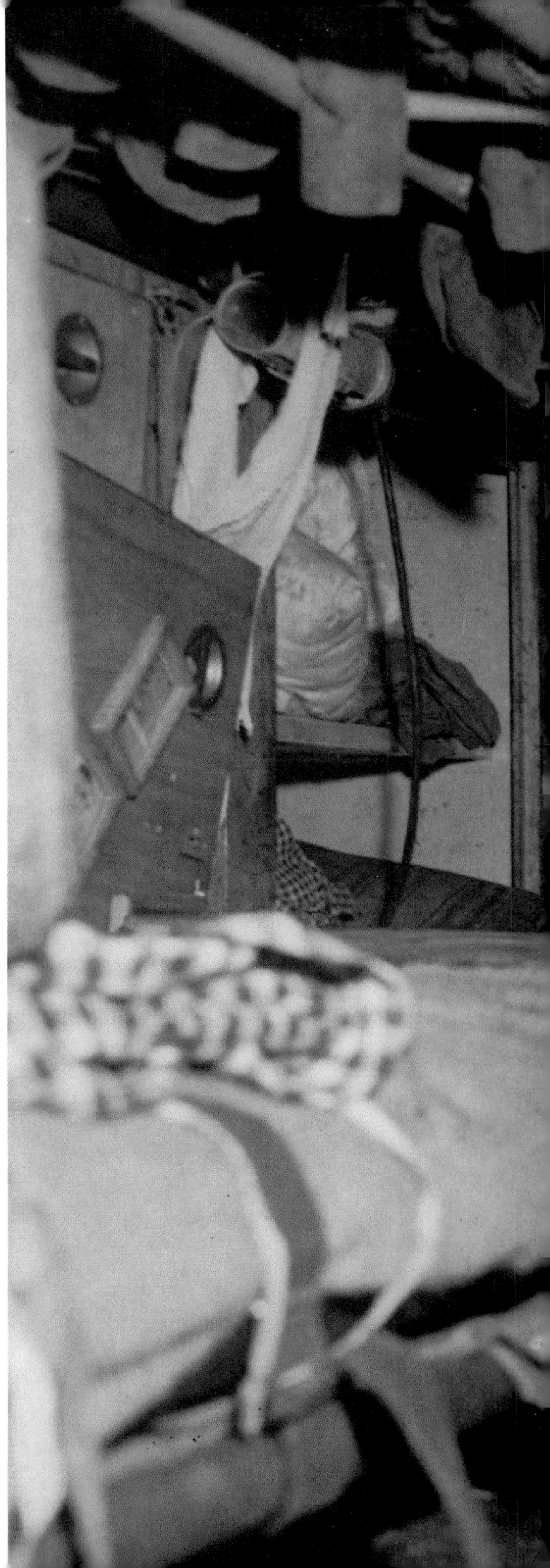

rechts: Bugtorpedoraum, wie er auf U-505 vorgefunden wurde, als das U-Boot von der US Navy Task Group im Juni 1944 eingenommen wurde.

links: Der Marschallsstab von Großadmiral Karl Dönitz.
links außen: Der Friedhof von La Chambe nahe den Stränden der Normandie, wo viele während der Invasion der Alliierten gefallene deutsche Soldaten begraben sind. Im Gegensatz zu ihren Kameraden in La Cambe haben die meisten der 27 491 Männer, die in ihren U-Booten zur See fuhren und umkamen, kein Grab und keinen Stein.

Am 8. Mai 1945 war ich im 2. Armeehauptquartier in Lüneburg als Captain mit Geheimdienstaufgaben – aber ich war bei den Geschehnissen dabei, die den endgültigen Zusammenbruch des Naziregimes zwei Wochen später herbeirufen sollten ... Ich war einer von vier britischen Offizieren, die damit betraut waren, die Arrestierung der sich noch in Freiheit befindlichen höchsten deutschen Regierungsmitglieder am 23. Mai in Flensburg an der Ostsee vorzunehmen.
Es ging alles sehr freundlich zu, als sie kapitulierten. Unter ihnen waren Großadmiral Dönitz, General Jodl und Reichsminister Albert Speer. Ich nahm Admiral Dönitzs' Stab mit der Entschuldigung, daß er ihn nicht mehr bräuchte, an mich. Er ist nun im Regimentsmuseum.
– Hugh Williams TD Flitwick, Bedford

Die Nacht ist dunkel, und
ich bin weit von zu Hause
entfernt.
– aus *Lead, Kindly Light*
von John Henry Newman

GLOSSAR:

Aal	Spitzname für Torpedo.
Adreßbuch	Ein Codebuch, das in bestimmten Positionen im Atlantik für die Nachrichtenübermittlung diente.
Alarm	Nottauchbefehl.
Aphrodite	Deutsche Erfindung zum Verwirren fremder Radargeräte.
Asdic	Kurzform von: Anti-Submarine Detection Investigation Committee. Aktives Unterwasser-Ortungsgerät. Überwasserfahrzeuge konnten abgetauchte U-Boote mit Hilfe von hochfrequentierter Schallwellen ausmachen.
Athos	Funkpeilantenne.
Bachstelze	Hubschrauberähnliche Vorrichtung, die an einem Kabel in der Luft hinter dem U-Boot hergezogen wurde, um die Sicht des Ausgucks zu verbessern.
Bali	Radarmeldeantenne.
B-Dienst	Funkbeobachtungsdienst.
BdU	Befehlshaber der U-Boote; bezeichnete sowohl Dönitz selbst als auch seinen Stab oder das Hauptquartier.
Biscaya	Bucht im Atlantik, die sich von Nord westfrankreich bis Nordspanien erstreckt. In diesem Gebiet waren die meisten deutschen U-Boot-Bunker errichtet worden.
Biskayakreuz	Spitzname für ein Funkmeß-Warngerät der Deutschen, das auf U-Booten eingesetzt wurde.
Bletchey Park	Decodierungs- und Dechiffrier schule der britischen Regierung, die ihren Sitz in einem großen Landhaus in Buckinghamshire nördlich von London hatte.
Boot	Bezeichnung für ein deutsches Boot oder Kriegsschiff. Der Kommandant war kein Stabsoffizier, und sein Vertreter wurde speziell auf U-Booten als Erster Wachoffizier bezeichnet.
BRT	Bruttoregistertonne; Maßeinheit für die Verdrängung eines Schiffes.
Bunker	auf der Druckhülle aufgebrachte Treibstofftanks.
Chiffre	geheimes Schriftzeichen.
Cypern	ein bestimmter Radar-Detektor.
Coastal Command	Truppenteil der Royal Airforce.
Dräger-Tauchretter	Gerät, mit dessen Hilfe ein U-Boot unter Wasser verlassen werden konnte (von Dräger hergestellt).
Enigma	Schlüssel M Chiffriermaschine.
Fächerschuß	fächerförmiger Abschuß einer Torpedosalve.
Fangschuß	finaler Schuß.
FAT	Federapparat-Torpedo; eine Waffe gegen Konvoys, die zunächst geraudeaus lief und dann im Zickzack.
Flak	Fliegerabwehrkanone.
Fliege	Radardetektor.
Flottille	eine kleine Flotte mit kleinen Fahrzeugen.
Freya	Radardetektor.
Frontboot	ein U-Boot auf See, das in Kampfgebiete eingefahren ist.
Funkpeilgerät	ringförmige Antenne, mit der die Richtung von Funk- und Radiowellen bestimmt werden kann.
Großkreis	kürzester Weg über den Ozean; folgt genau der Erdkrümmung.
HE	Hydrophoneffekt; Unterwassergeräusche, wie zum Beispiel das einer Schiffsschraube.
Hedgehog	Wasserbombe, die gegen U-Boote eingesetz wurde, indem man sie von Überwasserfahrzeugen abwarf.
HF/DF	»Huff-Duff«-Funkpeilgerät für hochfrequente Sendungen.
Hundekurve	der Weg, den ein U-Boot einschlägt, um ein Schiff anzugreifen. Dabei wird dem Gegner immer nur die kleinstmögliche Silhouette des Bootes gezeigt.
Hydra	Bezeichnung des Funkcodes der Kriegsmarine (täglich wechselnde Einstellungen des Enigma-Gerätes).
Hydrophon	Unterwasserhorchgerät.
Kaleu, Kaleun	Kurzform von «Kapitänleutnant«.

Am Leben zu sein birgt einige Risiken.
– Harold Macmillan

Kalipatrone wurde in Atemgeräten zum Binden von Kohlendioxid verwendet.
Keroman schützende U-Boot-Bunker in Pointe de Keroman in der Nähe der Hafeneinfahrt von Lorient.
Kaliber äußerer Durchmesser eines Geschosses.
Knoten Schiffsgeschwindigkeit, in nautischen Meilen pro Stunde gemessen.
Konvoy eine Sammlung von Handelsschiffen, die in Verbänden fuhren und von Geleitschiffen geschützt wurden.
Korvette ein extrem manövrierfähiges bewaffnetes Geleitschiff, das kleiner als ein Zerstörer war.
Kriegstagebuch wurde auf Booten und Schiffen auf See und in den Stützpunkten der Küstengebiete geführt.
Kurzsignale Funkwellen im Kurzwellenbereich mit Positionsbericht.
Löwe Spitzname für Karl Dönitz.
M.A.N. Maschinenfabrik Augsburg-Nürnberg AG, in der die Dieselmotoren der Typ-VII- und IX-Boote gebaut wurden.
Metox deutsches Funkmeßwarngerät.
Milchkuh Spitzname für deutsche Versorgungsunterseeboote.
Mixer Spitzname für Torpedomechaniker.
Navy britische und amerikanische Marine.
Naxos Ortungsvorrichtung für Radar.
Papenberg-Manometer Tiefenmeßgerät.
Periskop ausfahrbares und drehbares optisches Gerät mit eingebauten Prismen, Spiegeln und Linsen, mit dessen Hilfe U-Boot-Männer in einer bestimmten Tiefe auch abgetaucht die Wasseroberfläche beobachten konnten.
Radar englische Bezeichnung von Funkmeß-Ortungsgeräten.
RAF Royal Air Force.
Rudeltaktik die Vorgehensweise, eine Gruppe von U-Booten in einer »Wolfsrudel«-Linie vor dem Kurs eines Konvoys zu positionieren und diesen dann über Funk koordiniert anzugreifen.
Schlüssel M Die Kriegsmarineversion der Enigma-Chiffriermaschine.
Schnorchel Luftmast für U-Boote. Durch ihn konnte Luft ins Innerer des abgetauchten U-Bootes gesogen werden. Dadurch konnten die Diesel auch unter Wasser laufen.
Schußmeldung Meldung, die nach jeder Kampfhandlung erfolgte.
Seekuh Spitzname für große U-Boote.
Sonar Unterwasserortungsgerät.
Spargel Spitzname für das Periskop.
Squid Tintenfisch; Waffe der Alliierten, die gegen deutsche U-Boote eingesetzt wurde.
Standzielsehrohr Zielvorrichtung des Angriffsperiskops im Turm eines U-Bootes.
Tetis Chiffre, der im Funkverkehr neuer U-Boote auf Erprobungsfahrt benutzt wurde.
Tiefenruder Ruderanlage, mit dem das Boot unter Wasser horizontal gesteuert werden kann.
Torpex eine hochexplosive Mischung aus Zyklonit, TNT und Aluminiumflocken.
trimmen das Boot unter Wasser auf ebenen Kiel bringen.
Turm Beobachtungsturm oder -plattform eines U-Bootes; auf ihm waren Steuerungsvorrichtungen angebracht. Auf Typ-IX-Booten waren in ihm das Okular des Angriffsperiskops und ein Torpdeorechner eingebaut.
USAAF US Army Air Force.
US United States.
Verdrängung das Gewicht eines Bootes oder Schiffes, das anhand der Wassermenge gemessen wird, die verdrängt wird wenn das Boot oder Schiff zu Wasser gelassen wird.
Vorhalterechner schnelles elektrisches Rechengerät im Turm des U-Bootes, der die

Tod ist der nächste Schritt
nach der Pensionierung –
er ist der ewige Ruhestand
ohne Bezahlung.
– aus *The Enchanted*
von Jean Giraudoux

Suche den Tod nicht.
Er wird dich finden.
Aber suche einen Weg,
der den Tod zur Erfüllung
geraten läßt.
– aus *Markings*
von Dag Hammarskjöld

Erschaffe eine Sache, indem du sie gleich im nächstgrößeren Zusammenhang erwägst – einen Stuhl in einem Raum, einen Raum in einem Haus, ein Haus in seiner Umgebung, eine Umgebung in einem Stadtplan.
– Eliel Saarinen

	Schußwerte für die Torpedos berechnet und so den Kurs des Torpedos bei dessen Abschuß bestimmt.
Wabos	Kurzform für Wasserbomben.
Wanze	Wellenanzeiger. Deutsches Funkmeßwarngerät, das feindliche Radarortungen erfassen konnte.
Weyer	U-Boot-Handbuch zur Identifikation sämtlicher Kriegsschiffe aller Nationen.
Wintergarten	deutscher Spitzname für die offene, mit Reling versehene Plattform hinter der U-Boot-Brücke.
Wolfsrudel	Angriffstechnik für U-Boote, die von Dönitz entwickelt wurde.
Zaunkönig	akustischer Torpedo, auch T5 genannt.
Zentrale	Der Raum im U-Boot direkt unter dem Turm, in dem alle Steuerungen für die Tauchfahrt untergebracht waren.
Zerstörer	die Deutschen benutzten diese Bezeichnung für kleinere Fahrzeuge, die Konvoys geleiteten, um sie zu schützen. Korvetten und Fregatten meist ebenfalls so genannt.

Bildnachweis

Fotografien von Philip Kaplan sind ausgewiesen mit: PK. Fotos vom Autorenkollektion wird ausgewiesen mit: AC. Buchumschlag-Titelseite: IWM; Buchumschlag-Rückseite: PK. Hintere Klappe, PHILIP KAPLAN: Margaret Kaplan; JACK CURRIE: PK. Titelseite: Julius Schmitz-Westerholt. VIERUNDVIERZIG SCHWITZENDE SEEMÄNNER Seite 6: Charles Eshelman, Seite 7: PK, Seite 8: AC, Seite 9: Bundesarchiv, Seite 10: Bundesarchiv, Seite 11: AC, Seite 12-13, alles: Bundesarchiv, Seite 14: PK, Seite 15, oben: Bundesarchiv, unten: AC, Seite 16: Bundesarchiv. DIE RÖHRE Seite 19: US Army Art Collection, Seite 20: Bundesarchiv, Seite 22, alle: AC, Seite 23: IWM, Seite 24: Bundesarchiv, Seite 25: AC, Seite 26: PK, Seite 27: AC. DER LÖWE Seite 28: AC, Seite 30: PK, Seite 31: IWM, Seite 32: AC, Seite 34, links: AC, rechts: Ryan Cassidy, Seite 35: AC, Seite 36: AC, Seite 38, alle: PK, Seite 39, beide: AC, Seite 40: Bundesarchiv. AALE; IGEL UND TINTENFISCHE Seite 42: IWM, Seite 44: Bundesarchiv, Seite 45: Bundesarchiv, Seite 46, beide: PK, Seite 47: IWM, Seite 48: AC, Seite 49: IWM, Seite 50: AC, Seite 51: AC, Seite 53: AC. VERSORGUNGS-LINIEN: Seite 54: AC, Seite 55: US Army Art Collection, Seite 56: US Naval Institute, Seite 58, beide: AC, Seite 61: British Film Institute, Seite 62: IWM, Seite 63, beide: AC, Seite 64: IWM, Seite 66, oben: AC, unten: IWM, Seite 67, alle: AC.TYP VIIC Seite 68: Bundesarchiv, Seite 69: Bundesarchiv, Seite 70, alle: PK, Seite 72: Bernard & Graefe Verlag, Seite 74: Bundesarchiv, Seite 75: PK, Seite 76: Bundesarchiv, Seite 78: PK, Seite 79: US army Art Collection. HERR KALEU Seite 80: AC, Seite 82, beide: PK, Seite 84, links: AC, oben: Bundesarchiv, unten: U-Bootarchiv, Seite 85, oben links: U-Bootarchiv, oben rechts: Bundesarchiv, unten links: Bundesarchiv, unten rechts: AC, Seite 86: US Army Art Collection, Seite 88: Bundesarchiv, Seite 90: AC, Seite 91: PK zur Verfügung gestellt durch U-Bootarchiv, Seite 92: Bundesarchiv, Seite 93: Bundesarchiv, Seite 94-95: Malcolm Fisher, Seite 96: AC, Seite 97: Bundesarchiv. DER BUNKER Seite 98: PK, Seite 100, oben: Bundesarchiv, unten: IWM, Seite 101: AC, Seite 102: US Army Art Collection, Seite 104: Bundesarchiv, Seite 105, beide: Bundesarchiv, Seite 106, beide: USAF, Seite 107: USAF, Seite 108-109, alle: Library of Congress-Frissell collection-LC-F9-02-4501-039-11, LC-F9-02-4501-010-03, LC-F9-02-4501-060-10, LC-F9-02-4501-057-3, LC-F9-02-4501-054-9, LC-F9-02-

4501-013-3, LC-F9-024501-059-7, Seite 110, alle: PK, Seite 111, alle: PK, Seite 112: IWM, Seite 113: IWM. DIE JAGD Seite 114: Bundesarchiv, Seite 116: US Naval Institute, Seite 118: Bundesarchiv, Seite 119: PK, Seite 120: Bundesarchiv, Seite 121, oben: Bundesarchiv, unten: US Coast Guard, Seite 122: IWM, Seite 123: PK, Seite 124: AC, Seite 125: Bundesarchiv, Seite 126: PK. ALARRRM! Seite 128: Bundesarchiv, Seite 130: AC, Seite 131: PK, Seite 132: US Coast Guard, Seite 134: Bundesarchiv, Seite 135: Bundesarchiv. NERVENAUFREIBENDE ROUTINE Seite 137: Bundesarchiv, Seite 138: PK, Seite 139: AC, Seite 140, links: US Naval Institute, rechts: Bundesarchiv, Seite 142, oben: Bundesarchiv, unten: British Film Institute-Neue Constantin Film, Seite 143: Bundesarchiv, Seite 144: Bundesarchiv. DIE RUSSLANDROUTE Seite 147: National Maritime Museum London, Seite 148: IWM, Seite 151: National Maritime Museum London, Seite 152: US Coast Guard, Seite 154: IWM, Seite 156: Bundesarchiv. IN FREIHEIT Seite 158: AC, Seite 159: Bundesarchiv, Seite 160: PK, Seite 161: Bundesarchiv, Seite 162: AC, Seite 163, alle: PK, Seite 164: Bundesarchiv, Seite 166, oben: U-Bootarchiv, unten: Bundesarchiv, Seite 167: Bundesarchiv. MORS AB ALTO Seite 169: US Naval Institute, Seite 170: PK, Seite 171, oben: AC, unten: IWM, Seite 172, oben: US Naval Institute, unten: Michael O'Leary, Seite 174: National Maritime Museum London, Seite 176: US Coast Guard, Seite 177: US Coast Guard, Seite 178: US Coast Guard, Seite 179: AC, Seite 180, links: Bundesarchiv, rechts: AC, Seite 183: US Coast Guard, Seite 184: US Coast Guard. DIE VERLIERER Seite 187: US Army Art Collection, Seite 189: IWM, Seite 190: US Army Art Collection, Seite 192: AC, Seite 195: USAF, Seite 196: IWM, Seite 198: PK, Seite 201: US Naval Institute, Seite 202, links und unten: PK, oben: Courtesy of Woburn Abbey, Seite 203, oben: PK, unten: Bundesarchiv, Seite 204, beide: AC, Seite 205: US Naval Institute, Seite 206: US Navy, Seite 208: Royal Navy Submarine Museum, Seite 210, oben: US Naval Institute, unten: Bundesarchiv, Seite 211: US Naval Institute, Seite 212: AC, Seite 214: US Coast Guard, Seite 215: US Coast Guard, Seite 216: Royal Navy Submarine Museum. U-BOOT Seite 218, beide: PK, Seite 219: PK, Seite 220: Bundesarchiv, Seite 222: Bundesarchiv, Seite 223, alle: PK, Seite 224: US Naval Institute, Seite 225: PK, Seite 226, oben: Bundesarchiv, unten: PK, Seite 227: PK, Seite 228: US Naval Institute, Seite 230: PK, Seite 231: Shropshire Regimental Museum.

unten: Altes Gebäude in Brest, Heimathafen und Hauptquartier für die 1. und 9. U-Flottille.

Spezieller Dank

gilt Margret Kaplan, Kate Currie und Herta Crull für all ihre Hilfe. Wir danken den folgenden Menschen, deren große Hilfe sehr zur Entstehung dieses Buches beigetragen hat: Pauline Allwight; Malcolm Bates, Lance Bauserman, Beverley Brannan, Horst Bredow, Geoffrey Brooks, R. M. Browning Jr., Piers Burnett, Brian Burns, Ryan Cassidy, Harry Cooper, Debby Corner, Jane Constantint, The Dark Room, Captain A. C. Douglas, Lee Edwards, Charles Eshelman, Gary Fisher/Butec, Ella Freire, Oz Freire, Betty Hamilton, Ed Holm, Franc Isla, John James, Claire Kaplan, Joseph Kaplan, Neal Kaplan, Paul Kemp, Judy McCutcheon, Richard McCutcheon, James McMaster, Tilly McMaster, Hans Milkert, Michael O´Leary, Prom, Susan Roth, Vern Schwartz, Lloyd Stovall, Mary Beth Straight, John Zinner.

Dank gilt auch Robin Watson, ex-U-Boot-Mann der Royal Navy, und Fiona Andrews für ihre Hilfe bezüglich der U-Boote und der deutschen Sprache und Malcolm Fisher, mit dessen freundlicher Genehmigung die Orden von Günther Prien abgebildet werden durften. Die Dinge von Prien sind bei Mr. Fisher, 70 Essex Road, Islington, London N1 8 LT, England, käuflich zu erwerben.

Bibliographie:

Beaver, Paul, *U-Boats in the Atlantic*, Patrick Stephens LDT, 1979.
Bekker, Cajus, *Die deutsche Kriegsmarine 1939–1945*, Weltbildverlag 1991.
Botting, Douglas, *The U-Boats,* Time Life Books – The Seafarers, 1979.
Broome, Jack, *Convoy Is To Scatter,* William Kimber, 1972.
Buchheim, Lothar-Günther, *Das Boot,* Serie Piper, 1996, 5. Aufl..
Cantwell, John C., *Images of War* – British Posters 1939–45, HMSO.
Clancy, Tom, *Submarine*, Berkley Books, 1993.
Cremer, Peter, *U-Boat Commander,* Naval Institute Press, 1985.
Crowther, J. G. & Whiddington, R., *Science At War,* HMSO, 1947.
Dönitz, Karl, *Memoirs*, Greenhill Books, 1990.
Enever, Ted, *Britain's Best Kept Secret – Ultra's Base At Bletchley Park,* Alan Sutton, 1994.
Farrago, Ladislas, *The Tenth Fleet*, Drum Books, 1962.
Gallery, Daniel V. *Twenty Million Tons Under The Sea,* Regnery 1956.
Gannon, Michael, *Operation Drumbeat,* Harper Perennial, 1990.
Giese, Otto, *Shooting The War,* Naval Institute Press 1994.
Gray, Edwin, *The Killing Time,* Scribners, 1972.
Guske, Heinz, F. K., *The War Diaries of U-764,* Thomas Publications, 1992.
Hadley, Michael L., *Count Not The Dead,* Naval Institute Press 1995.
Hampshire, A. Cecil, *The Blockfinders,* William Kimber, 1980.
Harris, M.R.A.F., Sir Arthur, *Bomber Offensive,* Collins, 1937.
Harris, M.R.A.F., Sir Arthur, *Bomber Offensive,* Collins, 1947.
Hickam, Homer H., T*orpedo Junction,* Naval Institute Press, 1989.
HMSO, *The Battle of the Atlantic*, 1946.
HMSO, *Coastal Command,* 1942.
HMSO, *We Speak From The Air,* 1942.
Hough Richard, *The Longest Battle,* Weidenfeld & Nicolson, 1986.

Horton, Edward, *The Illustrated History of the Submarine,* Sidgewick and Jackson, 1974.
Hoyt, Edwin P., *The U-Boat Wars,* Robert Hale Ltd, 1984.
Humble, R. & Bergin, M., *A WWII Submarine,* Naval Institute Press 1991.
Jackson, G. Gibbard, *The Romance of a Submarine,* J. B. Lippincott.
John Jahr Verlag, *Waffen im Einsatz,* 1976.
Jones, Geoffrey, *Defeat of the Wolf Packs,* William Kimber, 1986.
Jones, Geoffrey, *Submarines Versus U-Boats,* William Kimber 1986.
Kemp Paul, *Convoy Protection,* Arms & Armour, 1993.
Kemp, P. K., *H. M. Submarines,* Herbert Jenkins, 1952.
Lamb, Charles, *To War in a Stringbag,* Nelson Doubleday, 1977.
Lewin, Ronald, *Ultra Goes To War,* McGraw, 1978.
Lund, Paul & Ludham, Harry, *Night of the U-Boats,* NEL, 1974.
Macintyre, Donald, *The Battle of the Atlantik,* Pen Books, 1961.
Margolin, V. *Propaganda: Versus in WWII Art,* Chelsea House, 1976.
Miller, David & Jordan, John, *Modern Submarine Warfare,* Salamander Books, 1987.
Mason, David, U-Boat: *The Secret Menace,* Ballantine Books, 1968.
Messenger, Charles, *World War II in the Atlantik,* Warfare Books an Toys Ltd. 1990.
Middlebrook, Martin, und Everitt, Chris, *The Bomber Command War Diaries,* Penguin 1990.
Middlebrook, Martin, *Convoy,* Penguin Books, 1978.
MoD, *The U-Boat War in the Atlantik,* HMSO, 1989.
Morison, Samuel Eliot, *The Battle of the Atlantic,* Volume One, Little Brown, 1947.
Mulligan, Thomas P., *Lone Wolf-Werner Henke,* Praeger, 1993.
Murrow, Edward R., *This Is London,* Shocken Books, 1941.
Neitzel, Sönke, *Die deutschen U-Boot-Bunker und Bunkerwerften,* Bernard & Graefe Verlag, 1991.
Pitt, Barrie, *The Battle of the Atlantic,* Time-Life Books, 1977.
Robertson, Terence, *The Golden Horseshoe,* Evans Brothers, 1955.
Rössler, Eberhard, *Geschichte des deutschen U-Boot-Baus,* Bd.1+2, Bernard & Graefe Verlag, 1986.
Runyan, Timothy & Copes, Jan M., *To Die Gallantly,* Westview Press, 1994.
Showell, Jak P. Mallmann, *The German Navy in WWII,* Naval Institute Press, 1991.
Showell, Jak P. Mallmann, *U-Boats Under The Swastika,* Naval Institute Press, 1989.
Syrett, David, *The Defeat of the German U-Boats,* U. of S. Carolina, 1994.
Tarrant, V. E., *The U-Boat Offensive 1914-1945,* Naval Institute Press, 1989.
The U-Boatcommander's Handbook, Thomas Publications, 1989.
Vause, Jordan, *U-Boat Ace: Wolfgang Lüth,* Naval Institute Press, 1976.
Warlimont, Walter, *Inside Hitler's Headquarters 1939–1945,* Presidio Press, 1993.
Waters, John M., *Bloody Winter,* Naval Institute Press, 1967.
Werner, Herbert A., *Die Eisernen Särge,* Heyne-Bücher, 1995.
Westwood, David, *The Type VII U-Boat,* Naval Institute Press, 1984.
Winton, John, *Ultra At Sea,* Leo Cooper, 1988.

Der Trieb zu verderben und zerstören ist alt und fast genauso universal wie der Trieb, etwas zu erschaffen. Der erste ist der leichtere Weg von beiden, um Macht zu demonstrieren.
– aus *The Best of Two Worlds*
von Joseph Wood Krutch

Das letzte Vergnügen in unserem Leben ist das Gefühl, unserer Pflichten entbunden zu sein.
– aus *Characteristics* von William Hazlitt

unten: Ein Dom-Bunker im Stützpunkt von Lorient.

REGISTER